박정희 대 박정희

박정희 대 박정희

개혁과 반동 사이 박정희 제자리 찾아주기

전재호 지음

이매진

박정희 대 박정희
개혁과 반동 사이 박정희 제자리 찾아주기

/

1판 1쇄 2018년 6월 22일
지은이 전재호 **펴낸곳** 이매진 **펴낸이** 정철수
등록 2003년 5월 14일 제313-2003-0183호
주소 서울시 은평구 진관3로 15-45, 1019동 101호
전화 02-3141-1917 **팩스** 02-3141-0917
이메일 imaginepub@naver.com
블로그 blog.naver.com/imaginepub
ISBN 979-11-5531-098-4 (93340)

/

- 환경을 생각해서 재생 종이로 만들고,
  콩기름 잉크로 찍었습니다.
- 표지 종이는 앙코르 190그램이고,
  본문 종이는 그린라이트 70그램입니다.
- 값은 뒤표지에 있습니다.
- 이 도서의 국립중앙도서관 출판시도서목록(CIP)은
  서지정보유통지원시스템 홈페이지(http://seoji.nl.go.kr)와
  국가자료공동목록시스템(http://www.nl.go.kr/kolisnet)에서
  이용하실 수 있습니다(CIP 제어 번호: CIP2018018591).

이 저서는 2017년 정부(교육부)의 재원으로 한국연구재단의
지원을 받아 수행된 연구입니다(NRF-2017S1A3A2065772).

차 례

개혁과 반동 사이 박정희 제자리 찾아주기

현직 대통령의 탄핵을 이끈 2016~2017년 '촛불혁명'은 1960년 4월 혁명, 1980년 광주민주항쟁, 1987년 6월 민주항쟁과 함께 한국 정치사에서 민주주의의 발전을 가져온 '결정적' 사건으로 기억될 것이다. 이 사건의 중심에는 유신 공주 박근혜가 있지만, 그 이면어는 유신 원조 박정희가 존재한다. 한국 정치사에서 박정희가 존재하지 않았다면 대통령 박근혜는 불가능했을 것이다. 정치인 박근혜의 성공과 몰락에는 박정희의 존재가 절대적이었다는 말이다. 박근혜의 성공은 박정희 향수가, 박근혜의 몰락은 박정희에게서 배운 정치가 결정적이었다. 따라서 박근혜의 정치를 분석하려면 박정희를 알아야 한다. 물론 이것 말고도 박정희를 알아야 할 이유는 차고 넘친다. 박정희는 정부 수립 이후 가장 긴 기간(18년) 동안 대통령에 재임했고, 그 기간 동안 한강의 기적을 이끌었기 때문에 한국 정치사에서 가장 큰 유산을 남긴 인물로 평가받고 있다. 이것이 사후 40여 년이 가까워지는 현재에도 박정희가 관심을 받는 이유다.

다큐멘터리 〈미스 프레지던트〉(김재환 감독, 2017)[1]에서 볼 수 있듯이, 21세기에도 박정희는 일부 사람들에게 반인반신半人半神의 숭배 대상이다. 그 사람들은 박정희가 한국인들을 굶주림에서 구해준 영웅이라고 생각한다. 그러나 그 사람들은 한강의 기적 이면에 자리한 부정적 행위들에 대해서는 무지하거나 외면한다. 일부 학자들은 저개발국의 초기 경제발전 과정에서 인권이나 민주주의는 사치이고 우선순위에서 뒤처지는 가치라고 말한다. 그러나 경제성장을 위해 민주주의와 인권을 무시한 박정희의 권위주의적 통치는 한국 현대사에 많은 부정적 유산을 남겼다. 정보기관을 통한 공작 정치, 비판을 허용하지 않고 무조건적 복종을 강요하는 군사주의 문화, 위수령과 계엄령을 통한 민주주의 탄압, 국민 기본권의 일상적 억압, 삼권 분립을 파괴한 유신 체제의 '제왕적' 대통령, 검열, 광고 탄압, 언론사 회유 등 다양한 방법을 동원한 언론 통제와 탄압 등 너무나 많다. 더 큰 문제는 21세기인 현재도 그런 상태가 '정상'이라고 생각하는 정치인과 박정희를 지지하는 세력이 존재한다는 사실이다. 따라서 현재의 정치를 이해하기 위해서도 박정희와 박정희의 시대를 연구해야 한다. 이것이 박정희를 다룬 이 책을 출간하게 된 이유이다.

필자는 1998년 박정희 체제의 민족주의 담론을 주제로 박사 학위 논문을 제출했다. 논문을 준비하기 전까지 필자는 박정희에 대해 특별히 관심을 기울이지 않았다. 그런데 학위 논문의 주제를 고민하던 도중 박정희야말로 현대 한국과 한국인을 형성하는 데 결정적 역할을 한 인물이라는 사실을 깨달았고, 그런 계기로 박정희에 대한 연구를 시작했다. 필자는 박정희가 대통령이 된 지 얼마 지나지 않아 태어났고 고등학교에 다닐 때 박정희의 사망을 봤다. 박정희 정부가 만든 국정 교과서로 교육받고, 박정희가 선포한 국민 교육헌장을 암기했으며, 박정희가 강요한 교련 교육을 통해 반공 의식을 세

뇌받은 '박정희 키즈'인 셈이다. 그래서인지 박정희 시대를 잘 안다고 생각했다. 그러나 많은 자료들을 접하면서 내가 얼마나 박정희와 박정희의 시대에 대해 무지했는지 깨닫게 됐다.

상식처럼 받아들여지지만 필자가 동의하지 않는 박정희에 대한 신화는 박정희 덕분에 한강의 기적이 가능했다는 주장이다. 과연 사람들이 생각하듯이 한강의 기적은 박정희의 덕인가? 박정희가 없었으면 한국은 계속 후진국에 머물러 있었을까? 물론 그렇지 않다. 한강의 기적에서 가장 중요하고도 결정적인 역할을 한 행위자는 미국이다. 미국은 이미 1950년대부터 이승만 정부에 경제적 자립을 위한 경제 계획을 수립할 것을 요구했고, 이승만 정권도 1959년 부흥부 3개년 계획안을 만들었다. 4월 혁명으로 등장한 장면 정권은 미국의 의도대로 경제제일주의를 핵심 구호로 삼고 경제개발계획을 입안했다. 5·16 군사 쿠데타 세력은 이 계획을 참고해 제1차 경제개발 5개년계획을 만들었다. 그러나 내용을 둘러싸고 미국과 갈등을 빚었고, 그 결과 1963년 말 1차 계획을 수정했다. 또한 1차 경제개발계획에 종잣돈을 제공한 한-일 국교 정상화도 미국의 압력으로 성사됐다. 게다가 미국은 한국의 경제성장이 지속되게 하기 위해 한국에 최혜국 대우로 시장을 개방했다.[2] 이런 미국의 역할을 무시하고 한국의 경제발전을 설명할 수는 없다.

또한 1960년대부터 열악한 작업 환경에서 저임금 장시간 노동에 시달린 산업 역군들(소위 공돌이, 공순이들), 머나먼 독일까지 가서 탄광과 병원에서 일한 광부와 간호사들, 월남전에서 생명을 바친 파병 군인들과 그곳에서 일한 노동자들, 1970년대 중동의 불볕더위 아래서 땀 흘린 노동자들이 없

---

1 흔히 미혼 여성을 가리키는 'miss'가 아니라 '잘못된'이라는 의미의 'mis'다.
2 물론 미국의 지원은 성공적인 자본주의 발전을 통해 남한이 안정적인 반공 체제를 유지하게 해 공산주의의 확산을 방지한다는 동아시아 전략의 일환이었다.

었다면 한강의 기적은 불가능했을 것이다. 게다가 각 행위자들에게 이런 선택을 부과한 냉전이라는 국제 체제 역시 한국의 경제발전을 설명하는 데 반드시 언급해야 할 구조적 요인이다. 이런 행위자와 요인들을 깡그리 무시한 채 한강의 기적이 박정희의 공이라고 말하는 것은 너무 불공정하다. 결국 이런 구조적이고 역사적인 인식이야말로 박정희와 박정희의 시대를 올바로 이해하는 데 반드시 필요하다.

이런 문제의식에서 필자는 2000년 박정희 체제의 민족주의 담론과 박정희 신드롬을 비판적으로 다룬 《반동적 근대주의자 박정희》를 출간했다. 이 책은 11쇄까지 찍을 정도로 많은 호응을 받았지만, 문고판이라는 제약 때문에 다양한 주제를 다루지 못해 계속 아쉬움이 남았다. 그때만 해도 곧 새로운 단행본을 출간할 수 있으리라 생각했는데, 이런저런 이유 때문에 계획을 실현하지 못했다. 다만 한국 정치사에 관련된 여러 프로젝트들을 수행하면서 연구를 이어갔고, 그 결과 박정희 시기를 다룬 연구들이 상당히 모이게 됐다. 그래서 박사 학위 취득 20년을 계기로 먼저 박정희 시대를 다룬 연구들을 묶어 한 권의 단행본을 출간하게 됐다.

—

이 책은 크게 군정기를 다룬 1, 2장과 유신 시기를 다룬 3장~6장, 박정희 시기의 민족주의를 다룬 7, 8장으로 구성됐다. 그동안 박정희 시기 연구에서 군정기는 쿠데타의 원인이나 주도 세력에 주목했지만, 이 글은 군정의 담론과 정책에 초점을 맞췄다. 1장은 군정기를 세 시기로 구분해 쿠데타 주도 세력들이 생산한 담론, 곧 반공, 국민도의, 경제발전, 민주주의들이 지닌 정치적 의미를 분석했다. 2장은 군정이 추진한 사회 개혁 정책 중 농어촌 고리대 정리 사업이 긍정적 의도에도 불구하고 제대로 추진되지 못한 이유, 그리고 재건국민운동의 진행 과정과 유산을 고찰했다.

3장에서 6장까지는 유신 시대를 다뤘다. 유신 시대는 박정희 연구에서 상당히 주목받은 시기이지만 여전히 공백이 있기 때문에 이 책은 유신 체제의 구조와 기제들 같은 구체적 작동 현실어 주목했다. 이것은 박근혜 체제의 권위주의적 통치를 이해하는 데 도움이 될 것이다. 그런 점에서 유신 체제 연구는 21세기 현재에도 증요한 의미를 갖고 있다. 3장에서는 유신 체제의 등장 원인과 김대중 납치 사건, 긴급조치를 다뤘다. 박정희 정권이 유신 체제를 선포하면서 강조한 국내외적 조건, 유신 선포를 정당화하는 논리, 김대중 납치 사건의 구체적인 실상, 긴급조치의 등장 원인과 내용을 고찰했다. 4장에서는 유신 체제의 반민주적 성격을 파악하기 위해 유신 체제의 구조를 정치(대통령 일인 지배의 제도화), 경제(국가의 포괄적 경제 개입), 사회(노동 부문의 배제) 부문으로 구분해 분석했다. 또한 유신 체제의 작동 기제를 '한국적 민주주의'의 기제, '총화단결'과 '국력배양'의 기제, '총력안보'의 기제로 구분해 통일주체국민회의, 유정회, 긴급조치, 중앙정보부와 내무부(경찰), 군사 교육, 민방위, 새마을운동, 반상회를 분석했다. 5장에서는 긴급조치 9호 이후의 시기에 초점을 맞춰 지배 구조와 이데올로기 기제를 분석했다. 지배 구조로는 학원 부문에서 학도호국단 부활, 교수 재임용 제도, 사회 부문에서 민방위대와 민방위 훈련, 주민등록 제도, 반상회, 사회안전법과 보호감호소, 장발과 미니스커트 단속 등을, 이데올로기 기제로는 새마을운동과 새마을 교육, 충효 교육을 고찰했다. 6장에서는 1979년 10월 갑자기 불꽃같이 타오른 부마항쟁을 다뤘다. 부마항쟁의 역사적이고 구조적인 배경으로 군사 문화의 확산과 유신 체제를 분석했고, 정치적 배경으로는 1970년대 선거 결과에서 나타난 부산의 야당 성향이 김영삼의 의원직 박탈을 계기로 폭발한 점을, 그리고 경제적 배경으로는 중화학공업화에서 소외된 부마 지역의 경제적 침체를 고찰했다. 그리고 부마항쟁이 가져온 박정희의 몰락과 신군부의 집권에 관련해서는 하나회의 등장과 권력 내부의 갈등을 고찰했다.

7장과 8장은 박정희 시기의 민족주의를 분석했다. 7장은 박정희 정권이 이순신을 '호국 영웅'으로 만든 과정, 1970년대에 발굴한 '호국 위인'과 '민족사상의 선현'을 비롯한 유적들, 그것들이 가진 정치적 의미와 그것들을 통해 국민들에게 전달하려 한 담론들을 고찰했다. 8장은 박정희 정권 시기를 '국가재건'기(1961~1963년), '조국근대화'기(1964~1971년), '국민총화'기(1972~1979년)의 세 시기로 구분해, 각 시기 주요한 민족주의 담론들을 분석하고, 시기별 담론 변화 요인을 외적 요인(미국의 대한 정책), 남북 관계적 요인, 국내적 요인으로 구분해 분석했다.

—

마지막으로 이 책의 출판에 관련해 감사의 뜻을 전하려 한다. 이 책의 3장과 4장은 민주화운동기념사업회, 6장은 부산의 민주주의사회연구소의 지원을 받았다. 유신 체제를 본격적으로 연구할 수 있게 지원해준 두 기관에 감사의 뜻을 전한다. 또한 이 책에 실린 원고를 최종적으로 수정하고 증보하는 과정에서 한국연구재단의 지원에 힘입은 바가 크다. 그리고 출판계의 어려운 여건에도 불구하고 적극적으로 책 출간을 지원한 이매진의 정철수 대표에게도 깊이 감사드린다. 마지막으로 그동안 묵묵히 응원해준 두 딸 수현, 정현과 아내 혜진에게도 미안한 마음과 함께 고마움을 전하고, 언제나 최고의 응원을 보내주시는 어머니께도 감사드린다.

2018년 6월

전재호

1장

5·16과 군정기 박정희 정권의 담론

"폭력은 정당화할 수 있다. 하지만 결코 정당한 것은 아니다."

— 한나 아렌트

1. 들어가는 말

얼마 전까지 우리 사회에는 박정희 신드롬이 횡행했다. 그런데 염려할 만한 일은 이제 이 신드롬이 신드롬의 차원을 넘어서 '영웅화/우상화'의 단계로 가고 있다는 점이다. 1997년 대통령 선거 유세에서 한 후보가 박정희를 칭송했을 뿐 아니라 비슷하게 보이도록 외모까지 바꾼 일화나 박정희의 딸이 단지 박정희의 딸이라는 이유만으로 국회의원에 거뜬히 당선된 것은 물론 차기 대통령 후보감으로 거론되는 사실은 이런 염려가 기우가 아니라는 것을 보여준다.

물론 민주 세력과 진보 학계에서는 처음부터 박정희 신드롬의 비정상성을 지적하는 동시에 균형 잡힌 평가의 필요성을 역설했다. 그러나 민주주의 파괴와 인권 유린이라는 죄악상을 철저히 외면한 보수 언론의 찬양 일변도 평가, 어려운 경제 사정, 영남 지역의 민심을 얻으려는 김대중 정권의 정치적 전략이 결합되면서 박정희는 '근대화의 아버지'이자 '나라를 구한 위인'으로 인식되고 있다. 특히 김대중 정부가 추진하고 있는 박정희기념관에 대한 국고 지원은 김대중 대통령 자신이 박 정권의 대표적 희생자라는 점 때문에 박정희를 '영웅'으로 만드는 데 기여하고 있다.

특히 이런 행위가 문제가 되는 이유는 박정희 정권의 군사 쿠데타, 민주주의 파괴, 인권 유린 같은 죄악상을 묻어버리기 때문이다. 이런 염려는 벌써 현실로 드러나고 있는데, 2000년 1월 12일 여야 합의로 공포된 '민주화운동관련자명예회복및보상등에관한법률'이 좋은 사례다. 이 법은 권위주의적 통치의 기점을 삼선 개헌이 국회에 상정된 1969년 8월 7일로 규정함으로써 5·16 군사 쿠데타를 권위주의적 통치 이전으로 위치시켰다.[1] 다시 말해 이 법은 1961년 5·16 군사 쿠데타부터 1969년 삼선 개헌 이전까지를 정당하고 합법적인 통치로 평가한 것이다. "5·16 군사 쿠데타가 불가피했다"는 일부의 통념을 법적으로 정당화한 점에서 잘못되고 위험한 가치 판단이다.

물론 일부 국민은 "민주당 정권은 무능하고, 따라서 비상수단이 필요하다"는 식의 5·16을 정당화하는 사고를 받아들였다. 그러나 일부 국민이 민주당 정권을 무능하다고 인식했을지라도 집권 10개월만을 놓고 민주당 정권을 평가하는 일이 정당한지, 그리고 1961년 3월 이후 장면 정권이 점차 안정되고 있던 상황을 고려할 때 정권이 지속됐으면 계속 무능했을지 등의 문제는 여전히 해명해야 할 과제다.

그러나 사실 여부에 관계없이 "민주당 정권은 무능했다"는 담론이 일반화된 결정적 이유는 박 정권이 바로 이런 담론을 정력적으로 생산하고 유포한 때문이었다. 박 정권은 민주당 정권이 간첩을 통한 북한의 '간접 침략'과 평화통일론, 여기에 편승한 일부 세력('반국가적 혁신 세력'과 학생)에 대해 "전혀 속수무책으로 허송세월을 했"고, "경제의 자립과 그 발전이라는 장기적인 문제를 종합적이고 통일적으로 다루"지 못했으며, "확고한 경제시책도 입안치 못하고 오히려 구악舊惡, 구질서의 조장 내지 방임만을 결과케 하였"고, "오직 이권과 정실과 연분과 권력에의 욕망"에 가득찬 무능무위無能無爲의 집단이라고 비판했다(한국군사혁명사편찬위원회 1964a, 176~182).

사실 박 정권에게는 국민들이 민주당 정권을 무능하다고 인식하는 것이야말로 군사 쿠데타의 정당성을 입증하는 가장 좋은 방법이었다. 따라서 박 정권은 군정기에 정력적으로 민주당 정권의 무능을 설파했다.

그러나 이 글은 박 정권의 민주당 정권 비판만을 살피려는 시도는 아니다. 이런 시각을 기반으로 박 정권이 군정기(1961년 5월 16일~1963년 12월)에 어떤 담론들을 생산했고, 이 담론들이 어떤 대내외적 환경에 맞선 대응이었는지를 살펴본다. 이런 과정을 통해 민주당 정권과 박 정권의 차별성을 드러내는 동시에 박 정권의 성격과 한계를 규명할 것이다.[2]

2. 군정기 담론의 구성

먼저 군정기를 '국가 재건'기(군정 전기, 1961~1962년)와 '민정 이양'기(군정 후기, 1963년)로 구분해 군사 쿠데타와 집권을 정당화하는 박 정권의 논리를 살펴보자.

---

1 이 법은 민주화운동을 "1969년 8월 7일 이 후 자유민주적 기본질서를 문란하게 하고 헌법에 보장된 국민의 기본권을 침해한 권위주의적 통치에 항거하여 민주 헌정질서의 확립에 기여하고 국민의 자유와 권리를 회복·신장시킨 활동"으로 규정하고 있다(민주화운동관련자명예회복및보상등에관한법률 제2조).

2 이 글에서는 담론을 어떤 사물(thing)을 의미하는 언어(anguage)에 대비되는 하나의 행위 개념으로서, 의미(들)를 만들고 재생산하는 사회적 과정을 포괄하는 개념으로 사용한다. 따라서 담론은 생산자가 대내외적 환경에 대한 대응으로 생산하고 정책들을 통해 실천하는 전 과정을 포괄하는 의미를 지닌다.

1) 국가 재건기의 담론 — 반공, 국민 도의, 경제 발전

박 정권은 민주주의를 외치며 목숨을 바친 4·19 혁명을 통해 등장한 민주당 정권을 무력으로 전복했기 때문에 태생적으로 정통성의 부재라는 치명적 결함을 가질 수밖에 없었다. 따라서 박 정권은 자기들의 행위를 정당화하기 위해 군사 쿠데타 직후부터 매우 정력적으로 정치적 상징과 언술을 동원했는데, 핵심 담론은 '반공', '국민도의', '경제발전'이었다. 이 담론들은 모두 '국가재건'이라는 상징어로 압축된다.

5월 16일 '군사혁명위원회'는 "군부가 궐기한 것은 부패하고 무능한 현 정권과 기성정치인들에게 이 이상 더 국가와 민족의 운명을 맡겨 둘 수 없다고 단정하고 백척간두에서 방황하는 조국의 위기를 극복하기 위한 것"이라고 주장하면서 군사 쿠데타를 정당화했다. 또한 이런 구질서를 개혁하기 위해 자기들이 해야 할 일을 '혁명공약'이라는 이름 아래 다음의 여섯 가지 목표로 제시했다(한국군사혁명사편찬위원회 편 1964b, 7).

첫째, 반공을 국시의 제일의第一義로 삼고 지금까지 형식적이고 구호에 그친 반공체제를 재정비 강화할 것입니다.

둘째, 유엔헌장을 준수하고 국제협약을 충실히 이행할 것이며 미국을 위시한 자유우방과의 유대를 더욱 확고히 할 것입니다.

셋째, 이 나라 사회의 모든 부패와 구악舊惡을 일소하고 퇴폐한 국민도의와 민족정기를 다시 바로잡기 위하여 청신한 기풍을 진작할 것입니다.

넷째, 절망과 기아선상에서 허덕이는 민생고를 시급히 해결하고 국가자주경제재건에 총력을 경주할 것입니다.

다섯째, 민족적 숙원인 국토통일을 위하여 공산주의와 대결할 수 있는 실력의 배양에 전력을 집중할 것입니다.

표 1. 국가 재건기 담론의 내용 구성

상황 정의	주제 영역	국가적 목표
(1) 북한 공산주의자들의 남침 위협 (2) 부정부패에 따른 사회 도의와 기강의 문란 (3) 도탄일로의 민생	(1) 반공 체제의 정비 (2) 국민 도의의 확립 (3) 경제 건설	민족 중흥

여섯째, 이와 같은 우리의 과업이 성취되면 참신하고도 양심적인 정치인들에게 언제든지 정권을 이양하고 우리들 본연의 임무에 복귀할 준비를 갖추겠습니다.

이 공약에서 박 정권은 현재 상황이 이데올로기적으로는 북한의 남침 위협을 감당하지 못할 정도고, 경제적으로는 절망과 기아선상에서 벗어나지 못하며, 사회적으로는 부정과 부패가 만연한 상황이라고 규정하고, 이런 상황을 극복하기 위해 '반공태세 확립', '실력강화를 위한 국가자주경제재건', '국민도의를 위한 청신한 기풍 진작'을 제시했다. 또한 임무를 완수하면 정권을 민간인에게 이양한다는 약속도 했다. 이런 공약은 자기들의 상황 인식과 해결 과제를 표현한 것으로, 박 정권의 핵심 담론이 됐다.

박 정권은 군사 쿠데타 직후부터 이런 담론들의 실천에 들어간다.

첫째, 박 정권은 부정과 부패에 따른 사회 도의와 기강의 문란을 바로잡기 위해, 곧 국민 도의의 확립을 위해 먼저 5월 21일 깡패와 통금 위반자 일제 단속에 들어갔고, 21일 오후에는 자유당 시절 정치 깡패인 이정재를 비롯해 약 200명의 깡패들이 군경의 엄호 아래 덕수궁을 출발해 "나는 깡패입니다. 국민의 심판을 받겠습니다. 깡패 생활을 청산하고 바른 생활을 하겠습니다. 우리는 젊은 몸과 마음을 국가에 헌신하겠습니다" 등이 적힌 플래카드를 들고 시내 중심가를 행진하게 만들었다.

다음으로 댄스홀에서 춤추던 사람들을 "국가재건에 총력을 기울여야 할 사람들이 대낮에 춤을 춘 것은 용서할 수 없다"고 하면서 '무허가 옥내 집회 혐의'로 구속했다. 또한 22일 국가재건최고회의는 23일을 기해 모든 정당과 사회단체의 해체를 포고했다. 게다가 5월 30일에는 군정 경찰이 '좌측통행, 차도 보행 금지, 횡단보도 이용, 신호를 지킬 것'을 요구하는 전국 보행자 지도 훈련을 실시했다.

둘째, 박 정권은 "반공체제를 강화하고 간접침략을 분쇄하는 방도로써 과거 민주당 정권 당시 난립했던 각 정당·사회단체 중 북한괴뢰집단이 주창하는 바와 유사한 정강정책을 표방하여 국민을 현혹케 하던 용공체이고 반국가적인 정당·단체 등의 구성분자 총 3098명을 일제히 예비검속"했다(《예비검속자 제헌절 출감조치에 관한 담화》 1961년 7월 17일; 대통령 비서실 1973a, 14). 민주당 정권에서 중립화통일론과 남북교류론을 주장한 혁신 세력과 학생들은 대부분 용공 분자로 몰려 검거됐다.

셋째, 언론 기관의 구악을 일소한다는 명분 아래 자의적으로 언론사를 폐쇄했다. 공보부는 5월 28일 '계속 발행할 수 있는 신문, 잡지, 통신사' 명단을 발표했다. 여기에는 64개 중앙지 중 15개, 지방 51개 중 24개, 중앙통신사 252개 중 11개, 355개 주간지 중 31개, 130개 중 지방 주간지 중 1개만 포함돼 있었고, 지방 통신사 64개는 모두 폐쇄됐다. 그 결과 민주당 정권 시기 통일 논의를 주도한 언론사들은 대부분 문을 닫았다.

넷째, 도탄일로의 민생을 구하고 국가 자주 경제를 재건하기 위해 경제 발전에 착수했다. 경제 발전은 박 정권이 내세운 '국가재건'이라는 상징을 현실화하는, 따라서 박 정권의 정통성 부재를 보완할 수 있는 담론이어서 비중이 점차 증가했다.[3]

먼저 경제 발전 담론의 실천에서 박 정권이 가장 역점을 둔 정책은 '중농 정책'이었다.

농업은 예로부터 〈천하의 대본〉이라고 해 왔습니다. 과반수의 국민이 종사하고 있는 농업을 방치하고서는 우리 국가의 경제재건도 국민의 생활 향상도 바랄 수는 없는 것입니다. (《농민에게 보내는 메시지》 1961년 11월 6일; 대통령 비서실 1973a, 85)

박 정권은 '중농제일重農第一 정책'이라는 구호를 내걸고 농어촌 고리채 정리, 영세 농민의 체납 토지 소득세 면제, 영농 자금의 방출, 절량絶糧 농가의 완전 구호, 농지개간법, 농협의 강화, 이동里洞조합과 농촌진흥청의 설치, 농산물의 적절한 가격 유지와 판로 보장 등의 정책을 실시했는데, 민생 안정뿐 아니라 인구의 다수가 거주하는 농촌 지역의 지지를 통해 체제 기반을 확보하려는 의도를 지닌 것이었다.[4]

다음으로 박 정권은 5월 28일 부정축재처리위원회와 부정축재조사단을 구성하고 6월 14일에는 부정축저처리법을 공포했다.

정부는 구악을 일소하고 새로운 경제윤리를 확립하여 건실한 국민경제의 토대를 마련함을 기본목표로 삼고 있읍니다. 최고회의는 혁명 이후에 있어서 과거 정치적 부패의 기본적 온상을 제공하여 국민경제를 교란하고 민생을 도탄에 몰아넣은 부정한 축재자들에 대하여 과감하고 신속한 처리를 기하였던 것입니다. (《부정축재처리에 관한 담화》 1961년 11월 10일; 대통령 비서실 1973a, 90)

민주당 정권이 부정 축재 문제를 처리하지 못한 탓에 국민들의 불만을 사

---

3 박 정권은 7월 7일 '조사기관장 회의 훈시'에서 "이제 혁명은 제2단계로 들어갔는데 …… 혁명 제2단계의 목표는 민심수습과 경제건설"이라고 지적했다.
4 5월 25일에 박 정권은 농어민들의 민원인 고리채 문제를 해결하기 위해 농어민이 진 연리 2할 이상의 일체의 고리채에 대해서는 채권 행사를 일시 정지하기로 한 '농어촌 고리 채 정리'를 발표했다.

고 있는 상황이라 이런 박 정권의 조치는 국민들의 지지를 쉽게 얻을 수 있는 사안이었다. 그러나 경제 발전을 위해 부정 축재 기업가들의 도움이 필요한 박 정권은 처음에는 처벌과 구속에서 1962년 1월에는 공장 건설 뒤 국가 기부로, 그 뒤에는 현금 납부로 처리 원칙을 완화했다.

마지막으로 박 정권은 '경제기획원'을 설립하고 '제1차 경제개발5개년계획'을 추진했다. 박 정권은 5월 26일 부흥부를 건설부로 개편하고, 부흥부 내부의 산업개발위원회를 건설부의 종합기획국으로 통합시켰으며, 7월 22일에는 건설부 전체와 재무부의 예산국, 내무부의 통계국을 통합해 경제기획원을 발족시켰다. 또한 내각 수반 직속으로 기획조정위원회를 설치해 경제 개발 계획과 연간 기본 운영 계획을 세워 사업을 집행한 뒤 그 결과를 심사, 분석하게 했다.

경제기획원은 민주당의 5개년 계획안을 참고해 '종합경제재건계획'을 만들고, 이 계획을 기초로 제1차 경제개발5개년계획을 1962년 1월에 공표했다. 물론 이 안이 민주당 안과 어떤 관련이 있는지에 대해서는 견해가 첨예하게 대립되고 있다.

박 정권은 민주당 안은 이용 가치가 없어 자기들이 새 계획을 짰다고 공식 주장하지만, 일부 학자는 약간의 차이는 있어도 최고회의 안이 민주당 안의 복사판이라고 주장한다. 왜냐하면 민주당도 부채 농가 지원, 세 전력 회사의 통합, 세제 개혁 수행, 부패 관료와 '부정 축재자' 처벌 강화, 원조와 투자의 다양화를 위한 대서독 관계 확대 추진, 경제기획원 같은 경제 부서를 통괄하는 기구의 창설 등을 계획 또는 공표했기 때문이다.

더욱이 군정 세력은 민주당의 경제 계획을 준비하던 관료들에게 자기들의 경제계획안을 작성하라고 맡겼다. 국가재건최고회의에서 일한 이진수는 한 인터뷰에서 자기들은 기존의 자료를 이용했고, 구절을 바꿔 최고회의 이름으로 계획을 추진했으며, 내용도 변하지 않았다고 주장했다.

표 2. 국가 재건기 국가의 담론 — 비담론적 실천

주제 영역	주요 언술과 상징어	국가의 법적, 제도적 실천
반공 체제의 정비	방공 방첩 태세 강화, 국토 방위 승(멸)공 통일, 간접 침략 분쇄	방첩 강조 기간 설정, 재향군인회 재건 공군 항공창 준공, 원호처 창설
국민 도의의 확립	구악 일소, 국가 기강 확립 민족정기 양양, 행정 체제의 준비, 인간 개조	혁명재판소 설립, 인신 구속 등에 관한 임시특별법, 정치활동정화법 공소권제한특별법, 문맹자 교육 도시 각 기관과 농어촌의 자매결연 운동
경제 건설	민주복지 국가 건설, 산업 자건 경제 재건, 잘살아보자 자립 경제의 확립, 중농 정책	재건국민운동, 농어촌고리대 정리법 부정축재자처리법, 경제기획원 설립 울산공업지구설정, 국민은행 발족 국토건설단 창설, 경제개발5개년계획

은행 국유화처럼 박 정권의 독자적인 안도 있었기 때문에 민주당 안과 정확히 일치한다고 말할 수는 없다. 그러나 결과적으로 박 정권의 계획이 전적으로 독자적이었다고 말하는 것은 잘못된 주장이다(전재호 2000, 67~68).

한편 주요 언론들은 박 정권의 군사 쿠데타와 군정에 재빨리 호응하고 정권의 주요 담론을 재생산했다. 당시 신문이 지닌 중요성을 고려할 때 군사 쿠데타와 군정을 정당화한 언론은 국민들의 인식에 매우 중요한 영향을 미쳤을 것이다.

혁명위원회는 국민에게 공약한 6개항목 발표문 중에서 …… 첫째, 셋째, 넷째 항목에 있어서는 현실에 적응하면서도 국민이 다 같이 평소에 바라는 바를 그대로 표현한 것이므로 거기에 이론을 제기할 사람은 없을 것 같다. …… 장 내각은 …… 정치도의적 전 책임을 지고 혼연히 용퇴, 국민 앞에 진사하는 성의의 일단을 분명하고 솔직하게 표명하라. (〈당면 중대국면을 수습하는 길〉, 《동아일보》 1961년 5월 17일)

군사혁명이 완전히 성공함에 즈음하여 우리는 세 가지 점에서 그를 높이 평가하지 않을 수 없다. 그 첫째는, 군사혁명이 전격적인 무혈혁명이었다는 것이요, 둘째로는 군사혁명위원회가 발표한 혁명공약에서 발견할 수 있고, 셋째로는 국내외적인 지지를 받았다는 것이다. …… 과거의 비정 내지 실정은 물론 민족사상의 분열과 혼란 그리고 민생고가 극심하였던 만큼 누구나 자기대로의 위기의식을 가지지 않을 수 없었고 어떤 형태의 구국운동이 절감되었던 것이다. (〈혁명의 공약과 국내외의 기대〉, 《조선일보》 1961년 5월 19일)

《동아일보》는 5월 26일 〈혁명완수로 총진군하자〉는 사설에서 "한국의 민주주의를 수호하기 위해서는 다소간 '비민주적인 방법'이라 하더라도 이를 피할 수 있는 도리는 없을 것이다"고 말하면서 군사 쿠데타를 노골적으로 지지했다. 또한 《조선일보》는 5월 20일 〈제2공화국의 붕괴와 최고회의의 사명〉이라는 사설에서 "기성정객들은 재빨리 부패, 재벌과 야합하는 가운데 '혁명의 비혁명적 방법에 의한 처리'라는 기만적인 구호를 내세우고 혁명 과업을 수행하는 일을 태만히 했다"고 민주당 정권을 비판했고, 한 칼럼에서는 군사 쿠데타를 조선조의 '인조반정'에 비유하는 등 노골적으로 군정의 담론을 반복했다.

과연 군사 쿠데타가 얼마나 많은 국민의 지지를 받았는지는 알 수 없지만, 군정의 언론 검열을 고려하더라도 재빨리 군정에 동조한 언론의 태도는 한국에서 권위주의 정권이 30년 가까이 지속되는 데 기여한 행위였다.

2) 민정 이양기의 담론 — 민주주의, 민족적 민주주의

1963년부터 박 정권은 기존 담론에 덧붙여 민주주의 담론을 적극적으로 생산하고 유포했다. 박 정권은 군사 쿠데타 직후부터 약속한 정권의 민간 이

표 3. 민정 이양기 담론의 내용 구성

상황 정의(현실 구성)	주제 영역	국가적 목표
5·16 혁명의 결실로서 제3공화국의 탄생	민주주의의 재건	민족중흥

양에 관련해 정치적 상징과 언술을 동원했는데, 핵심 담론은 '민주주의'이고 상징어는 '민정 이양'이었다.

정권 장악 직후 박 정권은 군사 쿠데타의 불법성을 보완하기 위해 '혁명공약'에서 '민간에로의 정권이양'을 제시했다. 또한 8월 12일에는 "1963년 3월 이전에 헌법을 개정하고 5월에 총선을 실시할 예정이다. 헌법은 대통령 중심제에 단원제로 한다"는 좀더 자세한 민정 이양 시간표를 발표했다. 그 뒤에도 박 정권은 틈만 나면 계속 '민정 이양'과 '진정한 민주공화국 재건'을 공언했다.[5] 이런 점은 박 정권이 민주주의라는 대명제를 거부하지 못한 사실을 보여준다. 게다가 박 정권은 민주당 체제의 무능과 부패를 비난하면서 군사 쿠데타가 반민주적인 이승만 체제를 타도한 4·19의 민주주의 정신을 계승하고 있다고 강변하기까지 했다.

5·16혁명은 4·19의거의 연장이며, 조국을 위기에서 구출하고 멸공과 민주 수호로써 국가를 재생하기 위한 긴급한 비상 조치였습니다. 도의와 경제의 재건은 바로 여러분들이 4월의거 때 품었던 염원이었으며, 우리는 지금 이것을 계승실천하

---

5 "조속히 구악일소에 결말을 짓고 국가의 기강과 민족정기를 앙양하는 동시에, 사회적, 경제적 모든 면에서 국민생활의 향상을 기하여 공산주의의 침략을 저지하고, 진정한 **민주복지국가**를 건설하는 데 총역량을 집중하여야 하겠읍니다. …… 국민 제위의 적극적인 협조를 얻어 진정한 **민주주의적 국가재건**의 역사적 성업을 완수할 것입니다"(박 의장 취임사, 1961년 7월 3일)(한국군사혁명사편찬위원회 1964b, 36).

자는 것입니다. (《4·19기념식에서의 기념사》 1962년 4월 19일; 대통령 비서실 1973a, 223)

이런 언술과 함께 박 정권은 이미 발표한 민정 이양 시간표에 따라 새로운 헌법을 준비했다. 내각책임제를 기반으로 한 민주당 헌법과 달리 대통령 중심제를 채택한 새로운 헌법안은 1962년 9월 23일부터 30일까지 전국 도청 소재지에서 공청회를 가졌고, 10월 31일 최고회의를 통과했으며, 12월 17일 국민투표를 거쳐 12월 26일 공포됐다. 새로운 제3공화국의 헌법은 4년 임기 대통령 중임제, 단원제 의회제, 정당 중심의 정치 제도를 핵심으로 했다. 한편 박 정권은 1963년에 좀더 적극적으로 '민정 이양'이라는 구호를 내세웠다. 박정희는 1963년 1월 1일 〈국가재건최고회의 의장 신년사〉에서 1963년의 2대 과업을 '진정한 민주주의의 재건'과 '자립 경제의 달성'으로 제시했다.

금년이야말로 제3공화국을 탄생시키는 민주정치재건의 해이며 경제재건에 있어서의 결정적인 단계인 경제개발5개년계획의 제2차년도 사업을 추진하여야 할 때입니다. (한국군사혁명사편찬위원회 1964b, 40)

그런데 2월 18일 박 정권은 갑자기 〈시국수습에 관한 담화〉를 발표해 "새로운 정치적 체질 개선이 조금이라도 이루어졌다고 할 수 있기는커녕, 오히려 구태를 벗어나지 못한 옛 모습 그대로의 정치 양상"이라고 비판하면서 박정희의 민정 불참 의지를 표명했다. 그렇지만 군정이 "절대 공명선거를 보장하여 자유민주주의의 토대를 확고히" 할 것이라고 주장했다(대통령 비서실 1973a, 374~376).

그러나 얼마 지나지 않은 3월 16일에 박정희는 "본인은 앞으로 약 4년간 군정기간의 연장에 대하여 그 가부를 국민투표에 부(附)하여 국민의 의사를 묻기로 결심"했다는 성명을 발표하면서 '군정 연장'을 공식화했다(대통령 비서실 1973a, 401).

이런 박 정권의 민정 이양 거부 의사는 대내외의 즉각적인 반발을 불러왔고, 결국 박 정권은 4월 8일 "정계의 난맥상은 즉각적으로 국민경제 전반에 타격을 주었으며, …… 선량한 국민으로 하여금 경각과 불안에 쌓이게 하고 말았습니다. ……개정헌법의 개정을 위한 국민투표는 9월까지 보류"한다는 성명을 발표해서 원래의 일정보다는 늦었지만 9월 이후 민정 이양을 위한 선거를 치르겠다고 후퇴한다(대통령 비서실 1973a, 410).

다른 한편 박 정권은 제5대 대통령 선거에서 '민족적 민주주의'라는 구호를 내세웠다. 이 구호는 민주주의와 민족주의를 결합시킨 것으로 보이지만, 실제로는 야당이 주장하는 '자유민주주의'를 비판하는 것이었다.[6] 박 정권은 자기들이 민족적 과업을 달성하기 위해 '민족 자주적 주체성에 터전하는' 민족 주체적인 민주주의 사상을 지닌 반면, 야당은 '허수아비 민주주의,' '껍데기 민주주의,' '사대주의적 민주주의,' '가식적인 민주주의'를 주장한다고 비난했다(임방현 1963, 126).

사실 박 정권이 서구식 자유민주주의를 거부하고 독자적인 민주주의 개념을 내세운 것은 민족적 민주주의가 처음이 아니었다. 박정희는 《우리민족의 나갈 길》(1962)에서 다음 같은 '행정적 민주주의'를 사용했다.

나는 혁명시기에 있어서의 우리가 바라는 민주주의란 서양식의 민주주의가 아니라 우리 사회와 정치형편에 알맞는 민주주의를 해 나가야 된다고 생각하는 것이

---

6 "이번 선거는 …… 민족적 이념을 망각한 가식의 자유민주주의 사상과 강력한 민족적 이념을 바탕으로 한 자유민주주의 사상과의 대결입니다"(〈중앙방송을 통한 정견 발표〉 1963년 9월 23일; 대통령 비서실 1973a, 520).

표 4. 민정 이양기 국가의 담론 — 비담론적 실천

주제 영역	주요 언술과 상징어	국가의 법적, 제도적 실천
민주주의의 재건	제3공화국의 탄생, 民主救國 세대 교체, 공명선거, 민족적 민주주의	헌법 개정, 국민투표 정치 활동 금지 해제, 대통령 선거와 국회의원 선거 실시

다. 즉, 그러한 민주주의란 다름 아닌 바로 '행정적 민주주의'라고 말할 수 있다. (박정희 1969, 257~258)

이 개념은 국민들이 스스로 다스려 나가는 힘을 길러 올바른 사회를 이룩하기 위한 임시 정책으로 행정적 방법을 사용해야 한다는 의미로, 군정을 정당화하는 구호였다.

또한 박 정권은 《국가와 혁명과 나》(1963)에서도 한국적인 새로운 지도 이념의 확립의 중요성을 지적하면서, 지금까지의 전근대적 봉건 사조와 사대적 의타 관념에서 벗어나 '교도 민주주의'이건 '규범 민주주의'이건 한국적 체질에 맞고 애국의 이념에 맞는 이념이 필요하다고 주장했다. 선거 유세에 등장한 '민족적 민주주의' 역시 이런 논리의 연장으로 야당을 공격하는 슬로건이었을 뿐 박정희가 대통령 선거에서 승리한 뒤에는 거의 사용되지 않았다.

결국 군정 후기에 등장한 민주주의 담론은 10월 15일의 대통령 선거와 11월 26일의 국회의원 선거를 통해 형식적으로는 실천됐다. 그러나 이 선거를 준비하면서 박 정권이 보인 행태는 자기들이 비난하던 구 정치인들보다 더했다. 정치 활동 금지 해제 이전 중앙정보부를 통한 민주공화당의 창당과 '4대 의혹 사건'으로 대표되는 공화당의 불법적인 선거 자금 확보 때문에 '구악舊惡보다 더한 신악新惡'이라는 말이 나돌 정도였다.

따라서 군정기는 박정희가 말한 "민주정치의 희망적이고 전진적인 일대계기"라기보다는 '군복을 벗은 군정', 곧 합법적 권위주의로 나아가는 준비 과정이었다.

3. 군정기 담론의 등장 요인

군정기의 박 정권은 반공, 국민 도의, 경제 발전, 민주주의라는 담론을 생산하고 실천했다. 박 정권이 이 담론들을 생산한 이유는 군사 쿠데타와 군정의 정당화라는 자기들의 정치적 목표 말고도 대면하고 있던 국내외적 환경 때문이었다. 특히 반공, 경제 발전, 민주주의 담론은 미국과 북한이라는 대외적 환경, 그리고 한국 경제의 조건과 대항 세력이라는 대내적 환경에 대한 박 정권의 대응으로 생산된 것이었다. 그러면 이런 대내외적 환경들이 세 담론의 등장에 어떤 영향을 미쳤는지를 살펴보자.

1) 반공

박 정권은 왜 이승만 정권 시절부터 누누이 강조하던 반공을 '국시의 제일의'로 내세우고, 혁신 세력과 학생들을 맨 처음 검거했는가? 물론 한국전쟁을 경험한 군부가 강한 반공주의적 성향을 갖는 것은 당연한 일이었다. 그러나 군이 반공을 강조한 이유는 민주당 정권기에 자유롭게 활동한 혁신계와 학생들이 자신들의 잠재적 대항 세력이 될 가능성을 미리 차단하려는 정치적 목표와 연방제통일론을 통해 남한을 분열시키려는 북한을 견제하려는 의도 때문이기도 했지만, 더 중요한 이유는 남한의 반공 정권을 통해 동북아 반공 체제를 형성하려던 미국의 신뢰를 획득하려는 필요 때문이었다.
  군사 쿠데타 직후 군사 정권에게 가장 중요한 것은 미국의 지지였지만,

두 가지 이유 때문에 쉽지 않았다. 먼저 자유민주주의를 내세운 미국은 민주적 선거에 따라 구성된 장면 정권을 무력으로 전복한 군사 정부를 쉽게 승인할 수 없었다. 둘째, 박정희의 공산주의 전력과 강한 민족주의적 성향 때문에 미국은 군정 주체들을 신뢰할 수 없었다.

그러나 반공을 국시國是로 내세운 혁명 공약에 더해 혁신 세력과 학생들을 즉각 검거한 군정의 행동은 미국의 신뢰를 획득하는 매우 결정적인 조치였다. 왜냐하면 혁신 세력의 '중립화 통일론'과 '남북교류론'은 냉전 체제 아래서 미국이 남한에 기대하던 동북아 반공 기지로서 한국의 역할을 부정하는 주장이자 미국의 영향권에서 벗어나는 주장이기 때문이었다. 따라서 혁신 세력을 북한 공산당의 지령을 받는 반국가 단체로 간주해 검거하고 투옥시킨 박 정권의 행위는 미국의 이해에 부합하는 것이었다.

결국 박 정권이 '국시의 제일의'로 내세운 반공은 군사 쿠데타의 정당성을 제고하려는 의도와 동시에 민주당 정권기에 등장한 혁신 세력과 학생들, 동북아 반공 체제 구축을 주도하면서 5·16 주체 세력의 사상을 의심한 미국, 그리고 북한의 통일 공세에 대한 대응으로 등장했다.

2) 경제 발전

박 정권이 경제 발전 담론을 내세운 가장 직접적인 이유는 침체된 경제 상황 때문이었다. 한국 경제는 1957년부터 미국의 원조가 감소하자 불황기에 접어들었고, 경제 개혁을 요구하는 목소리가 높아졌다. 4·19 시기에 등장한 경제 개혁의 목소리는 주로 '자주적 자립경제의 실현'을 목표로 일부 '매판 독점 자본'의 척결('부정축재 환수,' '악질재벌 타도'), 중소 자본과 민족 산업의 육성을 핵심으로 하는 민족 자본의 회복, 경제적 민주주의를 위한 기업 자유주의의 실현, 불평등한 대미 관계 개선 등이었다. 그러나 이런 요구는 민주당 체제의 부정 축재자 처리 미비, 물가 급등, 기업 활동의 위축을 초래한 환율 현실화, 중소기업 육성 정책의 실패 등 때문에 현실화되지 못하고 군사 쿠데타를 맞이하게 됐다.

이런 상황에서 집권한 박 정권은 군사 쿠데타 이후 경제 재건이 가장 중요한 민족적 과제이자 정치적 정통성을 확보하기 위한 최선의 길이라는 점을 인식하고, 경제 발전 담론을 내세우며 제1차 경제개발5개년계획을 비롯한 일련의 경제 개혁을 실시했다.

그러나 박 정권의 경제 발전 담론이 단순히 나쁜 경제 상황 때문에 등장한 것은 아니었다. 이런 경제 발전 담론이 생산되고 실천되는 데 가장 큰 구실을 한 요인은 미국의 대한 정책이었다.

한국군의 증강과 부흥이 주요 목표인 미국의 대한 정책은 1957년경 아이젠하워 행정부의 대외 원조 정책 변화와 함께 경제 개발로 전환되기 시작했다. 따라서 미국의 대한 원조 역시 원료와 소비재에서 공장 건설과 발전 산업 지원으로 전환됐다. 여기에 대응하기 위해 이승만과 민주당 정권은 장기 경제 개발 계획을 입안했다. 그러나 이런 계획들은 4·19와 5·16 때문에 빛을 보지 못했다.

박 정권의 경제 발전 담론 역시 미국의 이런 대한 정책의 연장선상에 있는 것으로, 좀더 직접적으로는 1961년 등장한 케네디 행정부의 대한 정책에 큰 영향을 받았다. 케네디 행정부는 공산군의 직접적인 침략보다 경제 실정에 따른 불만과 뒤따르는 정치적 불안정이 공산주의의 토양이 된다는 인식 아래 대한 정책의 핵심을 '경제 발전을 통한 정치적 안정'으로 설정하고, 경제 정책의 구체적 목표도 경제성장률 향상, 실업 문제 축소, 농업 소득 증대, 국제수지 개선으로 설정했다.

이런 미국의 대한 정책은 군정기 박 정권의 경제 발전 담론에 큰 영향을 미쳤다. 우선 미국은 박 정권이 주도한 제1차 경제개발5개년계획의 방향을

표 5. 남북한 1인당 국민총생산 비교

	1953년	1960년	1964년	1970년
남한(A)	76	94	107	248
북한(B)	58	137	194	286
(A/B)	1.31	0.69	0.55	0.87

※ 출처: 민족통일연구원 1992, 233.

부정적으로 인식했고, 그 결과 한-미 간에 갈등이 일어나 박 정권은 1964년 1월 미국의 요구를 대폭 반영한 수정안을 내놓았다.

다음으로 박 정권이 경제개발계획에 필요한 내자를 동원하기 위해 1962년 6월 단행한 통화 개혁은 미국의 반대와 경제의 혼란 탓으로 취소됐다. 이런 상황은 경제 발전 담론의 실천, 곧 박 정권의 경제 정책이 미국의 영향력에서 벗어날 수 없었다는 사실을 보여준다.

박 정권이 경제 발전 담론이 내세운 또 다른, 상대적으로 부차적인 이유는 북한이었다. 한국전쟁 이후 남북한은 통일을 포기하고 독자적인 정부의 강화에 매진하게 되면서 상호 경쟁 관계에 놓이게 됐다. 그런데 북한은 한국전쟁 이후 경제 재건에 매진한 결과 이미 1950년대 후반 경제적으로 남한을 능가했다. 한국은 한국전쟁 이후 미국에서 거의 20억 달러에 이르는 경제 원조와 물자 지원을 받았는데도 1950년대 후반 이래 높은 인플레이션, 고실업, 부정부패에 시달리고 있었다. 이런 경제 상황의 악화는 북한의 발전된 경제에 대비돼 박 정권이 경제 발전에 매진하게 만드는 한 계기로 작동했다. 왜냐하면 경제 침체는 공산주의의 토양이며, 남북 간의 경제 격차는 체제 대결의 패배를 의미했기 때문이다.

게다가 북한은 이런 경제적 우위를 기반으로 4·19가 일어나자 적극적인 평화 통일 공세를 펼쳤다. 1960년 8월 북한은 "파국에 빠진 남조선의 민족

경제를 바로잡으며 도탄에 빠진 인민들의 생활을 개선시키기 위해" 남북 간의 경제 교류와 문화 교류를 실시하자고 주장하는 등 적극 공세를 펼쳤다. 이런 공세에 대한 남한의 대응은 민주당 정권기 혁신계와 학생들의 통일 논의였다. 박 정권은 이런 움직임을 차단하려고 반공 담론을 내세웠고, 더 근본적으로는 경제 발전 담론을 통해 북한을 제압할 수 있다는 것을 보여주려 했다.

결국 군정기의 경제 발전 담론은 나쁜 경제 상황, 미국의 대한 정책, 북한 경제의 우위에 대한 대응으로 등장한 것이었다. 그렇지만 중농 정책, 통화 개혁, 제1차 경제개발5개년계획 등 군정기 박 정권이 추진한 여러 정책은 그리 성공적이지 못했고, 미국 역시 이런 정책들에 반대했다. 결국 제3공화국이 되면서 경제 정책의 기조는 수출 주도형 산업화 전략으로 바뀌고, 구호도 '수출제일주의'와 '수출입국'으로 바뀌었다.

3) 민주주의

민주주의를 파괴한 박 정권이 새삼스레 민주주의를 정권 차원의 담론으로 내세운 이유는 민주주의를 요구하는 국민들에 대한 고려보다는 공산주의에 대한 우월성을 자유민주주의에서 찾는 미국 때문이었다. 혁명 공약에 '민간으로의 정권 이양'이라는 항목을 집어넣은 이유는 자기들이 민주주의의 원칙을 근본적으로 부정하지는 않는다는 점을 표시하려는 것이었다. 그런데 미국이라는 요인은 민주주의 담론의 등장뿐 아니라 실천에도 큰 영향을 미쳤다.

자유민주주의의 우월성을 선전하던 미국으로서는 민주적 절차를 통해 집권한 정권을 무력으로 전복한 군사 정부를 지지하는 일이 부담일 수밖에 없었다. 따라서 미국은 초기부터 군정에 대한 명시적 지지를 표명하지 않으면서 민정 이양 시간표를 요구했고, 8월 12일에 박정희는 1963년 봄이 되면 민정으로 이양한다는 성명을 발표했다.

또한 박 정권이 1963년 3월 16일 군정 4년 연장안을 발표하자 미국은 압력을 넣어 이 안을 철회하게 했다. 먼저 미국은 3월 21일 주한 미국 대사 새무얼 버거^{Samuel D. Berger}와 3월 25일 국무성을 통해, 그리고 3월 31일 케네디 대통령이 박정희에게 편지를 보내 군정 연장안 철회를 요구했다. 다음으로 미국은 경제 원조의 지급 연기를 통해 간접적 압력을 넣었다. 결국 박 정권은 군정 연장안을 철회하는데, 이런 과정에서 박 정권의 민주주의 담론 실천에서 미국이 결정적인 구실을 했다는 사실을 볼 수 있다.

박 정권의 민주주의 담론 실천의 또 다른 요인은 대항 세력의 저항이었다. 군사 쿠데타 뒤 기성의 대항 세력들뿐 아니라 모든 정치 세력들의 활동이 정지됐기 때문에 일정 기간 동안 대항 세력이 형성되지 못했지만,《사상계》를 중심으로 한 일부 비판적 지식인들이 제한된 범위 안에서 박 정권을 조심스럽게 비판했다. 지식인들은 5·16의 과제를 "과거의 방종, 무질서, 타성, 편의주의의 낡은 껍질을 깨는 것"과 "민주주의 복귀"라고 설정하고, 그중에서 민주주의 복귀가 선행 과제이며 경제 건설과 인간 개조는 장기 목표라고 주장했다(사상계 1961). 이런 사실은 비판적 지식인들도 초기에는 군정에 대해 반신반의하면서도 군정이 주도하는 개혁을 기대한 점을 보여준다.

그러나 군정 주체들 사이의 이전투구, 화폐 개혁에 따른 경제 사정의 악화, 4대 의혹 사건, 박정희의 민정 불참 의사 번복과 군정 연장 기도 등 박 정권의 연이은 실정은 비판적 지식인들이 박 정권에 등을 돌리고, 정치 규제에서 풀려난 구 정치인들과 함께 대항 세력을 형성하게 만들었다.

특히 대항 세력은 박 정권이 3월 16일 군정 연장을 발표하자 지면을 통해 적극적으로 반대했고, 군정 연장안 철회를 요구하는 미국의 압력을 비난하는 박 정권의 논리를 반박했다. 대항 세력은 민정 이양이 박정희-케네디 회담에서 약속한 사안이며, 더욱이 한국은 미국에서 막대한 경제 원조를 받고 있기 때문에 경제 원조를 가지고 왈가왈부하는 것을 내정 간섭이라고 볼 수 없다고 주장했다.

결국 형식적으로라도 민주주의 체제를 유지하려는 미국의 요구와 민정 이양을 요구하던 대항 세력의 저항은 박 정권의 민주주의 담론의 등장과 실천에 가장 큰 영향을 미친 요인이었다.

4. 나가는 말

군정기 박 정권이 생산한 반공, 국민 도의, 경제 발전, 민주주의 담론은 주어진 대내외 환경에서 정통성 부재를 만회하고 민정 이양을 통한 재집권이라는 목표를 달성하기 위한 것이었다. 이 담론들이 중요한 이유는 군정기에 등장하지만 그 뒤에도 한국 사회를 지배하는 담론으로 굳어졌기 때문이다.

먼저 반공 담론은 한국전쟁을 겪은 군인들이라는 쿠데타 주도 세력의 태생적 특성에서 비롯된 동시에 대내외 환경에 따라 박 정권을 관통하는 핵심 담론이 됐다. 반공 담론은 특히 그 뒤 '선건설 후통일' 담론에 결합되면서 남북간의 경제 전쟁에서 국민들을 동원하는 동원 이데올로기이자 대항 세력을 억압하는 지배 이데올로기로 이용됐다.

둘째, 경제 발전 담론은 나쁜 경제 상황에서 국민들의 지지를 얻는 가장 효과적인 담론이기 때문에 박 정권도 정력적으로 실천했다. 박 정권은 인구의 대다수를 차지하는 농민들의 지지를 얻기 위해 중농 정책을 추진했다. 그러나 현실을 무시한 정책과 미국의 반대 때문에 제1차 경제개발5개년계획은 수입 대체형 산업화에서 외국에서 들여온 원료를 가공하는 경공업 중심의 수출 주도형 산업화로 전환됐다.

그런데도 박 정권은 제5대 대통령 선거에서 공화당 박정희 후보의 구호를 '새 일꾼에 한 표 주어 황소같이 부려보자'로 내세울 만큼 농민들의 정서에 호소했다. 이런 방식은 1967년 대통령 선거와 국회의원 선거에서 박정희와 공화당이 농촌 지역에서 많은 지지를 획득한 데서 볼 수 있듯이 일정한 성공을 거뒀다. 또한 이 흐름은 유신 체제에서 진행된 새마을운동으로 이어졌다. 그러나 박 정권의 경제 발전 담론은 제3공화국이 되면서 군정기의 중농주의적 경향을 완전히 벗어나 반농反農적인 저곡가에 기초한 수출 주도형 산업화 정책으로 전환하게 됐다.

셋째, 국민 도의 담론은 민주당 정권의 무능을 드러내면서 자기들의 차별성을 드러내기 위해 박 정권이 의도적으로 생산했지만, 점차 혁명 주체들 사이의 갈등을 표현한 '반혁명 사건'과 혁명 주체가 저지른 '4대 의혹 사건' 등을 거치면서 사라졌다. 그러나 국민 도의 담론이 담고 있던 규율 권력적 성격, 곧 국민의 사생활에 개입해 국가가 원하는 형태로 변화시키려는 성격은 그 뒤 권위주의적 통치가 노골화되면서 부활했다.

넷째, 박 정권이 군정 후기에 강조한 민주주의 담론은 민주적 절차를 요구하는 미국과 대항 세력의 민정 이양 요구에 대한 대응으로 등장했는데도 그런 요구들이 의미하는 내용을 담지는 않았다. 박 정권이 내세운 행정적 민주주의, 교도 민주주의, 민족적 민주주의는 "군인들! 상사의 명령에 기계처럼 움직이는 졸병들"이라는 함석헌의 표현처럼 국민들이 군대처럼 일사불란하게 목표를 향해 매진하는 민주주의, 곧 군사주의 담론이었다. 이런 담론은 그 뒤 '유신 헌법'과 '대통령 긴급조치'를 통해 민주 사회의 언로를 봉쇄하고 '총화단결'과 '한국적 민주주의'라는 획일적 가치관과 사고를 강요하는 내용으로 발전했다.

결국 군정기 박 정권이 생산한 담론은 단순히 민주당 정권을 비판해 군사 쿠데타를 정당화하는 기능뿐 아니라 그 뒤 한국 사회의 부정적 측면들을 특징짓는 담론으로 발전했다. 그렇기 때문에 5·16 군사 쿠데타는 결코 한국 역사에서 긍정적으로 평가받을 수 없다.

참고 문헌

대통령 비서실. 1973. 《박정희대통령연설문집 1 — 군정편》. 대통령 비서실.

민족통일연구원. 1992. 《남북한 국력추세 비교연구》. 민족통일연구원.

박정희. 1969(초판 1962). 《우리민족의 나갈 길》. 동아출판사.

사상계. 1961. 《사상계》 6~7월.

임방현. 1963. 〈자주, 사대 논쟁의 저변〉. 《사상계》 11월.

전재호. 2000. 《반동적 근대주의자 박정희》. 책세상.

한국군사혁명사편찬위원회 편. 1964a. 《한국군사혁명사 上》.

______________________. 1964b. 《한국군사혁명사 下》.

2장

5·16 군사 정부의 사회 개혁 정책
농어촌 고리채 정리 사업과 재건국민운동을 중심으로

1. 들어가는 말

1961년 5·16 쿠데타 직후 수립돼 1963년 12월 16일까지 지속된 군사 정부(이하 군정)의 사회 개혁 정책을 농어촌 고리채 정리 사업과 재건국민운동을 중심으로 살펴보자. 군사 쿠데타 세력은 6가지 혁명공약 중 셋째 공약에서 사회 개혁의 의지를 표명했고,[1] "5·16혁명의 특색"으로 정치혁명과 함께 사회혁명을 제시할 정도로 사회 개혁에 비중을 뒀다(民主韓國 革命靑史編輯委員會 1962, 220).

---

[1] "이 나라 사회의 모든 부패와 구악을 일소하고 토폐한 국민도의와 민족정기를 다시 바로잡기 위하여 청신한 기풍을 진작시킨다."

　박정희 체제 시기(1961~1979년)는 한국 사회가 가장 크게 변화한 시기인 만큼 그 체제와 시기에 대해서는 많은 연구가 진행되었다. 당시의 경제 발전(의 원인과 결과)이 가장 많이 연구됐고, 군사 쿠데타와 유신 체제 선포의 원인, 그리고 박정희 체제의 권위주의적 통치 등 굵직한 정치적 사건들 역시 많은 연구가 진행됐다.[2]

　그런데 박정희 체제의 기틀이 마련된 군정 시기에 대해서는 5·16 군사 쿠데타의 원인과 경제개발계획의 등장 과정만 주로 연구됐을 뿐 그밖의 주제에 대해서는 극소수의 연구만이 존재한다. 특히 군사 쿠데타 세력이 정권을 장악한 후 국민들의 지지를 얻기 위해 어떤 노력을 기울였는지에 대해서는 거의 연구가 존재하지 않는다. 따라서 이 글은 박정희 체제 초기인 군정 시기의 사회 개혁 정책을 농어촌 고리채 정리 사업과 재건국민운동을 중심으로 다룬다.[3] 전자는 당시 인구의 다수를 차지하던 농어민을 대상으로 한 경제 정책인 동시에 사회 정책이었고, 후자는 도시와 농촌을 망라하여 전국민을 대상으로 하는 사회 정책이었다. 양자 모두 군사 쿠데타 직후 군정이 적극적으로 추진한 정책으로, 이후 지속된 박정희 체제의 국정 운영에 유익한 경험을 제공했다는 점에서 중요한 의미를 갖는다.[4]

　그런데 흥미롭게도 박정희 체제에 대한 최근의 '긍정적' 인식과 달리 군정 시기 두 정책에 대한 당대의 평가는 긍정적이지 않다. 물론 군정은 1962년 1월 발간한 '홍보' 책자에서 "5·16 이후 7개월 동안 경제 분야에서 수많은 개혁을 과감히 진행"했다고 주장하면서 다음과 같이 고리채 정리 사업을 농업 부문의 업적으로 제시했다(공보부 1962, 77).

　고리채정리사업을 비롯하여 농산물가격유지법의 공포, 농협과 농은의 통합, 영농자금의 과단한 방출 등으로 우리나라 총인구의 6할, 국민총생산의 4할을 차지하는 이 부문에 거대한 발전에의 기반을 마련했다.

특히 군정은 고리채 정리 사업의 역사적 의의로 "우리나라 자립경제성장에서 차지하는 농촌경제의 위치를 정시正視하고 농어촌고리채의 멍에를 농민으로부터 벗김으로써 우리 농촌사회에서 오랜 세월에 걸쳐 전통적으로 교착膠着해버린 비민주적 주종적 인간관계를 불식하여 자기 자각 하에서 자력으로써 자활할 수 있는 길을 개척해주었다"고 평가했다(한국은행 1961, 12).

그런데 이런 군정의 긍정적 평가와 달리, 농협중앙회의 평가는 부정적이다(농협중앙회조사부 1965, 381~382).

농어촌고리채정리사업은 커다란 기대가 걸린 가운데 추진되었으나, 당초에 예상하였던 만큼의 성과를 거두지 못하였다. 그 가장 큰 원인은 고리채정리에 뒤따라서 베풀어져야 할 농업자금융자의 확대가 당초 계획대로 이루어지지 않았다는 데에 있었다. 이 결과 고리채정리자금의 회수실적은 매우 부진하였으며, 이로 말미암아 농협이 채권자에게 교부한 농업금융채권의 상환이 제때에 행하여지지 못하였다. 64년 말 현재 농협이 상환하여야 할 채권금액은 이자를 포함해서 32억 원이었는데, 이 중 17억원만이 상환되었고 15억원은 상환되지 못하였다.

이렇게 농협중앙회는 농어촌 고리채 정리 사업이 농업 금융자본의 확대

---

2 박정희 체제를 다룬 연구들은 아주 많기 때문에 여러 연구자들의 논문을 모은 대표적인 연구서만 소개한다. 한국정신문화원(1999a, 1999b, 2002)과 정성화(2005; 2006)는 성향과 무관하게 박정희 시대에 대한 다양한 주제를 다룬 논문 모음집이다. 조이제 외(2005)는 긍정적 시각에서 경제 발전을 다룬 데 견줘, 이병천(2003)은 부정적 시각에서 다뤘다. 그밖에 안병욱 외(2005)는 비판적 시각에서 유신 체제를 분석했다.

3 농어촌 고리채 정리 사업에 대해서는 이명휘(2010)의 연구가, 그리고 재건국민운동은 허은(2003)의 연구가 있다. 전자는 농촌 고리채 정리 사업의 실행 과정을 잘 정리했지만, 신고 이후의 과정에 대한 설명이 부족한 점이, 그리고 후자는 군사 쿠데타 이전 민간 주도 국민운동과 가지는 연관성 속에서 재건국민운동의 조직과 진로를 잘 설명했지만 재건국민운동의 구체적 사업에 대한 설명은 미흡한 점이 아쉽다.

4 고리채 정리 사업은 10년간 지속됐고, 재건국민운동은 군정 기간 내내 정부의 지원에 힘입어 430만 명의 조직원을 가졌다. 그러나 1964년 민간 운동으로 전환되는 과정에서 조직원이 급격히 감소했으며, 1975년 12월 해체됐다.

같은 후속 사업의 미비로 계획대로 진행되지 않았다고 평가했다. 또한 농어촌 고리채 사업에 대한 농민들의 평가 역시 부정적이다.

사회학자 이만갑은 1959년과 1969년 2차에 걸쳐 경기도 6개 촌락의 농민들에게 정부 정책을 평가하도록 했는데, 질문한 10개의 항목 중 '고리채 정리'가 가장 낮은 평가를 받았다.[5] 매우 성공 1.7퍼센트, 다소 성공 13.5퍼센트, 그저 그렇다 11.0퍼센트, 다소 실패 31.1퍼센트, 매우 실패 12.4퍼센트, 모르겠다(무응답) 30.3퍼센트였다(이만갑 1981, 96). 이만갑은 부정적 평가의 이유로 "채권자에게 불리한 점이 많고 불공평하다는 것, 정리가 시종일관 깨끗하게 되지 못하고 아직도 채무를 이행하지 않는 채무자가 적지 않다는 것, 돈 회전이 잘 안 되고 소액의 돈을 급히 얻어 써야 할 경우도 빚을 얻기가 퍽 어려워졌고 결과적으로 가난한 사람이 더 곤란을 겪게 되었다는 것, 친근한 사람 사이에 불화를 조성했으며 사람들의 마음이 인색하고 야박스러워졌다는" 점을 제시했다(이만갑 1973, 305; 한도현 1999, 119에서 재인용).

곧 농민들은 사업이 실패한 이유로 농협의 평가와는 달리 군정이 농촌 현실을 고려하지 못한 점을 제시했다. 그래서 "고리채정리사업은 국가재건최고회의의 농가부채에 대한 무지와 졸속 전시행정의 대표적 사례로 지적되고 공식적으로 실책을 자인하여 어떠한 공식적 결과 보고서도 발간하지 않았다"고 한다(이명휘 2010, 85).

그러나 1999년 한도현은 "미시적 측면에서 부정적 측면이 있다고는 해도 농촌금융의 개선이라는 거시적 측면에서는 성공적"이고, "다른 후진국 농촌들이 제도금융의 부족으로 말미암아 겪는 고충을 생각하면 이와 같은 고리채정리사업은 대단히 주목할 만한 중농주의 정책"이라고 긍정적으로 평가했다(한도현 1999, 119).

그밖에 사회 개혁 정책에 대해서도 군정을 제외하고는 부정적 평가가 일반적이다. 군정은 사회 개혁을 "어느 정책 못지않게 주요시한 시정항목施政項

曰"이라고 주장하면서 다음과 같이 자기들의 업적을 제시했다(民主韓國 革命青 史編輯委員會 1962, 110).

사회의 생활혁명은 5·16을 분수령으로 하여 분명히 한국의 사회구조와 생활 양식을 근본적으로 변혁시키고 있으며 이러한 사회생활 혁명이야말로 이 나라 의 제반모순과 구태舊態를 불식하는 제1단계의 과업임이 틀림없으며 국민대중은 5·16 혁명의 결과로서 나타난 이러한 사회 변혁을 크게 찬양하고 있으며 아직도 변혁의 도정에 있으나 더욱 이를 확대 강화하여 유종의 미를 거둘 것을 촉구하 는 아래의 소리는 높다.

그러나 군정의 대표적인 사회 개혁 정책인 재건국민운동에 대해서는 당시 부터 내실보다 '재건'이라는 표어만 남발되고 군사 정권의 유지와 정권 재장 악을 위한 정치 도구로 이용됐다는 비판이 제기됐다. 대법원장을 역임한 김 병로는 재건국민운동본부를 국고를 낭비하는 무용지물의 기관이라고 평가 했다(허은 2003, 13).

반면 재건국민운동을 거의 최초로 학술적으로 다룬 허은은 이 운동을 "국가주도의 국민운동과 민간주도의 국민운동의 두 지향이 승공을 대전제 로 삼아 결합했던 '분단국가 국민운동'의 장"으로 평가했지만, 군정이 민간 에게 운영권을 넘긴 뒤 급속히 약화됐다는 점을 지적했다(허은 2003, 44).

이런 상반된 평가를 어떻게 이해할 것인가? 군정이 어떤 의도로 사회 개 혁 정책을 실시했고 그 정책들의 구체적 내용이 무엇인지를 알아보기 위해,

---

5 이만갑이 질문한 10개 항목을 평가 점수 순서로 보면, 가족계획 정책, 비료 정책, 농업 지도 정책, 산림 정책, 농업 증산 정책, 농협에 관한 정책, 농지 개량 정책, 축산 정책, 곡가 조정 정책, 고리채 정리 정책의 순이었다.

2장에서 군정의 가장 대표적인 중농 정책인 농어촌 고리채 정리 사업을 살펴고, 3장에서는 재건국민운동을 살펴며, 4장에서 두 정책을 간략히 평가한 뒤 그 정책들이 박정희 체제의 어떤 정책들에 연관성이 있는지를 살펴본다.

2. 농어촌 고리채 정리 사업

1950년대 남한은 전 인구의 60퍼센트 이상이 농업에 종사하고, 총생산에서 농업이 차지하는 비율이 50퍼센트 이상인 전형적인 농촌 사회였다. 농업 인구의 30퍼센트는 과잉 인구이자 잠재적 실업자였고, 70퍼센트는 양식이 떨어진 채로 1년의 절반 이상을 보내야 했다. 이런 농민들은 연리 80퍼센트 이상으로 양곡을 빌리고 나서 추수 직후에 갚고 다시 빌려 생활했으며, 그마저 갚을 수 없어 머슴이 되기도 했다.

농작물의 상품화율이 30퍼센트 이하인데도 농사 비용의 60퍼센트 이상, 생계비의 37퍼센트가 현금으로 지출됐기 때문에 현금이 부족한 농민은 소비재조차 추수 뒤 현물로 상환하기로 하고 빚을 내어 조달했다. 따라서 농촌 부채는 생산에서 소비까지, 생산물시장에서 금융시장에 이르는 전 영역을 연결하는 질서이자 체제였다.

농지개혁으로 창출된 자작농이 부채의 굴레에 묶여 채무 노예와 같은 빈농으로 전락하는 현실은 자작농 체제에 대한 위협이자, 1950년대 제도권 금융시장을 무력하게 하는 통화 금융 체제의 위기였다(이명휘 2010, 83~84). 그래서 자유당이 1958년 민의원 총선거와 1960년 정부통령 선거에서, 그리고 4·19 혁명 이후에는 여러 정당들이 선거에서 공약으로 고리채 정리를 제시했다. 그렇지만 5·16 군사 쿠데타 당시에도 고리채는 해결되지 않은 채 농어촌의 가장 심각하고 절박한 과제로 남아 있었다.

군정은 이런 상황을 고려해 군사 쿠데타 직후부터 '중농제일重農第一'이라는 구호를 내걸었고, 구체적으로 농어촌 고리채 정리, 영세 농민의 체납 토지 소득세 면제, 영농 자금의 방출, 절량絕糧 농가의 완전 구호, 농지개간법, 농협의 강화, 이동里洞조합과 농촌진흥청의 설치, 농산물의 적절한 가격 유지와 판로 보장 등 여러 정책을 제시했다. 당시 농촌 상황에 대한 군정의 인식은 다음과 같다(대통령 비서실 1973, 1067).

6·25 동란을 전후하여 근 10년 동안 식량수급보다는 재정수요충족에 치중하여 농업이 미치는 영향을 도외시하고, 연간 350여만 석에 달하는 미국 잉여농산물을 도입하여 국내농업에 압력을 주었고, 농민의 부담력에 겨운 과중한 조세공과의 수탈, 저물가정책을 농산물가격의 억제로서 미봉하였고, 일부 도시독점자본의 비대를 조장하면서 농업에 대한 재정투·융자는 명목에 불과하여 농민을 푸대접하였다. 또한 농민의 자주적 경제발전 토대가 되어야 할 농협 육성에 등한하였고, 한편 역사적으로 이루어진 농지개혁의 뒤처리를 소홀히 했으며, 농민을 위한다고 구호로는 외치지만 사실은 수탈을 하였다. 이에 기아선상에서 허덕이는 민생고를 시급히 해결하고 국가자유경제재건에 총력을 경주한다.

이런 인식에 기초해 군정은 농가의 고율 이자 부담 경감과 농어촌 생산비의 절감이 농어민의 소득 증가, 농어촌 경제의 성장과 발전, 그리고 국민경제의 균형 발전을 가져올 해결책이라고 생각했다. 곧 군정은 "농어촌고리채의 제거 없이 농가경제의 향상을 기할 수 없고 농가경제의 향상 발전 없이는 국민경제의 자립재건을 기약할 수 없다"(한국은행 1961, 14)고 주장하면서, 쿠데타 직후인 5월 26일 '농어촌고리채정리사업령'을 발포했다(한국은행 1961, 11). 그리고 6월 10일에는 법률 제620호, 6월 29일에는 법률 제637호로 전문 16조와 부칙으로 구성된 '농어촌고리채정리법'을 제정해 공포했고, 7월

12일에는 시행령을 공포했으며, 8월 5일부터 고리채 신고를 받기 시작했다. 당시 제정된 고리채정리법의 주요 내용은 다음과 같다.[6]

첫째, "고리채라 함은 소비대차계약에 의한 금전부채 또는 현물부채로서 농업은행으로부터의 채권액을 제외한 연이율 1할2분을 초과하는 일체의 부채원본을 말한다"(제3조).

둘째, "현물부채의 가격상환은 본 법 시행일 현재의 당해지방의 시가에 의하여 이를 환산한다. 단, 단기 4294년 5월 15일 현재의 당해 지방의 시가를 초과할 수 없다"(제4조).

셋째, "고리채 사무를 처리하기 위하여 리동과 시(구)읍면단위로 고리채정리위원회를 설치한다"(제5조).

넷째, "제3조의 규정에 의한 고리채는 채권자와 채무자가 각각 채무자 거주지 리동위원회에 신고하여야 한다. …… 신고하여야 할 고리채는 단기 4294년 5월 25일 정오 이전의 채권채무관계가 성립한 것이라야 한다"(제8조).

다섯째, "본 법에 의해 정리되는 고리채의 원본은 채무자 매 세대 15만환을 초과할 수 없다"(제9조).

여섯째, "신고기간 내에 신고하지 아니한 고리채는 정리대상에서 제외하고 동채권자의 변제청구권은 소멸한 것으로 간주한다"(제10조).

일곱째, "고리채의 채권자에 대한 부채는 농업은행이 채무자를 대위代位하여 변제하되 농업은행이 발행하는 금융채권을 교부한다"(제11조).

여덟째, "농업금융채권의 원리금의 상환은 2년 거치 후 5년 분할 상환의 방법에 의한다. 단 교부된 농업금융채권의 액면이 1만환을 초과하지 아니하는 채권자에 대하여는 1년 거치 후 1년내 상환으로 할 수 있다"(제12조).

아홉째, "① 고리채의 대위 변제된 채무자는 …… 농업금융채권의 발행일자로 그 액면과 동일한 금액의 차용증서를 농업은행에 제출하여야 하며, 이에 대한 변제의 의무를 진다. ② 융자금의 상환은 7년 이내의 분할상환의 방법에 의한다. ③ 제1항의 규정에 의한 융자금의 이율은 년1할2분으로 한다"(제13조).

열째, "신고를 허위로 한 자, 신고를 방해한 자 및 허위신고를 하게 한 자, 또는 그 정을 알면서 허위로 이를 확인한 자, 고리채가 신고되지 아니한 경우에 채무자에게 채무변제를 종용 또는 강요하거나 종용 또는 강요하게 한 자"는 "5년 이하의 징역 또는 50만환 이하의 벌금에 처한다"(제15조).

곧 고리채 신고 대상은 농어민으로 국한했고, 고리 사채의 내용은 1961년 5월 24일 이전에 차입한 연리 20퍼센트 이상의 금전 또는 현물 채무로서 원본이 채무자 매 세대당 1만 5000원을 초과하지 않는 범위 내에서 원본에 한해 신고를 받았다. 한편 정부에서는 농업금융채권을 발행하여 고리채로 판정된 금액에 대해서 농업협동조합이 채권자에게 대위 변제하게 했으며, 채무자에 대해서는 채권의 발생 일자로 같은 금액의 차용증서를 징구해 고리채 정리 자금의 융자를 실시했다. 채권자에게는 농협이 농업금융채권을 교부하고, 2년 거치 5년 분할 상환으로 원리금을 상환하게 했다. 단 교부된 채권 액면이 1000원 이하인 채권자에 대해서는 1년 거치 1년 내 상환으로 하되 이자율은 연 20퍼센트였다. 채무자는 농업금융채권의 액면금에 대한 차용증서를 농업은행에 제출하고 7년 이내에 연 12퍼센트의 이자율로 분할 상환해야 했다. 당시 농업금융채권의 발행 조건은 금리가 연 20퍼센트였으며, 채무자인 농민에게는 연 12퍼센트로 융자했다. 채권의 발생 금리와 융자 이율의 이자(8퍼센트)와 농협의 취급수수료는 정부가 부담했다(한국농촌경제연구원 1999, 868~869).

---

6 법제처 '국가법령정보센터'의 '농어촌고리채정리법'(1961.6.1ℂ.) 참조.

　군정은 이 사업과 동시에 5월 31일 "협동조합을 재편성하여 농촌경제를 향상시킨다"는 기본 정책을 발표해 농업은행과 농협의 통합과 개편을 시작했다. 그리고 6월 10일 고리채정리법을 공포하는 동시에 군정은 두 기관의 통합을 의결하고 통합처리위원회를 구성한 후, 7월 29일 신농업협동조합법을 공포하고, 8월 15일 농협중앙회를 창립했다. 곧 군정은 농업 금융 기관의 개편을 고리채 정리 사업에 연계해 진행시켰다.

　이렇게 군정은 농업 금융 기관의 정비, 농산물 가격의 지지, 농업 자금의 공급 등의 농업 정책을 단시일 안에 강력하고 신속하게 추진했다. 그러나 고리채 정리 사업은 야심 찬 계획과 신속하고 과감한 조치에도 제대로 진행되지 않았다. 농민들은 '농어촌고리채정리령' 발표 직후부터 반감을 표시했다. 이런 분위기를 감지한 군정은 5월 27일 국가재건최고회의 의장 장도영의 이름으로 담화문을 발표해 민심을 수습하려 했다(이명휘 2010, 90).

부패정리하에 다년간 누적된 농어촌의 고리채를 차제에 정리하지 않고서는 도저히 기대할 수 없기 때문에 5월 15일 이전의 농가부채에 한해서만 국가재건최고회의령 제12호를 실행한 것이나 그 이후에는 민간의 사금융을 저지할 의도는 추호도 없으니 국민제위의 양해를 바란다.

　이렇게 군정은 시행 이틀 만에 고리채 정리 사업의 목적과 내용을 변경했다. 이 담화문은 '민간 사금융'을 악덕 고리대금업자로 비난하던 기조에서 물러나 농촌의 기존 금융 질서를 파괴하지 않고 5월 15일 이전의 부채에 대해서만 정리하겠다고 밝힘으로써 농어촌 자금 시장의 경색과 농어민들의 불안을 무마하려 했다(이명휘 2010, 90).

　그러나 마감 달인 8월에도 농민들의 신고는 저조했다. 그래서 군정은 계몽 활동이 철저하지 못하기 때문에 신고가 부진하다고 주장하면서 신고 실적이 부진한 지방 단체장을 문책, 해임하고 신고 기피자는 구속하겠다고 발표했다. 그런데도 농민들은 여전히 고리차를 신고하지 않았다. 사실 채권자에게 2년 거치 5년 분할 상환해 7년 만에 원금을 상환하는 것은 재산권을 박탈하는 것과 다를 바 없었다. 곧 채무자들이 신고하는 것은 채권자에게 일방적으로 손실을 떠안기는 것이었다. 서로 잘 아는 농촌 사회에서 채무자가 채권자를 신고한다는 것은 인정상으로나 현실적으로 어려운 일이었다. 채무자들은 채권-채무 관계를 자기들이 어려울 때 도와준 것으로 생각했고, 게다가 신고했다가 나중에 아쉬울 때 돈을 빌릴 수 없다고 염려했다.

사실 당시 농가 부채의 특징 중 하나는 고리대금업자에 의한 착취가 분명하지 않다는 점이었다. 채권자는 농민 자신이자 농민 조직이었으며, 상호 대부와 연대 보증하에서 생계를 유지하고 현금 수요를 충족시켰다. 채무자 농민이 부채 탕감에 소극적인 이유는 전통적인 신용 구조가 농촌 사회의 견고한 연대 보증과 상호 부조의 체계였기 때문이다.

이런 신용 조직은 생계 수준 이상으로 생활 수준을 개선할 여지를 봉쇄했지만, 동시에 최소한의 생계는 유지할 수 있도록 도와주는 보호망이었다. 고리채 정리 이후에도 존속한 농촌 신용 조직은 절대 빈곤 농민이 생계를 유지하는 안전망이 됐다. 긴급 자금이 필요한 (담보나 재산이 없는) 농민에게 즉각 자금을 공급하는 보호망인 셈이었다. 이런 효율성이 고리채 정리 사업을 무력화시킨 내재적 요인이었다(이명휘 2010, 118~119).

계속 신고가 저조하자 군정은 위반 사례를 적발하고 검거와 함께 신고 기피자를 색출해 '반혁명분자'로 몰아갔다. 실적이 부진한 지방 공무원에게 경고를 하고 강력한 추진 의사를 표명하자 8월 20일부터 신고액이 증가했다. 8월 24일까지 신고 건수는 71단 7641건에 31억 원이었는데, 예상액의 40퍼센트 정도였다(이명휘 2010, 92).

신고 실적이 저조하자 군정은 8월 24일 '농어촌고리채정리법 중 개정법률'을 공포해 융자금 상환 기간을 2년 거치 5년 분할 상환에서 1년 거치 4년 분할 상환으로 단축하고, 액면 1000원 이내의 채권은 1년 이내에 상환하게 하는 등 내용을 변경하고, 신고 기간을 한 달 더 연장했다. 국가재건최고회의 의장 박정희는 1961년 8월 24일 〈농촌고리채정리법 개정에 관한 담화〉에서 이렇게 설명했다(대통령 비서실 1973, 36).

> 지금까지 신고된 액수로서는 최고회의가 미리 생각했던 것보다는 적으며, 그 원인은 신고기간이 너무 짧아서 미처 신고를 하지 못한 사람도 있고, 또 이 법의 취지를 아직도 잘 알지 못하여 채무자로서는 의리나 인정이나 또는 앞으로 긴급한 돈을 융통하기 어려울 것을 염려하는 데 있는 듯합니다. …… 최고회의는 이 신고 기간을 더 연장하여 채권자·채무자 여러분의 깊은 이해와 협조를 기다리기로 하였습니다.

그 결과 9월 24일 마감된 고리채 신고 실적은 117만 1000건, 신고된 부채액은 48억 6000만 원이었다. 그중 연리 20퍼센트 이상의 고리채로 최종 판정된 금액은 29억 2700만 원이었다. 그런데 정부는 고리 사채로 판정된 총금액의 85퍼센트에 해당하는 68만 5000건, 24억 9300만 원에 대해 농업금융채권을 발행하여 대위 변제했다(한국농촌경제연구원 1999, 869). 신고가 마감된 뒤 장경순 농림부 장관은 신고된 액수의 51퍼센트가 주로 관혼상제, 교육비, 기타 잡비로 사용되고 있다고 주장하면서 낭비 금지, 생산 의욕 고취, 농가 부업 장려, 유휴지 활용, 저축운동 장려 등 농촌 생활 향상과 의식 개혁을 요구했다(이명휘 2010, 94).

그러나 신고 종결 뒤의 진행 상황을 살펴보면, 농민들을 고리 사채에서 해방시켜 농가 경제를 개선한다는 목적으로 진행된 농어촌 고리채 정리 사업은 기대만큼 성과를 거두지 못했다. 한편으로 채권자에게 발행한 농업금융

채권에 대한 정부의 상환 자원이 충분하지 못해 상환이 제대로 되지 못했으며, 다른 한편으로 채무자인 농가의 상환 능력이 취약해 1년 거치 4년 분할 상환이 제대로 이행되지 못한 때문이었다. 곧 군정은 농촌 제도 금융의 제한 때문에 농가에 충분히 자금을 공급하지 못했고, 농가에서는 고리 사채가 누적되는 현상이 발생했다. 박정희 체제는 이런 상환 자원 부족을 해결하고 채권자들을 보호하기 위해 1964년에 다시 농어촌고리채정리법을 개정해 농업금융채권에 대해 일정한 유통력을 부여했다(한국농촌경제연구원 1999, 869). 채권자들은 농업금융채권을 정부 소유 주식 구입 자금의 납부, 국유재산 또는 귀속재산 구입 대금의 납부, 농협에 대한 채무 변제 등을 위한 지불 수단으로 사용할 수 있게 됐다(농협중앙회조사부 1965, 382).

농어촌 고리채 정리 사업은 박정희 체제가 1969년 8월 농어촌고리채정리법 중 변제 의무의 특별조치법을 제정해 변제 능력이 없는 채무자에 대해 정부가 대신 보상을 했고, 1970년 9월 변제가 불가능한 농가에 대해 다시 정부가 보상을 완료함으로써 완전히 종결됐다. 이 사업은 공과가 없지 않지만 농업 금융 전담 기관인 농협을 통한 자금 공급 능력이 농촌 고리 사채 시장 규모에 필적할 만큼 크지 못한 탓에 농촌 사채 시장을 오히려 경색시켜 자금 사정을 개선하는 데 크게 기여하지 못했다(한국농촌경제연구원 1999, 869~870).

결국 군정은 농촌의 건전한 발전을 목표로 농어촌 고리채를 정리하고 대신 제도권 금융 기관을 통해 농사 자금을 대출하려 했다. 그러나 군정은 농어촌 사회에서 고리채가 지닌 효율성과 필요성을 이해하지 못한 채 일방적으로 채권자의 희생을 강요했고, 고리채 신고 뒤 고리채를 대체할 농업 자금을 제공하는 데 실패해서 사업을 제대로 진행하지 못했다. 특히 사금융 시장의 존재를 인정하고 고리채 정리 사업의 기조를 완화한 군정의 조치는 농촌의 현실과 정부의 자금 사정을 무시하고 무리하게 정책을 시행한 점을 자인한 것이었다.

3. 재건국민운동

군정은 사회혁명이 '정치의 반사체'며 이런 혁명이 진행되지 않는다면 진정한 혁명이 아니라고 주장했다. 군정 7개월의 업적을 선전한 공보부의 책자에 따르면 자기들이 추진한 사회혁명을 "혁명과업 중 가장 신속하고도 과감하게 처리한 분야"라고 했다. 그리고 '사회개혁의 구체적 표현'으로 "깡패·우범자 등의 청소, 교통질서의 확립, 특정외래품판매금지, 비밀 댄스홀의 적발 등"을 제시했다.

군정은 5월 21일 오후에 자유당 시절의 정치 깡패 두목인 이정재를 비롯해 깡패 200여 명에게 '나는 깡패입니다. 국민의 심판을 받겠습니다. 깡패 생활을 청산하고 바른 생활을 하겠습니다. 우리는 젊은 몸과 마음을 국가에 헌신하겠습니다' 등이 적힌 플래카드를 들고 시내를 행진하게 했다. 또 "국가재건에 총력을 기울여야 할 사람들이 대낮에 춤을 춘 것은 용서할 수 없다"고 하면서 댄스홀에서 춤추던 사람들을 '무허가 옥내 집회 혐의'로 구속했다. 5월 30일에는 군정 경찰이 '좌측통행, 차도 보행 금지, 횡단보도 이용, 신호를 지킬 것'을 요구하며 전국 보행자 지도 훈련을 실시했으며, "사회의 구폐의 부정적 면과 반대로 피폐해 있는 민생에 활기를 불어넣기" 위해 "실업자구제, 재민구제災民救濟, 직업안정, 취직간여就職干與 등 일반 구호사업과 군인과 그 유가족에 대한 군사원호사업"을 실시했다(공보부 1962, 135).

군정은 군사혁명 1주년을 기념해 발간한 《혁명청사》에서 1년간의 통치 결과를 이렇게 제시했다(民主韓國革命靑史編輯委員會 1962, 111).

사회질서에서 특히 거론할 것으로는 전시한 불량도배의 단속과 교통질서의 확립, 특정외래품 및 양담배단속, 마수방지痲輸防止 등을 들 수 있을 것이니, 먼저 불량배단속에 대하여는 오월 16일부터 12월 29일까지 총계 15,751명을 검거조치했으며 매춘단속도 총 6,362명의 창부를 처리하였다. 그리고 이미 세인이 공지하는 깡패두목 이정재, 임화수는 일벌백계의 고려하에 사형이 집행되어 법치국가의 추상같은 철퇴가 이들 불량도배들 위에 떨어진 것이다. 다음 교통에 관해서는 혁명정부는 도시의 교통도덕확립에 과감 신속한 대책을 수립하여 전국도시의 교통질서를 바로잡아 과거 빈번頻繁하였던 차량사고도 현저히 감소되었으며 명랑한 사회건설의 기반을 마련하였다. …… 다음 특정외래품 및 양담배단속에 대하여는 9월1일에 특정외래품판매금지법기 발효를 보게 되고 국가경제와 개인생활을 좀먹는 외래품배격에 대한 국민의 각성과 건전한 생활전환에의 기틀을 마련하였다. 그리하여 거리와 가정에서부터 양주, 양담배 고급 양복 양복지 기타 허식과 경박한 사회풍조를 조장하던 모든 외래품이 자취를 감추게 되었다.

그런데 이런 정책들은 '대중 영합적populism' 성격을 띤 '일회성 이벤트'이거나 '계몽적' 성격을 띠었다. 반면 재건국민운동은 좀더 조직적이고 장기적 성격을 지닌 정책이었다. 군정은 5월 24일에 최고회의법을 공포하면서 재건국민운동본부 기구 발족을 위한 준비 업무를 개시하고, 6월 27일에 재건국민운동본부 직제를 공포해 시행했으며, 30일 각급촉진회 회칙을 제정해서 시달해 조직 활동을 시작했다. 발족 당시 조직 체계는 본부 아래 서울특별시와 각도에 지부를 세우고 시군구와 읍면동, 리동 단위에 촉진회를 뒀으며, 하부 조직으로 각반에 재건국민방再建國民坊을 설치했다. 그리고 본부와 지부에는 공무원을, 시군구와 읍면동 촉진회에는 각 1인의 유급 상임위원을 두는 한편, 재건국민방에는 남녀 지도자 각 1인을 둬 실천 지도를 맡게 했다.

또한 군정은 6월 12일 '재건국민운동에 관한 법률'을 공포하고 서울운동장에서 재건국민운동촉진 전국대회를 개최했으며, 7월 3일까지 각 지부별로 "국민혁명에의 의욕이 반영된 자연발생적인 촉진대회를 연이어 개최"했다. 그리고 6월 22일까지 서울지부 관하 9개구의 촉진회 결성을 시작해, 7

월 20일까지 전국의 시, 군, 구, 읍, 리, 동 등 각급 행정 단위마다 국민운동
의 전국적 조직체로서 지구촉진회를 결성했고, 각종 기관과 사회단체 등에
서 집단촉진회를 조직했다. 그 결과 조직 결성 2년 만에 "각계를 대표하는
50만 요원과 국민운동조직의 핵심적 실천체인 260만 청년회원과 부녀회
원"을 확보했다(韓國軍事革命史編纂委員會 1964, 1703~1704).

또한 7월 1일부터 전국 주요 도시에서 순회 계몽 강연이 시작됐고, 7월
20일부터는 각 대학 연합계몽대의 농어촌 지역 계몽 운동이 진행됐다. 재건
국민운동 본부는 홍보를 위해 《재건순보》를 발간했고, 생활의 간소화를 권
장하기 위해 '국민표준의례'와 신생활복을 제정했으며, 12개의 이상촌 건설,
국민 활동의 합리화를 촉진하기 위한 생활문화센터의 설치, 농촌 부업의 장
려, 방첩운동 등 각종 국민운동을 전개했다(공보부 1962, 32).

이렇게 군정은 단기간에 행정 기관의 중앙부터 말단까지 일사불란하게
재건국민운동 전국 조직을 건설했다. 특히 재건국민운동본부를 최고회의
직속으로 설치하고, 재건운동본부 차장에 이찬형 육군준장을 임명하고 10
개 지부 차장에 현역 장교를 배정하는 등 군인이 실질적으로 조직을 관리
하게 했다. 이런 점은 실제로 군정이 재건국민운동본부 조직 건설을 주도한
사실을 보여준다.

군정은 왜 이렇게 적극적으로 재건국민운동을 추진했을까? 재건국민운
동의 목표와 실천 방안에 그 이유가 잘 나타나 있다. 1961년 6월 12일에 공
포된 '재건국민운동에 관한 법률'에 따르면, 재건국민운동은 "전국민이 청
신한 기풍을 배양하고 신생활체제를 견지하며 반공이념을 확고히 하기" 위
한, "국민혁명을 목표로 하는 인간개조운동"이고, "전국민의 자발적인 참여
와 창의적인 참획參劃을 전제로 한 범국민운동"이다. 또한 재건국민운동의 7
대 실천 방안으로 "1. 승공민주이념의 확립(용공중립화 사상의 배격), 2. 내
핍생활의 려행勵行, 3. 근면정신의 고무, 4. 생산 및 건설의식의 증진, 5. 국민

도의의 앙양, 6. 정서관념의 순화 7. 국민체위의 향상"을 제시했다(韓國軍事革命史編纂委員會 1964, 1703~1704). 군정은 재건국민운동을 통해 반공 이념을 강화하고 국민을 '국민혁명'에 동원하려 한 것이었다.

좀더 구체적으로 살펴보자. 먼저 군정은 혁명공약 첫 번째에서 반공을 제시하며 쿠데타를 정당화했는데, 재건국민운동의 첫째 실천 방안으로 반공을 제시했으며 국민 교도 사업의 핵심도 방첩과 민주 이념 고무 사업이었다. 특히 방첩 사업은 "간첩침략을 분쇄하고 반공태세를 강화하기 위하여 방첩기간, 간첩자수기간을 설정하고 간첩색출운동을 전개하는 등 각종행사와 선전계몽으로써 일반국민으로 하여금 혁명공약에 명시된 반공국시달성에 적극 참여토록하며 간첩활동자로 하여금 재생의 계기를 마련"하도록 하는 내용을 담고 있었다.

민주 이념 고무 사업 역시 "반공정신을 앙양하고 반공국시의 생활화를 기하기 위하여 반공웅변대회, 강연회, 승공토론회 등을 개최하는 한편 정부 기타 단체가 주관하는 반공사업을 적극후원하고 반공유공자의 업적을 찬양함으로써 일반국민의 민주주의에 대한 신념을 확고히" 하도록 하는 것이었다(韓國軍事革命史編纂委員會 1964, 1718). 군정은 이렇게 반공에 관련된 사업을 반복적으로 실시함으로써 국민들에게 반공이라는 집권의 정당성을 주지시켰다.

다음으로 군정은 재건국민운동을 통해 교육 사업, 향토 개발 사업, 생활지도 사업 등을 전개했다. 구체적으로 살펴보면, 첫째, 1961년 12월부터 "문맹자를 일소하여 그들로 하여금 국문해득과 사리판단의 능력을 배양하고 나아가 국민전반의 자질향상을 기하고자" 문맹 교육 사업을 시행했다. 처음에는 1961년 12월 11일~1962년 4월 말까지를 강조 기간으로 설정하고 1, 2차에 걸쳐 문맹자 수를 조사하고 자연 부락 단위로 문맹교육반을 설치해 청년회, 부녀회, 학생회원, 현지 학교 교사 등이 교육을 진행했다. 그러나 경비, 시설, 국민의 이해 부족 등으로 차질을 빚자 1962년 말까지 기간을 연장해 사업을 진행했다(韓國軍事革命史編纂委員會 1964, 1718).

둘째, 군정은 "일반국민의 자질함양과 재건의욕을 배양하여 특히 지식층의 재건대열에의 자진참여를 촉구하고자 본부를 비롯하여 지부관내 시 소재지에서 매주 화요일 정기 교양강좌를 개최하여 국민운동 관계해설 및 일반교양 강좌를 병행 실시"했다(韓國軍事革命史編纂委員會 1964, 1718).

셋째, 군정은 "대학 또는 중고교 학생의 자발적인 농어촌 봉사를 지원 또는 촉구하여 산간벽지 계몽과 무의촌 순회진료를 실시했다." 특히 군정은 "무능과 부패 속에 조장 내지 방임되었던 학원의 무질서와 타성을 일체 배제하고 참신한 기풍을 진작시켜 재건도상에 있는 조국의 선두에서 전 국민의 지표가 될 수 있는 기틀을 만들고자 학생단합 운동을 전개하였다. 따라서 학생들로 하여금 시국의 중대성을 인식시키고 가일층 분발하여 혁명대열에 참여할 수 있도록 특히 '학생의 날'을 기하여 각종행사를 통하여 이 운동의 취지를 강조시키자는 목표 하에 1961년 10월 20일~11월 30일까지 각급 학교 재건학생회의 조직, 학생단합웅변대회, 학생단합궐기대회, 학생단합체육대회 및 각급학교학생대표들의 좌담회 등 단합행사를 실시했다"(韓國軍事革命史編纂委員會 1964, 1719~1720).

넷째, 군정은 "반만년의 장구한 역사 중에서 비극을 빚어내게 된 것이 국민단합의 결핍(파벌, 당쟁, 중상) 등에서 초래되었으며 국민 상호 협동정신의 빈약으로 인한 국가의 후진성을 면치 못한 현상이므로 국민전체가 5·16 군사혁명 주체세력을 중심으로 하여 굳게 단합하는 운동을 전개함으로써 혁명과업을 재건"하기 위해 국민단합운동을 전개했다. 이를 위해 1단계는 "일반국민의 분발을 환기시키기" 위해 선전 계몽 행사를, 2단계는 "군부, 공무원, 종교인, 군민친선, 예술제 등 각층의 단합을 촉진하는 각종 행사"를, 3단계 "역시 각층의 단합을 촉진하는 행사로서 '학생의 날'에 학생총궐기대회, 토론회 및 웅변대회, 전국체육대회, 교육주간행사로서 교육자궐기대회, 노동자단합궐기대회 등을 개최하였다"(韓國軍事革命史編纂委員會 1964, 1720).

다섯째, 군정은 1961년 8, 9월 "퇴폐한 상도의商道義를 바로 잡고 문란한 상거래 질서를 확립함으로써 양심적이고 신용있는 상거래로서 명랑한 사회 기풍을 조성하기 위하여 상인들의 자율적인 기풍조성을 계몽 지도하고 아울러 일반 소비대중의 이해와 협조를 얻는 방침하에 상도의 앙양 운동을 전개했다"(韓國軍事革命史編纂委員會 1964, 1720).

여섯째, 군정은 1961년 8월 "납세사상을 고취鼓吹하고 기일 내 자진납세를 계몽 지도함으로써 체납을 다반사로 하는 구악을 일소하기" 위해 '기일 내 납세운동'을 전개하고, 1962년 4, 5월에는 "인간개조의 일환으로 전국 각 공사단체구성원 및 일반국민에게 시간 엄수 관념을 고취시켜 그 려행勵行을 습성화하게 함으로써 문화국민의 자질과 긍지를 높이기" 위해 '시간관념 고취운동'을 전개했다(韓國軍事革命史編纂委員會 1964, 1721).

일곱째, 군정은 "퇴폐적이고 향락에만 치우친 대중가요를 지양하고 참신하고도 건설적인 국민가요를 보급함으로써 국민들로 하여금 보다 건실한 생활감정을 촉구하고 또한 정서관념을 순화시키는데 큰 도움을 주기" 위해 1961년 9월 국민가요곡 10곡을, 1962년 2월에는 국민가요 1곡(〈재건의 깃발 아래서〉)을 제정하고 음반과 가요집을 인쇄해 각급촉진회에 배포했다. 그리고 재건국민운동의 조직과 각급 기관, 공공단체, 학교, 전국민들이 실천하도록 적극 권장했다(韓國軍事革命史編纂委員會 1964, 1723).

여덟째, 군정은 "국민체위의 향상이 없이는 산업부흥이 없을 것이며 또한 우리나라 국민은 원래가 활동을 싫어하는 관습"이 있기 때문에 "체위향상을 국민운동의 7대 강목의 하나로 결정하고 남녀노소를 가리지 않고 전 국민이 이 운동에 참여"하기 위해 "누구나가 다 쉽게 할 수 있는 유연체조의 하나로서 재건체조를 보급하고 그밖에 민속경연대회를 개최하여 공공기관과 학교 및 직장촉진회를 통하여 수시로 재건체조를 실시"하게 했다. 1961년 8월 재건체조 도표를 인쇄해 배포하고 음반을 제작해 각급 직장촉진회와 행정 관서에 배포했으며, 각 도지부별로 수시로 민속경연대회를 개최했다(韓國軍事革命史編纂委員會 1964, 1723).

마지막으로 "국민운동의 조직용원 및 국민대중의 참된 소리를 광범위하게 모집검토, 분석하여 민심의 경향을 파악하고 나아가 정부정책 등에 적극 반영시킴으로써 정부와 국민과의 거리를 좁히고 국민운동기구가 대중의 편에 서서 그 욕구를 대변하여 주는 참된 국민혁명 기관으로서의 구실을 다하기" 위해 1961년 6월부터 전국시군(구) 및 읍면(동) 공청소재지와 대중이 주재하는 요소에 재건함을 설치했다(韓國軍事革命史編纂委員會 1964, 1721).

이상의 사업들은 군정이 재건국민운동을 통해 달성하려 한 인간 개조 운동이고, 국민혁명이었다. 물론 이런 사업들은 국민들의 정신과 관행을 개조한다는 '긍정적' 의미가 있지만, 군정이 주도해 진행된 탓에 그런 흐름이 사라지면 언제든지 중단될 가능성이 있었다. 그 가능성은 1962년 재건국민운동이 민간 주도로 넘어가면서 현실이 됐다.

1962년 11월 20일 '재건국민운동에 관한 법률'이 개정됐는데, 개정 법률에서는 재건국민운동의 정의와 사업이 바뀌었다. 재건국민운동의 정의는 "복지국가를 이룩하기 위하여 전 국민이 민주주의이념아래 협동단결하고 자립자조정신으로 향토를 개발하며 새로운 생활체제를 확립하는 운동"으로 바뀌었다. 또한 재건국민운동본부가 지도하는 운동도 "1. 국민사상함양, 2. 동포애발양, 3. 국제친선, 4. 향토개발, 5. 생활개선, 6. 사회기풍진작, 7. 향토교육, 8. 청소년 및 부녀지도육성, 9. 기타 국민운동전개에 필요한 사항"으로 바뀌었다. 곧 재건국민운동의 목표에 '복지국가'라는 개념이 등장했고, 운동이 다루는 내용에도 반공(승공)이 빠지고 국민 사상 함양, 동포애 발양, 국제 친선 등 새로운 내용들이 첨가됐다.

이런 변화는 무엇을 의미할까? 그 답은 재건국민운동을 주도한 군정의 사고에서 찾을 수 있다. 군사혁명 1주년을 기념해 발간된 《민주한국혁명청사》에서 군정은 '혁명'을 "국민대중의 정치적 지지와 사회생활규범화로 발전"시키기 위해 재건국민운동을 전개했다고 기술했다(民主韓國革命靑史編輯委員會 1962, 117).

또한 재건국민운동 본부 차장을 맡은 이찬형도 《재건통신》(1962년 6월호)에서 국민운동의 일차적 목적이 "최단 시일 내에 군사혁명의 의의를 국민에게 계몽하고 혁명이념을 일반대중에 확대"하는 것이라고 언급했다(허은 2003, 30). 이런 점은 군정이 재건국민운동을 자기들의 정책을 선전하고 정당성을 확보하려는, 효율적인 대민 선전 기구로 활용하려 한 사실을 보여준다. 초기 군정은 재건국민운동을 통해 혁명의 정당성을 알리고 정치적 지지 기반을 확대하려 했다.

그런데 다른 한편으로 군정은 '혁명'의 정당성과 순수성을 옹호하기 위해 국민들에게 재건국민운동이 '일방적'으로 군정이 주도하는 운동으로 인식되는 것을 원하지 않았다. 그래서 재건국민운동본부를 구성하면서 1950년대부터 민간 국민운동을 주도한 많은 인사들을 참여시켰다. 사실 운동에 참여한 지식인들은 1950년대 신생활운동을 제창했고, 운동을 자기들의 사회 개혁을 실현할 계기로 삼으려 했다.[7] 3대 재건국민운동본부장을 지낸 이관구는 군사 쿠데타가 일어나자 자기들이 박정희에게 "군사혁명을 신생활운동을 기조로 하는 국민혁명으로 전가, 승화시켜 국가재건에 이바지할 것을 건의"했고 군정이 이 건의를 수용했다고 주장했다(이관구 1978, 282).

재건국민운동에 참여한 유력 인물들은 초기부터 군정 주도로 출발한 운

7　재건국민운동에 참여한 인사들의 명단은 허은이 쓴 논문의 표 1과 표 2를 참고(허은 2003, 49~51).

동을 민간 운동으로 전환시키려 했다. 초대 본부장인 유진오는 8월 재건국민운동이 "가장 짧은 기간내에 우리국민에게 민주국가의 공민으로서 당연히 갖추어야 할 자질을 갖추게" 하여 "5·16군사혁명으로 말미암아 잠시 마비된 우리나라의 민주체제를 되찾으려는데 목표"를 두고 있다고 언급했다(유진오 1961, 34). 이런 언급은 유진오가 초기부터 재건국민운동을 민간 운동으로 전환할 것을 염두에 두고 있었다는 점을 보여준다.

유진오에 이어 9월에 본부장에 취임한 유달영도 관제 운동의 "방향으로는 민중이 움직여지지 않고 우리가 기도하는 목적을 달성할 수가 없기" 때문에 "근본적으로 방향을 바꾸어 민간운동으로 전환해야" 한다고 주장했다(유달영·양호민 1961, 169).[8] 유달영은 재건국민운동의 발전 단계를 운동본부의 간부가 군인이고 도 이하에서는 행정 계통을 따라가는 완전 하향식 관제 운동의 1단계, 일을 아래에서 시작하는, 곧 민간 운동으로 전환하는 2단계, 그리고 완전히 민간 운동인 3단계로 구분하고, 자기의 역할을 3단계로 전환하는 것이라고 규정했다(유달영·양호민 1961, 169). 그래서 유달영은 2대 본부장으로 취임한 뒤 민간 운동으로 전환하기 위한 조직 개편을 추진했다. 1961년 말부터 다음해 4월까지 진행된 조직 개편은 관제 기구의 성격을 탈피하는 방향이었다. 일제하 전시 말단 통제 기구하고 비슷하던 재건국민반은 해체되고 각 마을에 재건청년회와 재건부녀회가 만들어졌다. 또한 중앙과 도지부에 설치된 자문위원회 대신 심의 결의 기관인 본부 중앙위원회와 도지부위원회가 설치됐다(허은 2003, 32).

한편 군정도 공식적으로는 재건국민운동에서 민간의 참여와 국민의 자발성을 강조했다. 국가재건최고회의 의장에 취임한 지 얼마 지나지 않아 전국 시읍 재건국민운동촉진회 부책임자 회의(1961년 8월 10일)에서 한 연설에서 박정희는 국민혁명이 "결실을 맺기 위하여서는 무엇보다도 먼저 국민 각자의 자발적 기초에 입각한 범국민운동이 전개되어야 할 것"이며, "지금 우리들이 추진하고 있는 국민운동의 성격은 관권에 의한 단순한 강제조직에 있는 것이 아니라, 국민 스스로가 …… 한국의 근대화와 민주주의의 재확립을 위한 아래로부터 자발적인 개혁으로 발전하는 데 있"다고 언급했다(대통령 비서실 1973, 23).[9]

결국 군정은 군사 쿠데타가 정당하고 '순수한' 국민혁명으로 인식되기를 바랐기 때문에 재건국민운동 초기에는 자기들이 주도하지만 점차 민간인이 운영하도록 허용했다. 그래서 군정 3년을 정리한 《군사혁명사》에도 재건국민운동을 "국민혁명을 목표로 하는 인간개조운동"이고 "전 국민의 자율적인 참여와 창의적인 참획*▥*을 전제로 한 범국민적 민중운동일 것이 요청되고 국민운동조직은 민족역량의 결속체임과 동시에 국민단합의 모체"라고 규정했다(韓國軍事革命史編纂委員會 1964, 1703).

재건국민운동이 민간 주도 운동으로 전환되고 민정 이양으로 군정이 종식되자 박정희 정권은 운동을 더는 적극 지원하지 않았다. 1964년 재건국민운동에 참여한 주요 인사들은 사단법인 재건국민운동중앙회를 만들어 기존 운동을 순수한 민간 운동으로 전환시켰다. 그러자 군정 시기 430만 명에 이르던 조직원이 급격히 감소해 1969년에는 약 126만 명으로 축소됐다. 운동의 성격도 변화해 후기에는 중점 사업이 마을금고(재건금고) 사업으로 전환됐다. 그러나 재건국민운동은 예산과 인력 등의 한계를 극복하지 못하고 새마을운동이 활발히 전개되던 1975년 12월 해체됐다(허은 2003, 44).

---

4. 나가는 말

지금까지 농어촌 고리채 정리 사업과 재건국민운동을 중심으로 군정의 사회 정책을 살펴봤다. 군사 쿠데타 직후 군정은 인구의 다수를 차지하는 농민들의 지지를 확보하려 중농 정책을 내걸고 농어촌 고리채 정리 사업을 실시했다. 고리채는 1950년대부터 사회 문제로 대두된 만큼 이 사업을 통해 농민을 부채에서 해방시키고 제도권 금융 기관을 이용하게 함으로써 농촌의 건전한 발전을 도모하려고 한 군정의 의도는 긍정적으로 평가할 수 있다. 그렇지만 농촌의 현실을 무시한 일방적인 하향식 정책인 탓에 의도한 정책적 효과는 물론 농민의 지지도 얻어내지 못했다. 또한 신고 이후 예정된 농업 자금을 확대하지 못해 사업이 계획대로 진행되지 못했다. 군정이 일단 농민의 지지를 얻을 생각에 현실적인 자금 동원 능력을 고려하지 않고 중농 정책을 추진했기 때문이다.

이런 경험은 박정희 체제에 어떤 영향을 미쳤을까? 민정 이양 뒤 박정희 체제가 전개한 대표적인 농촌 정책은 1970년대의 새마을운동이었다. 군정 시기 중농 정책을 내걸었는데도 1960년대 농촌은 전형적인 공업화 중심 경제 발전 정책의 희생물이었다. 1960년대 내내 농업의 수익성과 농산물의 생산량은 저하되고 농가 소득도 도시 생활자의 50~60퍼센트 정도에 불과했다. 1960년대의 산업화 결과 농촌이 피폐해지자 박정희 체제는 어떤 방식이든 해결책을 제시해야만 했다.

박정희 대통령은 1970년 4월 22일 '새마을 가꾸기 운동'을 제창했고, 2년간의 실험 기간을 거쳐 1973년부터 새마을운동을 본격 추진했다. 박정희 체제는 고리채 정리 사업에 대해 공식 평가를 내놓지 않았지만, 이 경험은 농업 정책에 영향을 미쳤을 것으로 추정된다. 새마을운동은 고리채 정리 사업처럼 하향식으로 추진되지만 그 한계를 넘어서려 했기 때문이다. 정부는 새마을운동을 실행하면서 차별적 지원을 통해 자연 부락들을 경쟁시켜 농민의 자발성, 곧 상향식 참여를 유도했다. 이런 방식은 농민의 자발성을 무시한 고리채 정리 사업하고 큰 차이를 보였그, 그 사업이 지닌 농민의 협조 부족이라는 한계를 극복할 수 있는 방안이었다.

한편 군정은 재건국민운동을 통해 '군사혁명'의 정당성을 홍보하고 자기들이 원하는 사회생활 규범을 전국민에게 보급하려 했다. 초기에는 전국 조직을 건설해 반공궐기대회, 대중강연회, 웅변대회, 승공토론회를 개최하는 등 반공을 통해 쿠데타의 정당성을 홍보하는 전형적인 하향식 대중 동원 정책을 펼쳤다. 그러나 교육 사업, 향토 개발 사업, 생활 지도 사업 등 일상생활에 관련된 정책으로 비중이 이동되면서 민간에 주도권을 넘겼다. 이런 조치는 정치운동의 도구라는 비난을 피하려는 시도이기도 했지만, 그만큼 군정의 통치 기반이 안정된 현실을 반영한 변화였다.

그런데 군정은 재건국민운동의 이름 아래 실시한 여러 사업을 통해 국정 운영에 도움을 받은 것으로 추정된다. 우선 행정 단위의 중앙부터 말단까지 연결시키는 전국 조직을 건설하고 운용한 경험은 1970년대 새마을운동 같은 전국민적 운동을 조직한 방식과 매우 유사하다. 또 향토 개발 사업과 학생, 교육자, 노동자의 총궐기대회 등을 통한 국민 동원 방식도 1960년대 말부터 시작된 향토예비군, 학도호국단, 민방위 등 다양한 국민 동원 정책과 매우 유사하다. 국민표준의례와 신생활복 제정, 시간관념 고취 운동, 건전가요 촉진 사업 등 국민들의 사고와 신체를 정형화하려 한 경험도 역시 그 뒤 장발과 미니스커트 단속이나 금지곡 선정 같은 정책과 유사하다.

결국 군정은 농어촌 고리채 정리 사업과 재건국민운동 등 사회 개혁 정책을 통해 하향식 정책을 진행함으로써 한계에 부딪쳤지만, 전국적 조직을 건설하고 운영한 경험과 국민을 동원하고 통제하는 경험을 통해 이후 국정 운영의 토대를 마련했다.

참고 문헌

공보부. 1962.《革命政府 7個月間의 業績》. 공보부.

김팔봉. 1961.〈국민혁명에의 전향〉.《최고회의보》 2. 국가재건최고회의.

농협중앙회 조사부. 1965.《韓國農政20年史》. 농업협동조합중앙회.

대통령 비서실. 1973.《박정희대통령연설문집 1 — 군정편》. 대통령 비서실.

民主韓國 革命靑史編輯委員會. 1962.《民主韓國革命靑史》. 民主韓國革命靑史編輯委員會.

박정희. 1962.《우리민족의 나갈 길》. 동아출판사.

신일철. 1962.〈국민운동과 지도자 — 진취적 이념과 대중적 기반을 위하여〉.《최고회의보》 8. 국가재건최고회의.

안병욱·홍석률·전재호·김서중·김영수·박영자·정상호·김대영·이기훈·김영곤·주강현. 2005.《유신과 반유신》. 민주화운동
        기념사업회.

유달영·양호민. 1961.〈대담: 재건국민운동의 방향과 방법 — 좀 더 잘 살기 위한 범국민운동으로〉.《사상계》 103.

유진오. 1961.〈재건국민운동의 성격과 방향〉.《최고회의보》 1.

이관구. 1978.《하루살이 글 한평생》. 휘문출판사.

이만갑. 1973.《한국농촌사회의 구조와 변화》. 서울대출판부.

______. 1981.《한국농촌사회연구》. 다락원.

이명휘. 2010.〈농어촌 고리채정리사업 연구〉.《경제사학》 48.

이병천. 2003.《개발독재와 박정희시대》. 창작과비평사.

이완범. 2006.《박정희와 한강의 기적》. 선인.

전재호. 1997.〈박정희 체제의 민족주의 연구 — 담론과 정책을 중심으로〉. 서강대 대학원 정치외교학과 박사 학위 논문.

정성화. 2005.《박정희 시대 연구의 쟁점과 과제》. 선인.

______. 2006.《박정희 시대와 한국 현대사》. 선인.

조이제·카터 에커트. 2005.《한국 근대화, 기적의 과정》. 월간조선사.

韓國軍事革命史編纂委員會. 1964.《韓國軍事革命史 第一輯(上)》. 國家再建最高會議韓國軍事革命史編輯委員會.

한국농촌경제연구원. 1999.《한국농정50년사》 1. 농림부.

한국은행. 1961.〈농어촌고리채정리의 의의와 이에 따르는 몇 가지 과제〉.《한국은행 조사월보》 15(9).

한국정신문화연구원. 1999a.《1960년대의 정치사회변동》. 백산서당.

______________. 1999b.《1970년대 전반기의 정치사회변동》. 백산서당.

______________. 2002.《박정희시대 연구》. 백산서당.

한도현. 1999.〈1960년대 농촌사회의 구조와 변화〉. 한국학중앙연구원 편,《1960년대 사회변화연구 — 1964~1970》. 백
        산서당.

허은. 2003.〈'5·16군정기' 재건국민운동의 성격〉.《역사문제연구》 11.

3장

유신 체제의 등장과 김대중 납치 사건

박정희 정권 시기는 한국 현대사에 가장 큰 영향을 남긴 시대다. 21세기를 사는 우리들에게 그 시기는 '한강의 기적'으로 기억된다. 사실 그 시기의 유산은 오늘날 우리들 옆에서 쉽게 찾을 수 있다. 아파트, 고속도로, 고층 빌딩, 자동차, 지하철 같은 근대적 시설뿐 아니라 사적지, 봉산탈춤, 국악 같은 유무형의 문화재도 그 시기의 정책에 따라 시작된 것이다. 이런 측면에서 보면 현재의 한국 사회는 그 시기에 많은 빚을 지고 있다.

박 정권 시기는 그렇게 긍정적으로만 기억될 수는 없다. 집권 세력의 민주주의 파괴, 공권력의 인권 유린, 자본의 노동 기본권 억압 등은 박 정권 시기의 또 다른 부정적 모습이다. 박 정권은 북한의 남침을 내세우면서 부국강병을 주장했고, 이 주장을 근거로 국민의 자유와 권리를 침해했다. 국가 안보와 경제 발전을 위해서는 민주주의도, 인권도, 노동자의 권익도 희생될 수 있다고 생각했다. 그러나 "폭력은 정당화 될 수 있다. 그러나 결코 정당한 것은 아니다"는 한나 아렌트^{Hannah Arent}의 말대로, 박정희의 독재는 정당화될 수는 있지만, 결코 정당한 것은 아니었다.

이 글은 경제 발전이 박 정권의 공적이고, 민주주의와 인권 유린은 과오라는 견해를 받아들이지 않는다. 박 정권의 정치와 경제, 곧 권위주의적 통치와 경제 개발 정책은 분리될 수 있는 것이 아니다. 박 정권은 경제 개발에 저해된다면 민주주의를 제한할 수 있다고 생각했으며, 실제로 이런 논리 아래에서 유신 체제를 정당화했다. 일부 학자들도 여기에 동조해 '개발 독재는 필요악'이라고 주장했다. 그런 학자들은 경제 발전에 성공한 후발국의 대부분이 권위주의적 통치를 경험했다는 근거를 제시한다. 그러나 모든 권위주의 정권이 경제 발전에 성공한 것은 아니었다. 이런 사실은 권위주의적 통치가 아니라 다른 요인 때문에 한국의 경제 발전이 성공했을 가능성이 있다는 것을 말해준다.

이 문제를 고찰하기 전에 먼저 다음 같은 질문을 반추해보자. 여러 차례의 용공 사건들, 재야인사들에 대한 구금과 투옥, 일상화된 휴교와 긴급조치 등이 경제 발전을 위한 것이었는가, 아니면 박 정권의 안정을 위한 것이었는가? 김대중 납치 사건, 재야인사들과 학생들의 투옥, 휴교령이 없었다면 경제 발전이 불가능했을까? 전태일이 산화하면서까지 저항한 열악한 노동 조건에서만 경제 발전이 가능했을까?

물론 경제 성장 초기에 국가의 강력한 지도력은 필요하다. 그러나 강력한 지도력과 노동 억압적 정책이 동일한 것은 아니다. 산업화 초기에는 국가의 힘이 기업가들을 압도하기 때문에, 만일 국가가 노동자들의 처지를 고려했다면 기업에 더 높은 생산성을 올릴 수 있는 친노동자적 노동 환경을 강제할 수도 있었다. 그렇지만 박 정권은 친자본적 시각에서 경제 발전의 주역인 노동자의 기본권을 억압하는 정책을 펼쳤다. 게다가 극단적 반공주의를 잣대로 노동자의 권익 신장 움직임을 공산주의로 몰아 탄압했다.

만일 박 정권이 대항 세력의 비판을 수용했더라면 한국 경제의 대외 의존성이 약화되고 일찍부터 정경유착을 끊으려는 노력이 시작됐을 것이다. 박 정권이 "민주주의란 자신이 좋아하는 의견을 보호하는 것이 아니라 자신이 가장 싫어하는 의견을 인정하는 것"이라는 격언을 받아들였다면, 박정희가 그렇게 비참한 최후를 맞이하지 않았을지도 모른다.

사실 김대중 납치 사건이나 민주화운동 세력 탄압과 경제 성장 사이에는 어떤 필연적 연관관계도 없다. 그런데 박 정권이 자기들의 권위주의를 경제 성장을 통해 정당화해야만 했다는 점에서 양자 사이에는 밀접한 연관성이 있다. 곧 박 정권은 정통성의 부자를 만회하기 위해 경제 발전에 집착했고, 경제 발전을 다시 정권의 안정과 불법적인 집권 연장을 정당화하는 명분으로 활용했다. 이런 측면에서 보면 박 정권의 경제 발전은 권위주의적 통치를 지속하기 위해 자행한 민주주의 파괴의 결과라고 볼 수 있다.

그렇기 때문에 우리가 박 정권 시기의 경제 성장을 마냥 자랑하거나 긍정적으로 평가할 수 없다. 거듭 말하지만, 박 정권의 경제 성장은 정권의 불법적 연장과 안정이라는 부정의한 목표를 정당화하는 수단이었으며, 이 과정에서 민주주의는 희생됐다. 따라서 박 정권의 경제 발전과 권위주의를 공과 과로 구분하는 시각은 객관적인 것처럼 보이지만, 양자의 상관관계를 인식하지 못한 피상적 평가에 불과하다. 그런데도 최근까지 박정희는 한국의 경제 기적을 일으킨 영웅으로 추앙받고 있다. 과거에서 교훈을 얻지 못하는 국민에게는 미래가 없다. 필자는 박 정권 시기에 대한 공정한 평가 없이 사회 정의가 세워질 수 없다고 생각한다.

불행하게도 많은 국민들은 박정희와 그 시대에 대해 허상을 갖고 있다. 이른바 '구세대' 또는 '산업화 세대'는 국가가 자행한 언론 통제 때문에 박 정권의 무자비한 범죄를 접하지 못했고, 신세대들 역시 잘못된 학교 교육 때문에 박 정권 시기의 실상을 알지 못한다. 따라서 현재를 살고 있는 사람들의 대부분은 겉으로 드러난 그 시기의 경제 발전만 보고 그 시대를 규정짓고 있다. 그 시기를 제대로 알지도 못하면서 동경하고 있는 것이다.

이 글은 박 정권의 반민주성과 반인륜성을 보여주는 대표 사례인 유신 체제, 김대중 납치 사건, 긴급조치를 설명한다. 이 글을 통해 우리는 박 정권의 실체에 좀더 가깝게 다가갈 수 있을 것이다.

1. 유신 체제

유신 체제는 한국 역사상 가장 노골적이고 강압적인 권위주의 체제였다. 박 정희 정권은 왜 1972년 10월 군정 기간 동안 자기들이 만든 헌정 질서를 자기들 손으로 파괴했는가?

1) 유신 체제 등장의 국내외적 환경

박 정권이 유신 체제를 도입한 이유는 크게 국내적 요인과 국제적/남북 관계적 요인으로 나눌 수 있다. 먼저 국내적 요인을 보자. 1960년대 후반 경제 상황의 악화라는 구조적 요인은 박 정권이 유신 체제로 전환하는 계기가 됐다. 경제는 초기부터 박 정권의 가장 중요한 정통성 구축 기제였다. 박 정권은 자기들에게 부재한 정치적 정통성을 만회하기 위해 1962년부터 경제개발계획을 추진했다. 1960년대 중반에 경제가 성장하면서 박 정권의 이런 전략은 성공하는 듯했다. 그러나 1960년대 말이 되면 경제 성장이 둔화하는데, 이런 상황은 박 정권의 경제 개발 정책에 기인한 바가 크다. 박 정권은 해외에서 자본과 원료를 들여와 국내의 저임금 노동력과 결합해 완제품을 해외에 수출하는 '수출 주도 산업화 전략'을 채택했다. 그런데 저임금 노동력에 의존한 전략은 낮은 생산성을 가져올 수밖에 없었고, 정부가 주도하는 외자 할당은 정경유착을 낳았으며, 결국 자본의 비생산적 사용을 가져왔다. 박 정권의 수출 주도 전략은 1960년대 중반의 경제 성장에도 불구하고 기업의 수출 채산성을 높이지는 못했다.

따라서 외국에서 빌려온 자금(원리금)을 상환해야 하는 1960년대 후반이 되면 한국의 경제 상황이 악화됐다. 많은 수출 기업들이 자금 상환 압박을 감당하지 못하고 도산했다. 1969년 박 정권이 실시한 제1차 부실기업조사에 따르면, 정부 지불 보증 차관 업체와 은행 관리 업체 83개 사 중 45퍼센트가 부실로 판명됐다. 더욱이 1960년대 말부터 진행된 세계적인 스태그플레이션은 한국의 경제 상황을 더욱 악화시켰다. 한국의 경제성장률은 1970년 7.6퍼센트에서 1971년 8.6퍼센트, 1972년 5.1퍼센트로 하락했다.

박 정권은 초기에는 금융 긴축 조치를 통해 위기를 극복하려 했지만 경제 구조 자체의 취약성 때문에 실패했다. 더욱이 긴축에 따른 금융시장의 경색은 기업들이 자본을 조달할 수 있는 자금 시장을 위축시켰고, 이런 상황은 부실기업뿐 아니라 대기업까지 위기에 빠뜨렸다. 결국 박 정권은 1972년 8월 3일 기업을 사채 부담에서 벗어날 수 있게 한 '경제안정과 성장에 관한 긴급명령 제15호'라는 강제 조치를 발동했다. 경제 위기를 극복하기 위해 박 정권이 특단의 조치를 취한 것이었다. 박 정권이 이런 조치를 취할 수밖에 없던 이유는 경제 위기가 단순히 정통성 보완 기제인 경제의 불안정만을 가져온 것이 아니라 다음 같은 정치적이고 사회적인 위기를 동반했기 때문이다.

둘째, 도시 이주민의 증가와 농촌의 상대적 저발전 등 1960년대의 급속한 경제 성장이 만들어놓은 사회적 결과는 유신 체제를 가져온 국내적 요인이었다. 경제 발전이 가져온 가장 큰 사회적 변화는 이농 현상이었다. 많은 농민이 일자리를 찾아 고향을 떠났다. 그러나 도시는 모든 사람에게 일자리를 주지 않았다. 일부만 일자리를 얻었고, 다수는 미취업 또는 불완전 고용

상태에 남겨져 자본이 저임금을 강제할 수 있는 산업예비군이 됐다.

한편 저임금을 기반으로 생산된 한국의 저가 상품은 미국과 일본으로 수출됐고, 한국 경제는 수출을 기반으로 성장했다. 그러나 노동자들의 상황은 전혀 나아지지 않았다. 1970년 전태일의 분신은 노동자들의 상황이 얼마나 열악했는지를 대변하는 사건이었다. 이주민에게는 희망의 땅이었지만, 도시는 희망을 실현시켜 주는 땅이 아니었다. 따라서 노동자들은 경제 성장의 역군이지만 수혜자는 아니었다.

농민 역시 도시 이주민처럼 경제 성장의 수혜자가 아니었다. 농촌은 저임금에 기반한 경제 성장을 위해 식량 생산 기지가 돼야 했다. 도시 노동자의 낮은 생활비가 유지되려면 농민이 생산한 곡물의 가격도 낮아야만 했다. 이것이 박 정권이 저곡가 정책을 추진하는 이유였다. 결국 급속한 경제 성장에도 불구하고 농촌과 도시의 소득 격차는 해가 갈수록 벌어졌고, 이런 상황은 농민들에게 좌절감을 안겨 더 많은 농민이 이농 대열에 합류하게 했다.

1960년대의 경제 성장이 낳은 농민과 도시 빈민들의 좌절감은 1960년대 말과 1970년대 초반의 경제 위기에 결부되면서 곳곳에서 폭발했다. 1970년 도시 이주민이 모여 살던 광주대단지 정착민들의 폭동, 청계피복 노동자 전태일의 분신, 파월 노동자들의 칼 빌딩 방화 사건 등이 대표적 사례였다. 결국 1970년대 초반의 사회적 불안정은 박 정권의 안정을 저해했으며, 유신 체제 등장의 한 요인이 됐다.

셋째, 1960년대 말과 1970년대 초의 급격한 국제 정세의 변화와 뒤따른 남북 관계의 변화는 유신 체제가 등장하는 국제적 요인이었다. '아시아의 안보는 아시아인들의 손으로'라는 닉슨의 괌 선언과 뒤따른 주한미군 철수는 한편으로 박 정권이 주장한 '자주국방'의 설득력을 높여줬지만, 다른 한편으로 박 정권을 지탱해주는 가장 핵심적인 지배 이데올로기인 반공과 안보 이데올로기의 수정을 요구했다. 특히 닉슨의 데탕트 정책에 따른 일본과 중국, 미국과 중국의 수교는 반공보다는 자본주의 진영과 공산주의 진영 간의 화해가 시대적 조류라는 점을 보여주면서 대결적 남북 관계의 변화를 요구했다. 박 정권은 대북 대화에 나섰고, 1972년 역사적인 남북공동성명을 발표했다. 이 과정에서 박 정권은 통일을 대비한다는 명분으로 유신 체제를 선포했다.

넷째, 위의 여러 요인들보다도 유신 체제 등장의 결정적 계기가 된 것은 박 정권의 연장이라는 정치적 의도였다. 1960년대 중반에 상승한 지지도는 1960년대 말 사회경제적 상황이 나빠지면서 점차 하락했다. 1971년 실시된 제7대 대통령 선거에서 박정희는 관권 선거와 금권 선거, 지역감정 조장에도 불구하고 총투표의 51.2퍼센트밖에 얻지 못한 반면, 신민당의 김대중 후보는 43.6퍼센트를 획득했다. 겉으로 드러난 선거 결과는 박 정권에 치명적 위협으로 보이지는 않았지만, 도시표의 52.3퍼센트, 특히 서울에서 58퍼센트의 득표율을 올린 김대중의 부상은 제6대 대통령 선거에서 윤보선 후보가 얻은 표에 견주면 박 정권에 큰 위기로 다가왔다.

또한 대통령 선거에서 나타난 여촌야도의 투표 성향은 5월에 실시된 총선에서 더 강화됐다. 신민당은 서울, 부산, 대구, 광주 등 대도시에서 선전해 이전의 44석을 89석으로 늘린 반면, 공화당은 도시에서 참패했고 당의 핵심 인물들까지 낙선하는 패배에 직면했다. 박 정권은 민주적인 선거 제도를 통해 집권하지 못할 가능성을 인식하게 됐고, 민주적인 선거 제도가 아닌 다른 방법, 곧 유신 체제 같은 권위주의 체제가 필요하다는 사실을 깨달았다.

2) 유신 체제 선포의 논리

박 정권은 유신 체제를 선포하는 데 이런 정치적 이유를 내세울 수는 없었다. 대신 앞서 지적한 국제 정세의 변화와 남북 관계의 변화를 내세웠다.

우선 박 정권은 1970년대 초반 국제적인 화해 분위기와 주한미군 철수를 빌미로 자주국방과 총력안보를 내세운 한편, 남북 관계의 개선을 추진했다. 1970년 8월 15일 '통일기반조성을 위한 접근방법에 관한 구상'을 발표한 뒤 박 정권은 남북 관계를 개선하기 위해 여러 모색을 했고, 그 결과가 1971년 8월 20일 '남북가족찾기회담'을 위한 남북 실무자 접촉, 5월 이후락 중앙정보부장의 북한 방문, 7월 4일 '남북공동성명' 발표였다. 이 과정에서 박 정권은 1971년 12월 6일 '국가비상사태' 선포와 12월 19일 '국가보위에 관한 특별조치법' 통과를 강행했고, 결국 1972년 10월 17일 비상계엄을 선포하고 국회 해산, 정당 정치 활동의 중지, 현행 헌법의 일부 기능 중지, 남북의 평화적 통일을 지향하는 신헌법안 마련 등을 담은 특별선언을 발표했다.

첫째, 국제 정세의 변화가 한국의 안전에 위험을 가져오며, 둘째, "민족중흥의 위대한 기초 작업이며 민족 웅비의 대설계"인 "한반도의 평화, 이산가족의 재결합, 그리고 조국의 평화적 통일"을 위해 예지와 용기와 단결, 기존 체제의 유신적 개혁이 필요하다고 주장했다. 다시 말해 박 정권은 국제 정세와 남북 관계의 변화에 따라 유신 체제가 필요하다고 주장했다. 그러나 당시 한국의 안보 상황은 남북 대화가 진행되고 있었고 국제 정세도 남북 간의 긴장 완화를 원한 만큼 특별한 조치가 필요한 위기 상황은 아니었다.

결국 유신 체제의 등장에 박 정권이 내세운 국제 관계와 남북 관계의 변화가 영향을 미친 것은 사실이지만, 이런 변화가 꼭 유신 체제라는 권위주의 체제를 필요로 한 것은 아니었다. 유신 체제를 선포하면서 박 정권이 내세운 근거는 명분에 불과했고, 1960년대 말 이래 경제 위기와 사회적 불안정이 가져온 박 정권의 정치적 위기가 유신 체제의 원인이었다. 특히 당시 상황에서 민주적 절차를 통해 박정희의 재집권이 불안하다는 것을 깨닫자, 아예 민주 헌정 질서를 파괴한 것이었다.

3) 유신 헌법의 내용

일반적으로 반민주적으로 알려져 있는 유신 체제의 골간인 유신 헌법의 내용은 무엇인가? 유신 헌법에서 '대표의 직접 선출', '삼권 분립', '정기적인 대표의 교체 가능성' 같은 민주주의의 기본 원리가 어떻게 왜곡돼 있는지를 살펴보자.

첫째, 유신 헌법은 제3공화국 헌법의 대통령 선출 방식과 권한을 변경했다. 유신 헌법에서 대통령은 국민의 직접 선거가 아니라 국민이 선출한 대의원들이 간접적으로 선출한다. '통일주체국민회의'라 불리는 대통령 선출 기구, 곧 대통령 선거인단을 설치하게 돼 있는데, 이 제도는 1971년 선거 결과 직선제에 따라 박정희가 대통령에 재선할 가능성이 낮아진 탓에 등장했다.

또한 유신 헌법은 대통령 임기를 4년에서 6년으로 연장했고 중임 제한 조항을 빼버렸다. 박정희의 영구 집권을 보장하기 위한 조치로, 삼선 개헌 같은 절차를 더는 겪지 않겠다는 의도를 보여준 것이었다. 게다가 유신 헌법에서 대통령의 권한은 삼권 분립의 정신을 배제한 채 크게 강화됐다. 대통령은 국회를 해산할 수 있고, 법관과 국회의원 3분의 1을 임명할 수 있고, 국회의 동의 없이 긴급조치를 발동할 수 있고 이런 조치는 사법부의 심사 대상이 되지 않았다. 이런 조항은 유신 헌법에서 대통령이 다른 부서보다 우위에 있는 정도가 아니라 다른 부서를 통솔하는 위치에 있다는 것을 의미한다.

둘째, 유신 헌법은 대통령의 권한을 강화한 것과 반대로 입법부의 권한은 대폭 약화시켰다. 대통령이 국회를 해산할 수 있는 반면, 국회는 대통령을 탄핵할 권한을 갖지 못했다. 또한 행정부를 감독하고 통제할 수 있게 해준 국회의 국정감사권도 폐지됐다. 게다가 이전에는 국민이 국회의원을 직접 선거로 선출하고 전국구 의원은 득표율에 따라 배분됐지만, 유신 헌법에서는 국회의원의 3분의 2만 선거를 통해 선출하고 나머지 3분의 1은 대통령이 임명한 후보를 통일주체국민회의에서 추인했다. 입법부가 대통령에 견줘 종속적 위치에 놓여 있다는 사실을 보여주는 조항이다. 박 정권이 이렇게 국회의 권한을 대폭 축소한 것은 1971년 국회의원 선거에서 신민당의 의석이 늘어난 데 불안을 느꼈기 때문이다.

한편 헌법 규정은 아니지만 박 정권은 정당·선거법을 자기들에게 유리하게 변경했다. 우선 국회의원 선거 제도에서 전국구를 없앴다. 전국구에서 당선될 수 있는 야당의 비율을 그만큼 축소하려는 의도였다. 이 법은 217명의 국회의원 중 지역구 선출 146명을 제외한 73명을 통일주체국민회의에서 선출하게 바꿨기 때문에 박 정권으로서는 전체 의석의 3분의 1을 자동으로 친여 성향 의원으로 채울 수 있었다.

그리고 한 선거구에서 한 명이 아닌 두 명의 국회의원을 선출하는 중선거구제를 도입했다. 이 경우 도시 선거구에서 둘 중 하나는 여당 후보가 당선할 가능성이 높아진다. 이 제도 역시 1971년 선거에서 나타난 여촌야도 현상을 무력화하고 여당 후보를 많이 확보하려는 의도에서 도입됐다.

다른 한편 박 정권은 2원 13부 3처 6청의 정부 구조를 2원 13부 4처 13청으로 바꿔 행정부를 강화하고, 중앙 행정 기구의 보조 기관 설치에 관한 권한을 대통령에게 부여함으로써 대통령의 행정 기구 통제도 강화했다.

결국 유신 헌법은 대통령 1인에게 입법, 사법, 행정 등 국가 기구의 전권을 부여하고 대통령의 교체 가능성을 거의 불가능하게 만든 반민주적 헌법으로서, 유신 체제라는 권위주의 체제에 법적 근거를 마련하는 구실을 했다.

4) 유신 체제 선포 이후의 정당화 논리

공식적인 헌법을 갖췄는데도 유신 체제는 박 정권의 정통성을 크게 손상시켰다. 특히 박 정권의 노골적인 저항 운동 탄압과 인권 유린은 국제적뿐 아니라 국내적으로도 국민들의 이반을 가져왔다. 따라서 박 정권은 유신 체제를 정당화하는 논리를 지속적으로 개발했다.

첫째, 박 정권은 유신을 옹호하기 위해 북한과 대치하고 있는 분단 상황에서 안보를 확고히 하려면 국민들이 모두 하나의 신념으로 뭉쳐야 한다는 '국민총화론'을 내세웠다. 국민총화론의 핵심은 국민의 기본권이 국가에 귀속되며 개인의 권리도 국가 안에서만 보장된다는 논리다. 이 논리는 국가를 위해서는 국민의 권리와 의무가 제한될 수 있다는 논리로 연장됐다.

또한 유신 헌법 제4조 3항은 대통령에게 국민적 조정자의 지위, 그리고 국가의 존속과 존엄 보장이라는 '영도자의 지위'를 규정했다. 이 규정을 근거로 박 정권은 대통령이야말로 국가적 조정자이며 헌법의 수호자이기 때문에 총화를 이룩하는 데 필요한 정치 권력을 행사할 수 있어야 한다고 주장하면서 대통령의 권력 집중을 정당화했다.

다음으로 박 정권은 통일주체국민회의와 유정회의 설치, 국회 기능 축소, 입법·사법·행정에 대한 대통령의 조정권 등을 정당화하기 위해 '한국적 민주주의'라는 논리를 내세웠다. 이미 박 정권은 1963년 대통령 선거에서 서구 민주주의가 한국의 상황에 맞지 않기 때문에 한국적 상황에 맞는 민주주의가 필요하다면서 여기에 '민족적 민주주의'라는 이름을 붙였다. 그러나 1964년 한-일 국교 정상화 회담 반대 투쟁에서 이 구호가 학생들 손에 '화형'당하자 더는 사용하지 않았다.

그런데 박 정권은 유신 체제를 선포한 뒤 다시 유사한 구호인 한국적 민주주의를 내세웠다. 박 정권은 약육강식의 국제 정세와 북한의 남침 위기를 극복하려면 국민총화가 필요한데, 서구식 민주주의는 여기에 장애가 되기 때문에 한국적 상황에 맞는 한국적 민주주의가 필요하다는 논리를 내세웠다. 그러나 한국적 민주주의의 본질은 의회의 권한을 축소하고 대통령에게 전권을 부여한 유신 체제를 정당화하는 것이었다.

그 뒤 박 정권은 한국적 민주주의를 다시 '민족 주체성'의 논리로 연장시켰다. 이 논리는 약육강식의 국제 정세 아래서 살아남으려면 민족 주체성을 세우는 일이 가장 중요하다는 내용을 담고 있었다. 그런데 박 정권이 주장하는 민족 주체성 확립은 바로 유신 체제의 보존이었다.

결국 박 정권은 국내외의 비난에 직면해 국민들에게 유신 체제를 정당화하기 위해 다양한 논리를 내세웠지만, 권위주의 체제의 구차한 변명일 뿐 유신 체제를 정당화하지는 못했다.

2. 김대중 납치 사건

김대중 납치 사건은 유신 체제의 부정적 측면을 단적으로 드러낸 사건이었다. 이 사건은 유신 체제가 국제 정세나 남북 관계의 변화에 따른 필연적 결과물이 아니라 박 정권의 안보를 위한 정략이었다는 사실을 가장 잘 보여준다. 그러면 사건의 실상으로 들어가보자.

1) 발생 배경[1]

1971년의 제7대 대통령 선거에서 박정희의 당선을 위협한 김대중은 5월 치른 국회의원 선거 유세 마지막 날 교통사고를 당했다.[2] 중상을 입은 상태에서도 김대중은 국회의원에 당선했고, 이런 결과는 박 정권의 가장 두려운 정적이 건재하다는 사실을 알리는 것이었다.

김대중은 교통사고 후유증을 치료하기 위해 1972년 10월 11일부터 9일간 예정으로 일본 게이오 대학교 병원을 방문했다. 그러던 중 10월 17일 밤 한국에서 비상계엄령의 선포돼 국회가 해산되고 헌법이 중지된 사실을 알게 됐고, 동행한 김영삼, 이철승, 송원영, 양일동 등 신민당 의원들과 달리 귀국하지 않고 일본에 남았다.

김대중은 비상계엄령 선포 다음날부터 비판적 내용의 성명서[3]를 발표하고, 일본 자민당과 사회당 의원들을 만나 한국의 민주 회복에 대한 결의를 전하고 협력을 구했다. 또한 언론을 통해 "한국 계엄령에 직언한다"(《주간 아사히》1972년 11월 3일), "나는 한국의 '계엄령'에 분노한다"(《선데이 마이니치》1972년 11월 5일), "김대중이 한국의 위기를 호소한다"(《주간 포스트》1972년 1월 7일) 등을 발표하고 일본의 여론에 호소했다.

김대중은 11월 13일 미국으로 건너가 딤병주, 임창영, 유기홍 등 재미 한국인과 라이샤와, 제롬 코헨 등 미국 학자들, 국무부의 한국 담당 관리들을 방문하고, 12월 14일에는 컬럼비아 대학교에서 재미 한국인들을 상대로 강연을 했다. 11월 21일에 박정희가 유신헌법에 대한 국민투표를 강행하자 김대중은 국민투표는 불법이며 무효라고 주장하는 성명을 발표했다. 1973년 1월 5일에 일본으로 돌아온 김대중은 3월 25일에 다시 미국으로 가는 등 양국을 왕복하면서 양국 여론에 유신 체제의 반민주성을 고발했다.

2) 개요

미국에서 활동하던 김대중은 1973년 7월 10일 유신 반대 투쟁을 하기 위해 일본에 입국했다. 8월 8일 묵고 있던 그랜드 팔레스 호텔 2212호실에서 김

---

1 이 절의 1)과 2)는 김대중선생납치사건 진상구명을 위한 시민의 모임이 편집한 《김대중납치사건의 진상》의 내용을 요약하고 발췌한 것이다.

2 경찰이 사건을 수사했지만 많은 사람들은 이 사고를 김대중을 살해하려는 박 정권의 음모로 인식하고 있다.

3 "박정희 대통령의 조치는 통일을 빙자하여 자기의 독재적 영구집권을 노리는 놀랄만한 반민주적 정치이다"(시민의 모임 1995, 74).

대중이 김경인과 함께 방에서 나올 때 바로 옆 2210호실과 건너편 2215호실에서 5명의 괴한이 뛰어나와 그중 3명은 김대중을 2210호실로 끌고 가고 다른 2명은 김경인을 양일동이 묵고 있던 2212호실로 끌고 갔다.

괴한 1명이 마취약에 적신 손수건으로 코를 틀어막았고 다른 괴한들은 목을 짓누르며 김대중의 두 손을 뒤로 꺾어 밧줄로 묶으면서 한국말로 "조용히 하지 않으면 죽여버리겠다"고 위협했다. 괴한들은 김대중을 엘리베이터에 태우고 호텔 지하 주차장까지 내려간 뒤 그곳에서 승용차에 태우더니 고개를 처박게 하며 어디론가 떠났다.

이 차는 도쿄를 빠져나와 고속도로 등을 따라가다가 오사카나 고베 근처로 추정되는 안가에 이르렀고, 이곳에서 범인들은 작업복과 운동화로 갈아입힌 뒤 코를 뺀 김대중의 얼굴 전체를 포장용 테이프로 감았다. 범인들은 한참 동안 구타한 뒤 김대중을 모터보트에 태워 30~40분쯤 항해한 뒤 정박해 있던 대형 선박에 옮겨 실었다.

배에 있던 인수자들은 출항 뒤 김대중을 배 밑쪽 선실로 끌고 가 몸을 새롭게 묶었다. 두 손을 머리 위로 들게 해 꼼짝 못하게 묶고 두 발과 허리도 움직이지 못하게 묶었다. 눈에는 스카치테이프를 여러 겹 붙인 다음 그 위에 붕대를 감았다. 오른쪽 손목과 왼쪽 발목에 각 수십 킬로그램이 됨 직한 돌을 달았다. 마지막으로 등에 판자를 대고 몸과 함께 묶었다. 얼마 뒤 김대중은 갑자기 눈이 번쩍 하는 불빛을 느끼는 동시에 굉음을 들었다. 그 순간 선실에 있던 자들이 비행기라고 소리치면서 뛰어나갔고 배는 매우 빠르게 달리기 시작했다. 비행기의 폭음 소리도 되풀이됐다. 이런 상태가 30분 이상 계속됐다.

배가 정상 속도를 되찾은 다음 결박이 많이 풀리고 김대중은 위쪽 선실로 옮겨졌다. 수십 시간 뒤 배가 어느 항구에 도착해 정박한 다음에 날이 어두워지자 김대중은 눈을 가린 상태로 앰뷸런스에 태워지고, 곧 수면제에 취해 잠이 들었다. 잠을 깬 순간 김대중은 2층 양옥에 있었다. 다시 어두워진 다음 눈을 가린 채 승용차에 태워져 동교동 집 근처로 옮겨진 뒤 집에서 약 300미터 떨어진 교회 앞에 내렸다. 납치된 지 약 129시간 만인 8월 13일 저녁 10시 30분경 김대중은 집으로 돌아왔다.

이 사건은 국내보다는 해외에서 더 큰 파장을 일으켰다. 국내 언론들이 사건 발생 직후 한결같이 침묵을 지키고 있다가 사건 발생 다음날 조간신문에 대략 3단 크기로 짤막히 보도하고 그 뒤에도 형식적으로만 다룬 반면, 해외 언론들은 이 사건을 박 정권의 핵심 기구인 중앙정보부가 저지른 짓으로 단정하면서 매우 큰 관심을 보였다. 특히 일본 언론들은 일본의 방범망이 뚫렸다는 사실에 분노하면서 이 사건을 보도했다.

그러나 일본 경시청은 초동 수사를 통해 주일 한국 대사관 김동운 서기관의 지문을 채취하고 김대중의 운반에 이용된 자동차의 소유자가 유영복 2등 서기관이라는 사실을 밝혀냈지만, 즉각적인 조치를 취하지 않고 관련자들이 일본을 떠나도록 종용 내지 방조함으로써 증거를 인멸하고 사건을 은폐하려 했다. 용의자들이 일본을 떠나자 일본 정부는 수사 결과를 한국에 통보했고, 한국의 수사 기관은 수사본부를 설치해 사건을 조사했지만 범인을 잡지 못한 채 1년 만에 내사를 종결했다. 한편 이 사건으로 수세에 몰린 박 정권은 이병희 무임소 장관을 일본에 진사 사절로 보냈고, 11월 2일 김종필 국무총리가 박정희의 친서를 가지고 가는 것을 마지막으로 이 사건을 해결했다.

3) 파장

한국과 일본 정부의 합작으로 사건이 해결되지는 못했지만, 사건의 파장은 다양한 측면에서 박 정권을 압박했다.

먼저 사건 발발 20일 뒤 '남북조절위원회' 북한 측 위원장 김영주는 김대중 납치 사건의 총지휘자로 지목된 이후락 중앙정보부장을 남북조절위 남한 측 위원장에서 해임할 것을 요구하면서, 남한이 이 요구에 응하지 않는 한 이후락 같은 불한당과는 더는 남북 대화를 하지 않겠다고 발표했다. 이 일 때문에 박 정권이 유신 체제 수립의 필요성으로 주장한 남북 대화가 중단됐고, 남북 간에는 다시 팽팽한 적대감이 지배하게 됐다.

다음으로 이 사건 때문에 정권의 비도덕성이 만천하에 드러나면서 박 정권에 대한 미국 정부와 의회의 신뢰가 약화됐다. 흔들린 한-미 관계는 카터 대통령의 인권 외교와 주한미군 철수 계획, 김형욱의 미 하원 프레이저 소위원회 증언으로 더욱 악화됐다.

국내에서도 이 사건을 계기로 그동안 잠잠하던 반유신 세력의 시위가 재개됐다. 10월 2일에는 처음으로 서울대학교 문리대 학생들이 "김대중 사건의 해명, 중앙정보부 해체, 파쇼정치의 중지, 대일 예속화의 정지"를 외치며 시위를 감행했고, 11월 5일에는 민주수호국민협의회의 시국 선언, 12월 3일에는 김대중 사건에 대한 당국의 보도 통제에 대항한 《동아일보》 기자들의 '언론자유 수호 제3선언문' 발표, 12월 24일에는 재야인사들의 '유신헌법 개정을 위한 백만인 서명운동' 등 반유신 운동이 봇물처럼 터져 나왔다.

결과적으로 이 사건은 박 정권의 도덕성과 위신을 떨어뜨린 반면, 사건의 피해자인 김대중을 국제적인 인물이자 유신 반대 세력의 상징으로 만들었다. 나중에 이 사건은 일본 경찰의 조사, 김형욱의 미 의회 증언, 그 밖의 관계자들의 증언을 통해 한국의 중앙정보부가 저지른 것이라는 사실이 입증됐다. 비록 박정희의 개입 여부는 밝혀지지 않았지만, 사건의 본질은 한국의 정보기관이 정치적 반대자를 불법적으로 살해하려 했다는 것이고, 궁극적인 책임은 대통령인 박정희에게 있었다. 따라서 이 사건은 박 정권에 치유할 수 없는 상처를 안겼다.

3. 긴급조치

김대중 납치 사건이 정치적 반대자 개인에 대한 국가 폭력이었다면, 긴급조치는 전 국민을 대상으로 한 국가 폭력이었다. 유신 체제를 지탱한 긴급조치는 어떤 내용을 담고 있었는가?

1) 반유신 민주화운동과 긴급조치의 발동

유신 체제 선포 이후 침잠한 민주화운동은 1973년 4월 22일 남산 부활절 연합예배에서 민주 회복과 언론 자유 등을 촉구하는 유인물을 살포하면서 다시 시작됐고, 학생운동을 통해 본격적으로 부활했다. 학생운동은 김대중 납치 사건의 진상 규명과 독재 타도를 외치는 10월 2일 서울대학교 문리대 학생들의 시위에서 출발했다. 많은 학생들이 구속되거나 학사 징계 처분을 받았지만 다른 대학으로 확산되면서 11월 하순에는 동맹 휴학, 수업 거부, 학기말 시험 거부로 발전했다. 한편 재야 세력도 1973년 12월 24일 '헌법개정청원운동본부'를 발족시켜 '개헌청원 백만인 서명운동'을 시작했다.

박 정권은 1974년 1월 8일 헌법 53조에 따라 대통령 긴급조치 1, 2호를 선포했다. 긴급조치 1호의 내용은 "① 대한민국 헌법을 부정, 반대, 왜곡, 또는 비방하는 일체의 행위를 금한다. ② 대한민국 헌법의 개정 또는 폐지를 주장, 발의, 청원하는 일체의 행위를 금한다. ③ 유언비어를 날조, 유포하는 일체의 행위를 금한다. ④ 전 1, 2, 3호에서 금한 행위를 권유, 선동, 선전하거나 방송, 보도, 출판, 기타 방법으로 이를 타인에게 알리는 일체의 언동을 금한다. ⑤ 이 조치에 위반한 자와 이 조치를 비방한 자는 법관의 영장 없이 체포, 구속, 압수, 수색하며 15년 이하의 징역에 처한다. 이 경우에는 15년 이하의 자격정지를 병과할 수 있다. ⑥ 이 조치에 위반한 자와 이 조치를 비방한 자는 비상군법회의에서 심판, 처단한다. ⑦ 이 조치는 1974년 1월 8일 17시부터 시행한다"였다. 한편 긴급조치 2호의 내용은 긴급조치를 위반한 자를 처벌하는 비상군법회의 설치에 관한 것과 중앙정보부 부장이 사건의 정보, 조사, 보안 업무를 조정, 감독한다는 것이었다. 이런 긴급조치 1, 2호 의 내용은 국민의 기본권, 언론·출판·집회·결사의 자유, 표현의 자유 등 민주 주의의 근본 원칙을 침해한 것으로, 자유민주주의를 표방하는 국가에서 헌 법의 개정을 논의하는 일이 처벌된다는 사실은 언어도단이었다.

그러나 박 정권은 1974년 1월 15일 긴급조치 1호 위반으로 장준하와 백 기완을 구속하고 함석헌 등 많은 인사를 연행했다. 또한 개헌청원운동에 가 담한 이호철, 임헌영 등 5명의 문인을 문인·지식인 간첩단으로 몰아 구속했 다. 장준하와 백기완은 긴급조치 2호 위반으로 비상보통군법회의에서 징역 15년, 자격정지 15년을 선고받았다.

한편 박 정권은 1월 14일 '국민생활 안정을 위한 대통령 긴급조치'라는 긴 급조치 3호를 발표했는데, 내용은 저소득층의 조세 부담을 경감하기 위한 근로소득세, 주민세 등의 면제 또는 대폭 경감, 국민복지 연금 제도 실시의 보류, 통행세 감면, 미곡 수매가 소급 인상, 영세민 취로 사업지 확보, 중소 상공업자 대상 특별 저리 융자, 임금 체불 등 부당노동행위 가중 처벌, 재산 세 면세점 인상과 사치성 품목에 대한 조세 중과, 공무원 임금 인상의 조기 실시, 쌀 연탄 가격의 안정, 비생산적 대출 억제 등이었다. 긴급조치가 필요 하지 않은 정책을 긴급조치라는 이름으로 발표함으로서 긴급조치가 정당 한 것이라는 점을 국민들에게 주지시키려 했다.

2) 반유신 운동과 긴급조치의 남발

대학생들의 유신 반대 투쟁은 1974년 들어서도 점차 확산됐다. 1974년 3

월 1일 서강대학교와 경북대학교의 반유신 시위를 시작으로 4월 3일 '전국민주청년학생총연맹'(민청학련)이 '민중·민족·민주선언'을 발표하고 전국적 시위를 계획했다. 이 시위는 사전에 누설돼 실패로 끝났지만, 조직적인 학생들의 저항은 박 정권에 큰 위협이었다.

박 정권은 시위가 계획된 4월 3일 오전 10시 '급히' 긴급조치 제4호를 발동했다. 내용은 "민청학련과 이것에 관련한 제 단체의 조직에 가입하거나, 그 활동을 찬동, 고무 또는 동조하거나 그 구성원에게 장소, 물건, 금품 그 외의 편의를 제공하거나 그 활동에 관한 문서, 도서, 음반, 그 외의 표현물을 출판, 제작, 소지, 배포, 전시, 판매하는 것을 일제히 금지한다. 이 조치를 위반한 자, 이 조치를 비방한 자는 영장 없이 체포되어 비상군법회의에서 사형, 무기 또는 5년 이상의 징역형에 처한다. 학생의 출석거부, 수업 또는 시험의 거부, 학교 내외의 집회, 시위, 성토, 농성, 그 외의 모든 개별적 행위를 금지하고 이 조치를 위반한 학생은 퇴학, 정학처분을 받고 해당학교는 폐교처분을 받는다. 군의 지구사령관은 서울특별시장, 부산시장 또는 도지사에게 학생 탄압을 위한 병력출동 요청을 받을 때는 이에 응하고 지원해야 한다"였다.

박 정권은 4월 3일 밤부터 대대적으로 학생들을 검거해 5일까지 200여 명이 검거됐고, 긴급조치 4호 위반으로 1024명이 수사를 받아 윤보선, 박형규, 김동길, 김찬국 등 기소됐으며, 180명이 군사재판에 회부됐고, 그중 이철과 김지하 등은 사형 선고까지 받았다. 4월 25일 중앙정보부장은 민청학련의 조직 전모도 파악하지 못한 상태에서 '민청학련사건 조사상황'을 발표했다. 민청학련을 국가의 안전 보장에 중대한 위협이 되는 존재로 규정해 긴급조치를 발동한 사실은 박정희 정권이 대학생들의 전국적이고 조직적인 저항을 계기로 반대 세력을 더 철저히 제거하려 했다는 것을 보여준다.

유신 시기 긴급조치는 내용의 반민주성에 못지않게 재판 과정의 불공정성으로 악명이 높았다. 긴급조치 사건 관련 재판은 피고인 가족 1인만 방청이 허용됐고 형량도 상상을 초월할 정도로 가혹했다. 긴급조치 4호 위반자들은 비상보통군법회의에서 9명이 사형, 21명이 무기 징역을 선고받았고, 그 밖에 140명이 받은 형량을 합치면 1650년에 달했다. 3·1 운동 때 내란죄의 최고 형량이 12년인 데 견주면 긴급조치 재판은 일본 제국주의의 판결보다 더 가혹했다.

한편 박정희 정권은 1974년 8월 15일 대통령 저격 사건 직후인 23일 긴급조치 1, 4호의 해제를 내용으로 하는 긴급조치 5호를 발표했다. 그러나 이 조치는 당시 1, 4호로 재판 중이거나 처벌된 자에게는 효력을 미치지 않았다. 따라서 비상군법회의는 계속 존재했고, 이미 기소된 사람들에 대한 재판도 계속됐다. 이런 사실은 박정희 정권이 긴급조치 4호 발표 뒤에 악화된 미국 내 여론, 곧 대한 군사 원조를 삭감해야 한다는 주장을 호도하기 위해 5호를 발표했다는 것을 보여준다.

다른 한편 1974년 9월 17일 고려대학교 총학생회 유인물 사건, 10월 24일 《동아일보》 기자들의 '자유언론 실천선언'에서 시작된 언론의 '자유언론운동', 11월 19일 '자유실천문인협의회' 결성, 11월 27일 재야인사들의 '민주회복국민회의' 구성과 '국민선언' 발표 등 그동안 억눌려 있던 민주화운동이 다시 시작되자 정권은 더욱 강하게 탄압했다. 광고주들에게 압력을 넣어 신문에 광고를 싣지 못하게 했을 뿐 아니라 사주가 운동에 참여한 언론인들을 파면하게 강제했다. 1975년에는 내외국인의 반국가적 언동을 규제하는 형법 개정안을 통과시키고, 4월 8일에는 교내 집회와 시위의 금지, 영장 없는 체포, 구금, 압수 수색 가능, 3년 이상 10년 이하 징역을 내용으로 하는 긴급조치 7호를 발표하고 고려대학교에는 휴교령을 내렸다.

또한 1975년 4월 30일 베트남 정부가 공산 정권에 넘어가자 박정희 정권은 이 일을 이용해 안보 분위기를 고조시키는 한편, 5월 13일에 긴급조치 7호의 해제를 내용으로 하는 긴급조치 8호와 유신 헌법에 대한 일체의 부정적 행위를 금지하는 긴급조치 9호를 발표했다. 긴급조치 9호는 유언비어를 날조하거나 유포하는 행위, 다양한 수단을 통해 헌법을 부정, 반대, 왜곡 또는 비방하거나 그 개정 또는 폐지를 주장, 청원, 선동 또는 선전하는 행위, 이 조치를 공공연히 비방하는 행위 그리고 사전 허가를 받지 않은 학생의 집회, 시위 또는 정치 관여 행위를 금지했으며, 이런 조항을 위반할 경우 주무 장관이 이 조치 위반자, 범행 당시의 그 소속 학교, 단체나 사업체 또는 그 대표자나 장에 대해 제적, 해임, 해산, 폐쇄, 면허 취소 등의 조치를 취할 수 있으며, 아울러 이 조치에 따른 주무 장관의 명령이나 조치는 사법 심사의 대상이 되지 않는다는 내용을 담고 있었다.

긴급조치 9호는 그동안의 모든 긴급조치의 내용을 총괄하고 적용 범위를 더욱 확대했을 뿐 아니라 처벌 규정을 한층 강화했다. 특히 헌법 개정에 대한 청원 자체를 금지함으로써 유신 헌법을 신성불가침의 영역에 올려놓는 동시에 헌법이 규정하는 국민의 기본권을 사실상 박탈했다. 무엇이 유언비어인가 하는 문제는 제쳐두더라도 국민들은 권력자의 비위에 거슬리기만 하면 언제라도 영장 없이 체포되고 구금될 위험에 노출돼 있었으며, 언론의 봉쇄 탓에 누가 그런 부당한 처우를 받게 됐는지조차 전해 들을 수 없게 됐다. 그리고 이 조치를 위반했다고 권력자가 판단을 내린 사람에 대해 취해진 징계 조치는 법의 심판 대상조차 되지 않음으로써 권력자는 사실상 신 같은 절대 권력을 갖게 됐다(한국정치연구회 정치사분과 1993, 59). 긴급조치 9호는 박정희가 사망해 유신 체제가 막을 내릴 때까지 4년 6개월 동안 지속되면서 1000명 이상의 전과자를 양산하며 시민들의 자유와 권리를 억압했다.

민주화를 요구하는 숱한 사람들의 투쟁과 희생은 1979년 부산과 마산에서 벌어진 민주화운동을 계기로 종지부를 찍게 된다. 결국 긴급조치는 반민주적이고 반인륜적인 유신 체제를 유지하는 마지막 보루로서, 한국 정치사의 어두운 기록으로 기억될 것이다.

참고 문헌

/

김대중선생납치사건 진상규명을 위한 시민의 모임 편. 1995. 《김대중납치사건의 진상 — 문헌·증언·자료》. 푸른나무.

김민배. 1995. 〈유신헌법과 긴급조치〉. 《역사비평》 30호. 가을.

김인걸 외 편. 1998. 《한국현대사 강의》. 돌베개.

이기훈. 1998. 〈유신체제 성립의 정치적 배경과 7·4성명〉. 《역사비평》 42호. 봄.

전재호. 2000. 《반동적 근대주의자 박정희》. 책세상.

한국정치연구회. 1998. 《박정희를 넘어서》. 푸른숲.

한국정치연구회 정치사분과. 《한국현대사 이야기주머니》 3. 녹두.

유신 체제의 구조와 작동 기제

1. 머리말

1972년 10월 17일 박정희 대통령은 갑자기 전국에 비상계엄을 선포하고 '대통령 특별선언'을 발표했다. 국제 정세의 변화가 한국의 안전에 위험을 가져오며 "민족중흥의 위대한 기초 작업이며 민족 웅비의 대설계"인 "한반도의 평화, 이산가족의 재결합, 그리고 조국의 평화적 통일"을 위해 예지와 용기와 단결, 그리고 기존 체제의 유신적 개혁이 필요하다는 내용이었다. 동시에 헌법 기능을 정지하고 국회를 강제 해산했으며, 정당과 정치 활동을 금지했다. 비상국무회의를 설치하고 10월 27일 헌법 개정안을 발표한 뒤, 11월 21일 국민투표를 거쳐 '유신 체제'를 출범시켰다.

유신 체제는 정부 권력을 대통령에게 집중시켰을 뿐 아니라 자유의 박탈, 노골적인 폭력, 국민의 신체에 대한 억압, 강제적 동원 등을 통해 자유민주주의의 절차적 측면까지 부정한 노골적인 반민주적 정치 체제였다. 다른 권위주의 체제들은 최소한 법적으로라도 절차적 민주주의의 요건을 갖췄지만, 유신 체제는 이것조차 부정했다. 박정희 정권의 경제 정책을 긍정적으로 평가하는 사람들도 유신 체제의 반민주성을 부정하지는 못한다.[1] 따라서 굳이 현 시점에서 유신 체제의 반민주성을 지적하는 것은 큰 학문적 의미가 없다.

유신 체제에 관련해 여전히 규명되지 않은 쟁점은 박정희 정권이 어떻게 장기간에 걸쳐 반민주적인 유신 체제를 유지할 수 있었는가 하는 문제다. 물론 이런 문제가 유신 체제에 대항한 민주화 운동의 의미를 부정하는 것은 아니다. 다만 박정희 정권이 민주화 운동을 주도한 학생, 지식인, 종교인 등 반체제 인사들과 국민을 어떻게 분리시킬 수 있었는지는 여전히 규명돼야 할 과제라는 점을 지적하는 것이다. 이런 결과는 보복에 대한 두려움, 언론 통제에 따른 무지, 또는 국민을 체제에 순응시킨 고도의 통치술 등에 기인한다고 해석할 수 있다. 유신 체제에 관한 상당한 학문적 연구가 진행됐지만 이 문제를 다룬 연구는 아직 없다.[2]

다만 박정희의 근대화 프로젝트를 자본주의의 확대 재생산과 국민(민족)적 주체의 형성 과정이라는 관점에서 대중 동원이 지닌 의미를 고찰한 황병주는 "국가의 발전주의는 대중의 '잘 살고 싶다'는 욕망과 결합되었으며, 대중은 수동적으로 그 과정을 따르기만 한 것이 아니라, 적극적·능동적으로 그 과정에 참여하기도 했다"고 주장한다(황병주 2004, 515). 이 연구는 유신 체제를 '민주 대 반민주', '발전 대 종속' 같은 이분법적 시각을 뛰어넘어 국가의 발전주의와 대중의 평등주의가 국가주의 아래 포섭된 것을 지적한 점에서 의의가 크다.

그러나 이 글은 박정희 정권 전체를 다루고 있기 때문에 유신 체제 이전과 이후의 차별성, 그리고 유신 체제가 지니고 있던 억압성을 다루지 못했다. 따라서 유신 체제 시기 민중들의 자발적 동원이라는 주장은 성급하다고 할 수 있다. 이런 주장을 하기 전에 먼저 밝혀야 할 사실은 유신 체제가 어떤 구조 속에서 어떤 작동 기제를 통해 국민들을 통치했는지에 관한 문제다. 따라서 이 글은 유신 체제의 구조와 작동 기제를 밝히는 데 초점을 맞춘다.

먼저 법적 측면에서 유신 체제의 구조를 정치, 경제, 사회 부문으로 나눠 고찰하고, 다음으로 통일주체국민회의, 유신정우회, 긴급조치, 중앙정보부, 내무부(경찰), 군사 교육, 민방위 훈련, 새마을교육, 반상회 등 유신 체제의 다양한 작동 기제들을 박정희 정권이 유신 체제를 정당화하기 위해 사용한 개념을 중심으로 '한국적 민주주의'의 기제, '총화단결'과 '국력배양'의 기제, '총력안보'의 기제로 나눠 살펴본다. 그리고 맺음말에서는 이상의 논의를 바탕으로 이전 체제와 유신 체제의 차이를 논의한다.

2. 유신 체제의 구조

군사 쿠데타로 정권을 장악한 박정희 정권은 1963년 새로운 헌법을 제정하고 대통령 선거와 국회의원 선거를 실시해 제3공화국을 출범시켰다. 제3공

---

1 물론 유신 체제가 조국의 평화 통일과 민족 증흥이라는 독표를 위한 최선의 선택이었다고 주장하는 사람들도 있다. 그 사람들은 유신 체제에 대해 "많은 사람들이 당시의 실정을 모르거나 그때도 지금과 같았을 것이라고 착각하고 현재의 잣대로 판단하고 비판하고 있다"고 불간을 토로한다(오원철 1999, 41).
2 유신 체제에 관련해 가장 많은 연구가 진행된 분야는 성립 원인이다. 정치적 요인, 사회경제적 요인, 안보 요인 등이 원인으로 제시됐고, 그중 박정희의 권력 의지를 강조한 연구(김영명 1999)와 국제정치 차원의 안보 위기를 강조한 연구(마상윤 2003)가 가장 설득력이 있다. 또한 유신 체제 반대 운동, 곧 민주화 운동에 대해서도 상당히 많은 연구가 진행됐다. 반면 유신 체제 자체만을 다룬 연구는 손학규(Sonn 1989)와 오창헌(오창헌 2001)의 연구뿐인데, 손학규는 유신 체제와 반대 운동을, 오창헌은 유신 체제의 성립, 유지, 붕괴를 중심으로 다뤘다. 두 연구 모두 충실히 연구 목표를 달성했지만, 전자는 유신 체계보다는 민주화 운동에, 후자는 유신 체제 자체보다는 성립 원인과 실패 원인에 더 많은 비중을 뒀다. 따라서 양자 모두 유신 체제가 실제로 어떻게 작동되고 그 유산이 무엇인지에 주목하지는 않았다.

화국 헌법은 고문 금지, 변호사의 도움을 받을 권리, 구속적부심사 청구권이나 인신보호영장 청구권, 언론·출판·집회·결사의 자유 등을 규정함으로써 적어도 헌법 규범상 국민의 기본권을 포함한 자유민주주의의 원리를 담고 있었다.

그러나 현실에서 박정희 정권은 국가에 도전하는 정치사회의 야당과 시민사회의 반대 세력에게 자유민주주의의 원리에 걸맞은 정치적 자유를 보장하지 않았다. 박정희 정권은 조국 근대화라는 경제 개발 프로젝트를 정통성의 기반으로 설정하고 이 목표를 위해 모든 권한을 경제기획원에 집중시킴으로써 시민사회의 요구에 관계없이 경제 정책의 결정을 독점했다. 또한 입법부의 다수를 차지한 민주공화당을 이용해 자기들의 정책을 법제화함으로써 입법부의 견제에서 벗어나 상당한 자율성을 갖게 됐다. 그리고 중앙정보부 같은 정보 기구를 이용해 정치인, 대학, 언론 기관 등을 사찰했을 뿐 아니라 경찰과 군을 동원해 한-일 국교 정상화 반대 투쟁이나 1968년 부정 선거 반대 운동 등 반대 세력의 활동을 억압했다. 따라서 제3공화국도 자유민주주의의 보장이라는 헌법의 내용과 달리 현실에서 정치사회나 시민사회의 요구가 민주적으로 반영되지는 않았다.

그런데 주목해야 할 사실은 1960년대 박정희 정권이 일부 지식인과 학생을 제외한 일반 국민들의 상당한 지지를 획득했다는 점이다. 이런 사실은 1963년 대통령 선거에 견줘 1967년 대통령 선거에서 박정희가 압도적 차로 당선된 것, 그리고 1969년 삼선 개헌에 대한 국민들의 지지가 높던 것에서 입증된다.[3]

이런 국민들의 지지는 한편으로 강력히 추진한 경제개발계획이 1960년대 중반 이후 성과를 거둔 데 기인한다. 그 결과 국민들은 '잘 살 수 있다'는 기대를 갖게 됐고, 이런 기대는 박정희 정권에 대한 지지로 연결됐다. 곧 1960년대까지만 해도 박정희 정권의 발전주의와 국민들의 '잘살고 싶다'는 욕망이 성공적으로 결합된 것이다. 한편 박정희 정권에 대한 반대가 일부 지식인과 학생에 국한된 또 다른 이유는 1960년대 당시 정부에 도전할 수 있는 조직화된 세력이 시민사회에 존재하지 않았기 때문이다. 당시 인구의 대부분을 차지하던 농민들은 아예 자율적인 민간 조직조차 지니고 있지 못했고 노동자들도 수적으로나 조직적으로 미약한 수준이었다(임수환 1997, 120).

그러나 박정희 정권의 안정은 1960년대 후반 국내외 정세의 변화 때문에 흔들리게 됐다. 1968년 1월 21일 청와대 기습 사건과 울진-삼척 지구 공비 침투 사건 같은 남북 관계의 긴장, 중공과 일본, 미국의 수교, 미국과 소련 사이의 데탕트 등 동서 세계 간의 긴장 완화, 닉슨의 괌 독트린에 이은 주한미군 7사단의 급작스런 철수 등 국제 정세의 변화는 박정희 정권의 안보 위기 의식을 증폭시켰다. 국내적으로도 1969년 삼선 개헌 반대 운동, 1970년 11월 노동자 전태일의 분신, 1971년 4월 대통령 선거에서 김대중 후보의 도전, 8월 광주대단지 사건, 9월 한진 그룹 노동자들의 대한항공 빌딩 방화 사건, 7월부터 10월까지 일어난 지식인들의 일련의 집단 저항 운동, 곧 사법 파동, 대학 교수의 학원자율화 선언, 언론인들의 언론자유수호 선언, 의료인 파업 등은 박정희 정권의 불안을 가중시켰다. 이런 상황에서 박정희 정권은 일단 동서 화해의 흐름에 대처하기 위해 1970년 8·15 선언을 시작으로 일련의 유화적 대북 정책을 실시했고, 이런 흐름은 1972년 7·4 남북공동성명을 이끌어냈다.

그런데 1972년 10월 17일 박정희 대통령은 "남북대화의 적극적인 전개

3　1963년 10월 15일 제5대 대통령 선거에서 박정희는 46.6퍼센트의 유효 득표를 받아 45.1퍼센트를 받은 윤보선에 간신히 승리했지만, 1967년 5월 3일 제6대 대통령 선거에서는 박정희가 유효 득표의 51.4퍼센트를 얻어 41퍼센트의 지지를 받은 윤보선을 크게 앞섰다. 또한 1969년 10월 7일 대통령의 삼선을 허용하는 개헌안에 대한 국민투표에서도 총유권자 중 77.1퍼센트가 참여해 65.1퍼센트가 찬성했다.

와 주변정세의 급변하는 사태에 대처하기 위한 우리 실정에 가장 알맞은 체제 개혁을 단행"하기 위해서라는 명분을 내세워 전격적으로 전국 비상계엄령을 선포하고 특별선언을 통해 일련의 비상조치를 발표했다.[4] 그 선언에는 국회 해산, 정당 활동을 비롯한 모든 정치 활동의 금지, 엄격한 언론 검열, 대학의 휴교 등 기존 질서를 전복시키는 내용이 포함됐다. 이후 박정희 정권은 바로 새로운 헌법을 제정하고 계엄령 아래에서 국민투표를 거쳐 통과시킴으로써 유신 체제를 수립했다.[5] 그렇다면 유신 체제는 어떤 구조를 갖고 있었는가?

1) 정치 부문 — 대통령 일인 지배의 제도화

유신 체제의 특징은 먼저 제3공화국에서 존재한 민주주의 제도의 위축과 폐지에서 찾을 수 있다. 제3공화국은 자유롭고 공정한 대통령과 국회의원 선거의 정기적 실시, 국가 권력의 획득을 위해 경쟁하는 야당의 존재 인정, 대통령 임기의 제한, 정부 정책을 비판할 수 있는 표현의 자유 등 정치적 게임의 규칙을 갖고 있었다.

물론 이런 규칙이 현실에서 그대로 적용되지는 않았다. 박정희 정권은 북한의 남침 위협을 근거로 집권 초기부터 혁신 세력을 거세함으로써 정치적 자유를 제한했고, 그런 탓에 시민사회는 활성화되지 못했다. 또한 박정희 정권은 부정 선거를 저질렀으며 집권자는 권력 유지를 위해 헌법 개정이라는 수단을 사용했다. 그 결과 민주주의 원칙을 위반한 정권과 이 잘못을 비판하는 정치적 반대 세력 간에는 항상 긴장과 갈등이 존재했다. 그런데도 중요한 사실은 박정희 정권이 제3공화국 시기에 민주적인 제도를 근본적으로 개편하거나 그 정당성을 전면 부인하지 않았다는 점이다. 제3공화국에서는 권력 획득을 위해 경쟁하는 야당이 존재했고, 대통령 선거와 국회의원 선거가 상당히 경쟁적으로 실시됐다. 이런 측면에서 제3공화국은 '준경쟁적', 또는 '준권위주의' 체제로 규정할 수 있다. 그러나 유신 선포 뒤에 새로 제정된 헌법은 '대표의 직접 선출', '삼권 분립', '정기적인 대표의 교체 가능성' 등 민주주의의 기본 원리를 전적으로 왜곡했다.

첫째, 유신 헌법은 제3공화국 헌법의 대통령 선출 방식과 권한을 변경시켰다. 유신 헌법에서 대통령은 국민이 직접 선거에 따라 선출하지 않고 국민들이 선출한 대의원들이 간접적으로 선출했다. 대통령의 임기는 4년에서 6년으로 늘어났으며, 중임 제한 규정 없이 무제한으로 재선될 수 있었다. 이런 조항은 박정희의 영구 집권을 보장하기 위한 조치로 삼선 개헌 같은 절차를 더는 밟지 않겠다는 의도를 보여준 것이었다.

유신 헌법은 대통령 입후보를 위해 정당의 공천 없이 통일주체국민회의 대의원 200명 이상의 추천을 요구했고, 재적 대의원 과반수의 지지를 얻으면 대통령에 당선되도록 규정했다. 통일주체국민회의는 "조국의 평화적 통일을 추진하기 위한 온 국민의 총의에 의한 국민적 조직체"이자 "조국통일의 신성한 사명을 가진 국민의 주권적 수임기관"으로 규정됐다. 그러나 헌법상 통일주체국민회의의 이런 포괄적 권한은 형식적이었고, 그저 정해진 대통령을 뽑는 형식적 선거인단에 불과했다. 이런 기구를 만든 이유는 1971년 선거 결과 직선제에 따른 박정희의 대통령 재선 가능성이 낮아졌기 때문이다.

유신 헌법은 통일주체국민회의를 어용 단체로 만들기 위해 먼저 대의원 후보나 대의원들의 정당 가입을 금지했고, 국회의원이나 다른 공직을 겸하는 것도 금지했으며, 정당이 대의원 후보를 지지 또는 반대하는 행위도 금지

---

4   왜 박정희가 갑자기 유신을 선포했는지는 '유신 체제의 형성'을 다룬 홍석률의 글을 참조하면 된다.

5   1972년 11월 21일 시행된 개정 헌법에 대한 국민투표는 91.9퍼센트의 투표율과 91.5퍼센트의 찬성률로 개정안이 확정됐다.

했다. 이런 조항들은 통일주체국민회의를 비정치적 조직으로 만든다는 명분 아래 도입됐지만, 실제로는 야당 정치인들이 대의원 선거에 참여하는 것을 막는 데 목적이 있었다. 또한 대의원들은 국민들이 선출했지만 정부는 공무원과 경찰을 동원해 후보 등록 과정부터 반정부 인사들이 대의원에 출마하는 것을 막았다. 따라서 대의원들은 대부분 친정부적 인사들로 구성됐다. 이런 상황에서 대의원으로 선출된 사람들이 대통령 후보인 박정희에게 반대표를 던질 리는 만무했다.[6]

이렇게 유신 헌법 아래서 대통령 선거는 국가 권력의 획득을 위한 경쟁으로서 의미를 완전히 상실한 형식적 절차로 전락했다. 그 결과 대통령은 더는 국민들에게 책임을 지지 않아도 됐다.

둘째, 유신 헌법에서 대통령의 권력은 사회나 다른 정부 기관에 견줘 더욱 강화됐다. 먼저 유신 헌법은 대통령의 권한을 강화하는 것과 반대로 입법부의 권한을 대폭 약화시켰다. 유신 헌법은 입법부의 독자적 역할을 무력화하기 위해 국회의 국정감사권을 박탈했고 대통령에게는 국회 해산권을 부여한 반면 국회에는 대통령 탄핵권을 부여하지 않았다. 더욱이 유신 헌법은 국민이 국회의원을 직접 선거로 선출하고 전국구 의원은 득표율에 따라 배분하는 기존 방식을 바꿔, 국회의원의 3분의 2만을 국민이 직접 선거를 통해 선출하고 나머지 3분의 1은 대통령이 임명한 후보를 통일주체국민회의에서 추인하는 것으로 대치했다. 이런 변화는 대통령의 입법부 장악을 법적으로 보장한 것으로, 1971년 국회의원 선거에서 신민당의 의석이 크게 증가한 데 맞선 대응으로 볼 수 있다. 물론 국회는 국무총리와 국무위원에 대한 개별적인 해임 결의를 할 수 있었지만, 국회는 항상 여당이 다수를 차지하게 돼 있었기 때문에 이 조항은 형식적이었다. 이렇게 해서 국회는 대통령과 정부의 의견을 법률로 바꿔주는 거수기로 전락했다. 결국 여당의 국회 장악과 더불어 입법부에 대한 대통령의 우위는 국회 기능을 유명무실하게 만들었다.

다음으로 유신 헌법은 대법원장을 국회의 동의하에 대통령이 임명하고 대법원 판사들도 대법원장의 제청으로 대통령이 임명하게 했으며, 그동안 대법원장이 갖고 있던 법관 임면권을 대통령에게 이전시켰다. 또한 헌법위원회를 신설해 대법원이 갖고 있던 위헌 법률 심사권뿐 아니라 탄핵 결정권, 위헌 정당 해산권을 부여했고, 대통령이 헌법위원회의 9인 중 3인을 지명하고 국회에서 선출하는 3인과 대법원장이 지명하는 3인을 함께 임명하게 했다. 그 결과 유신 체제에서 사법부는 대통령에게 완전히 종속됐다. 유신 헌법 선포 직후인 1973년에 박정희 정권이 그동안 정권에 반발한 상당수의 판사들을 재임용에서 탈락시킨 일은 대통령이 사법부에 행사하는 막강한 권한을 과시한 사례였다. 이런 과정을 통해 박정희 정권은 암묵적으로 법관들에게 유신 체제에 동조할 것을 강제했다.

한편 헌법 규정은 아니지만 박정희 정권은 변호사법을 개정해 경력 15년 미만의 판사가 개업할 경우 퇴직 직전 2년 동안 근무한 법원의 본원 관할 구역에서는 퇴직 뒤 3년 동안 사건을 맡지 못하게 만들었다. 만일 재임용에 탈락할 경우 변호사 생활을 어렵게 만듦으로써 판사들이 정권에 반대되는 소신을 갖고 판결하지 못하게 하려는 의도를 지닌 조치였다. 게다가 박정희 정권은 서울형사지법원장과 수석부장판사를 통해 시국 사건 판결을 마음대로 조정했다. 수석부장판사는 소명이 부족한 시국 사범의 영장을 비밀리에 발부하거나 시국 사건의 양형을 결정했으며 영장 기각에 압력을 가했다. 이런 분위기 탓에 판사들은 피해를 입지 않기 위해 고문당한 사실을 호소하는 '조작 간첩 사건' 피고인들에게도 중형을 선고하지 않을 수 없었다(《한겨레》

---

6 1972년 12월 23일 장충체육관에서 열린 통일주체국민회의의 대통령 선거에서는 전체 대의원 2359명 중 2357명이 지지해 99.99퍼센트의 지지율로 박정희가 제8대 대통령으로 선출됐다.

결국 유신 체제는 대통령에게 입법부와 사법부에 대한 실질적 통제권을 부여함으로써 민주주의의 가장 기본 원리인 삼권 분립을 무력하게 했다.

셋째, 유신 헌법은 대통령이 필요하다고 생각되는 경우 국정 전반에 걸쳐 긴급조치권을 선포하고 국민의 자유와 권리를 제약할 수 있는 권한을 부여했다. 더욱이 긴급조치는 사법 심사의 대상이 되지 않았고, 국회는 재적 의원 과반수의 찬성을 얻어 긴급조치 해제를 대통령에게 건의할 수는 있지만 대통령이 그 건의를 수용할 의무는 없었다. 따라서 대통령은 자신이 원하면 언제든지 국민의 자유와 권리를 제약할 수 있었다. 그 결과 유신 체제 내내 긴급조치는 반대 세력을 탄압하는 주된 법적 도구로 기능했고, 유신 체제를 유지시킨 강제력을 대표하는 제도적 수단이었다.

넷째, 유신 헌법은 원칙적으로 유신 체제에 대한 어떤 형태의 반대도 반국가적 행위로 간주해 허용하지 않았다. 유신 헌법에서 '반反유신'과 '반反국가'는 동일한 의미였다. 여기에는 성직자의 설교나 교수의 강의도 예외가 아니었고, 정권에 대한 불평뿐 아니라 반정부 운동에 대한 단순한 언급도 긴급조치 위반으로 구속됐다.

다섯째, 유신 헌법은 사실상 대통령의 동의 없이는 개헌이 불가능하게 만들었다. 대통령이 제안한 개헌안은 국민투표에 부치게 돼 있지만 국회의원이 제안한 개헌안은 국회에서 재적 의원 3분의 2 이상의 찬성을 받아 통과되더라도 통일주체국민회의에서 재적 대의원 과반수의 찬성으로 승인돼야 했다. 여권이 장악한 국회에서 대통령의 의사에 반해 개헌안이 발의되는 것뿐 아니라 친정부적 인사들로 구성된 통일주체국민회의에서 개헌안이 통과된다는 것은 사실상 불가능한 일이었다. 따라서 유신 헌법 아래서는 사실상 민주적으로 체제를 전환시킬 수단이 없었다.

한편 헌법 규정은 아니지만 박정희 정권은 유신 체제 선포 직후 정당법과 선거법을 자기들에게 유리하게 변경했다. 첫째, 전국구에서 당선할 수 있는 야당의 비율을 축소하기 위해 국회의원 선거 제도에서 전국구를 없앴다. 유신 헌법은 217명의 국회의원 중 지역구 선출 146명을 뺀 73명을 통일주체국민회의에서 선출하게 만들었기 때문에 박정희 정권으로서는 전체 의석의 3분의 1을 자동으로 친여 성향 의원으로 채울 수 있었다.

둘째, 박정희 정권은 한 선거구에서 1명이 아닌 2명의 국회의원을 선출하는 중선거구제를 도입했다. 이 경우 도시 선거구에서 둘 중 하나는 여당 후보가 당선될 가능성을 높아진다. 이 제도 역시 1971년 선거에서 나타난 여촌야도與村野都 현상을 무력화시키고, 여당의 안정적 동반 당선을 보장하려는 의도에서 도입됐다. 실제로 제9대 선거(1973년 2월 27일)의 경우 공화당은 득표율 38.7퍼센트로 지역구 의석의 50퍼센트를, 제1야당인 신민당은 32.5퍼센트의 득표율로 의석 35.6퍼센트를, 민주통일당은 1.4퍼센트의 득표율로 의석 1.4퍼센트를 획득했다. 제10대 선거(1978년 12월 12일)에서는 공화당이 득표율 31.7퍼센트로 지역구 의석 44.2퍼센트를, 신민당이 득표 32.8퍼센트로 의석 36.9퍼센트를, 민주통일당이 득표 7.4퍼센트로 의석 1.9퍼센트를 획득했다.

셋째, 박정희 정권은 철저한 선거공영제를 취해 개별적 선거 운동을 엄격히 제한했다. 선거 운동은 선거관리위원회가 작성해 첨부하는 선전 벽보, 선전 공보의 발행, 합동연설회와 제한된 수량의 현수막에 한정됐다. 이런 선거 운동 제한은 선거 과열을 막고 비용을 즐인다는 명분이 있었지만 선거가 지녀야 할 자유롭고 공개적인 분위기, 정당과 후보자와 선거인 사이의 정치적 의사소통의 기회를 축소시킴으로써 국민의 정치 참여를 제한했다. 그 밖에도 선거권과 피선거권을 더 엄격히 제한했고, 선거 운동 관계자는 투표 참관인이 될 수 없게 했다(김영수 2001, 584).

결국 정치적 차원에서 유신 헌법의 가장 중요한 특징은 조국의 평화적 통일을 위해 국가 권력의 조직화와 능률의 극대화가 필요하다는 명분을 내세우 국가 권력을 대통령에게 집중시켰다는 점이다(김영수 2001, 563). 헌법상으로 국가 권력은 국민과 통일주체국민회의, 헌법위원회 등에 분산돼 있고, 통치 권력은 국회, 정부, 법원에 분산돼 있었지만, 동시에 대통령에게 국회 해산권과 전체 법관과 국회의원의 3분의 1 임명권, 긴급조치 발동권을 부여한 것은 실제로 대통령에게 입법, 사법, 행정 등 국가 기구의 통제권을 부여한 것을 의미했다. 따라서 유신 체제는 정치 구조의 측면에서 대통령에게 모든 권한이 집중되는 '권력 집중형 권위주의 체제'였다.

2) 경제 부문 — 국가의 포괄적 경제 개입

박정희 정권은 군사 쿠데타 직후부터 취약한 정통성을 보완하기 위해 '선건설 후통일'을 내세우면서 본격적으로 경제에 개입했다. 먼저 박정희 정권은 경제 개발을 위해 그동안 각 부처에 산재해 있던 경제 관련 권한들을 모두 통합해 경제기획원을 창설했다. 경제기획원은 예산과 계획에 관한 권한, 해외 차관과 외국인 직접 투자 관장, 각 부문별 투자 배분을 담당함으로써 국가 주도 경제 발전의 중추 기관이 됐다. 또한 대통령이 경제 개발 정책의 모든 내용을 숙지할 수 있도록 대통령 비서실에 경제 업무를 담당하는 두 명의 비서관을 신설해 매일 대통령에게 경제에 관련된 동향을 보고하게 했다.

둘째, 박정희 정권은 경제를 통제하기 위해 군사 쿠데타 직후 시중 은행들의 주식을 재점했고, 중소기업은행과 농업협동조합 같은 국영 은행을 설립했으며, 한국은행을 재무부의 통제 아래 두는 등 은행을 국유화했다. 국가 소유의 은행은 인플레 억제, 투자 조정, 국내외 호화 사치품의 소비 억제를 목적으로 하는 수입 축소와 투자 증대를 위한 전략적 도구로 사용됐다. 따라서 민간 기업들도 '시장의 수요'가 아니라 '국가의 명령'에 따라 사업을 진행시켰다.

셋째, 박정희 정권은 수출을 촉진하기 위해 수출업자들에게 특혜 금융을 제공했는데, 해외에서 주문을 받은 기업은 얼마든지 단기 신용 대부를 받을 수 있었다. 정부는 국내 신용장 제도를 통해 수출업자들뿐 아니라 관련 납품업자들과 그 납품업자들의 납품업자들에게도 금융 혜택을 제공했다. 또한 수출 산업 투자를 장려하기 위해 장기 대부와 외국환 대부도 제공했다(해거드 1994, 108~109). 곧 박정희 정권은 경제 발전을 위해 민간 기업을 지원했을 뿐 아니라 국영 기업을 설립해 수출을 촉진했다. 이 과정에서 박정희 정권은 초기부터 특정 산업을 전략 산업 부문으로 선정했고, 외국 기업뿐 아니라 국내 기업들을 상대로 하는 지나친 경쟁에서 보호했으며, 은행 대부와 외자 유치를 통해 소수 기업들을 재정적으로 보조했다. 또한 신규 시장 진입자와 생산 능력을 제한해 시장에서 경쟁자의 수를 제한하고 사기업들 사이의 합병을 주도했다. 따라서 박정희 정권하에서 국가는 경제를 경영하는 데 중요한 전략적 역할을 담당했다.

박정희 정권은 집권 직후부터 경제기획원을 통해 경제 계획을 입안하고 이 계획에 따라 공공 금융 기관과 자원을 독점하면서 경제에 대한 포괄적 개입과 통제를 실시했다(신광영 1999, 36). 이런 흐름은 유신 체제에서도 지속됐지만, 경제 정책의 결정 권한이 대통령에게 집중된 점에서 차이가 있다. 유신 선포 직후인 1973년부터 박정희는 자유주의적 성향을 지닌 경제기획원을 무시하고 청와대와 산업 지향적인 상공부 관료들이 구상한 중화학공업화를 강력히 추진했다. 이런 정책은 국제 정세의 변화에 따른 안보 위기에서 기인했는데, 박정희 정권은 중화학공업화를 통해 수입에 의존하던 기계, 화학 제품, 운송 장비 등을 수입하지 않을 수 있을 뿐 아니라 독자적인 군산 복합체를 육성해 외국에 안보도 의존하지 않을 수 있다고 생각했다. 특히 박정희 정권은 유신 체제를 선포하면서 총력안보 체제의 확립을 내세웠기 때문에 이 목표를 실현할 수 있는 중화학공업화에 사활을 걸었다.

1973년 1월에 박정희는 중화학공업화를 선언한 뒤 5월에 중화학기획단을 경제기획원이 아닌 대통령 비서실에 배속시켜 가장 중요한 경제 정책을 대통령이 직접 관리하는 구조를 만들었다.[7] 이 과정에서 설립된 중화학공업추진위원회는 철강, 비철 금속, 조선, 기계, 전자, 화학 공업을 6대 전략 사업으로 선정하고 개별산업육성법을 제정했으며, 중화학기획단은 중화학공업 관련 정책과 계획의 수립, 내외자의 조달, 입지 선정, 기술 인력 개발 등을 통해 민간 기업을 지원했다. 또한 중화학기획단은 중화학공업을 지원하기 위해 1973년부터 법제도를 정비해 수출입은행을 통한 연불수출 금융 지원, 일반 금융 기관을 통한 특혜 융자, 재정 자금과 국민투자기금을 통한 재정 투융자, 사회간접자본의 확충과 기술과 인력 개발 지원, 수입 규제에 따른 산업 보호, 조세 감면에 따른 지원과 외국인 투자 유치, 기술 도입 촉진, 차관 우선 배분 등의 정책을 시행했다.

이 밖에도 박정희 정권은 중화학공업의 상호 의존성과 생산과 기술의 밀접한 연관 관계를 고려해 업종별 대단위 기지나 임해 공업단지의 건설을 추진하고 산업 기지의 효율적 개발을 위해 1973년 '산업기지개발촉진법'을 제정해 산업기지개발공사가 관련 업무를 담당하게 했다. 이런 사실은 유신 체제하에서도 정부 관료의 경제 계획 입안과 민간 기업에 대한 정부 특혜를 통해 경제가 운영된 점을 보여준다.

결국 유신 체제는 제3공화국처럼 정부가 경제 정책을 입안하고 공공 금융 기관과 자원의 독점을 통해 민간 기업을 통제하는 등 경제에 대한 포괄적인 개입을 특징으로 하고 있었다. 그러나 중화학공업화 정책의 추진에서 볼 수 있듯이 경제기획원의 역할이 축소되고 대통령 비서실의 권한이 강화되는 등 경제 관련 권한이 대통령에게 더욱 집중된 점에서 유신 체제와 제3공화국은 차별성을 지닌다.

3) 사회 부문 — 노동 부문의 배제

박정희 정권은 집권 초기부터 정치 영역에서 민중 부문을 배제했다. 1960년대 초반만 해도 민중 부문이 활성화되지 못했고 민중들도 '잘살아보자'는 의지로 정권의 경제 정책에 적극 호응했기 때문에 큰 문제가 되지 않았다. 그러나 1960년대 경제 성장의 결과 닳은 농촌 주민이 도시로 이주하면서 도시의 영세민과 노동자층이 증가했다. 따라서 박정희 정권은 노동자들이 독자적 정치 세력으로 성장하지 못하게 하기 위해, 그리고 계속 저임금을 유지하기 위해 노동 부문을 더욱 철저히 통제했다.

사실 박정희 정권은 국내외 자본가들에게 좋은 '투자 환경'을 제공하기 위해 '분할 통치'를 바탕으로 하는 '배제적' 노동 통제 정책을 실시했다. 이 정책의 기본 원칙은 정치적 영역 또는 노동 시장 영역에서 노동자 조직을 배제하기 위한 '노동 배제주의'를 특징으로 하고 있었다. 노동 배제주의의 특징은 세 가지인데, 첫째, 국가가 정치적인 지지를 확보하기 위해 노동 계급을 조직하고 동원하기보다는 법적, 행정적, 물리적 방법을 동원해 노동 계급의 조직화를 억압하는 것이다. 법적인 차원에서 독립 노조를 막기 위해 정부 당국의 허가를 노조 조직의 필수 조건으로 강제했다. 이런 강제를 통해 독립적인 노조의 확산을 막고 조직된 노조를 통제했다. 둘째, 노동자 조직의 거대화를 막기 위해 기업별 노조를 강제해 조직된 노동자들을 기업 단위로

7 　유신 체제의 관료 기구 중 대통령 비서실은 유신 체제의 선포 뒤 가장 강력한 권력 기구로 부상했다. 유신 체제는 대통령에게 모든 권력이 집중돼 있었기 때문에 당연히 대통령을 직접 접촉하는 비서실은 권력의 핵심에 서게 됐다. 그나마 유신 체제 이전에 일정한 정치적 구실을 한 민주공화당이 힘을 잃으면서 대통령 비서실장은 중앙정보부장, 청와대 경호실장과 함께 유신 체제의 핵심이 됐다. 유신 체제 아래서 대통령 비서실이 주도한 대표적인 국가 정책은 중화학공업화와 새마을운동이었다. 유신 체제 수립 직후 박정희 정권은 대통령 비서실에 중화학공업화를 담당하는 중화학기획단과 새마을운동을 담당하는 새마을담당관실을 설치했다.

분산시켰다. 셋째, 국가가 노조의 정치 활동과 제3자 개입 금지 등을 막아 정치 영역에서 노조를 배제시키는 것이었다. 그 결과 박정희 정권이 선택한 노동 통제 방식은 노동자들의 조직을 막고 분산된 노동자들을 통제하려는 '분절과 통제disorganize and control' 전략이었다고 요약할 수 있다(신광영 1999, 158).

배제적 노동 정책을 1960년대부터 구체적으로 살펴보자. 박정희 정권은 쿠데타 직후 노동조합을 포함해 모든 사회단체를 해체했다. 특히 민주당 정권 시기 잠시 정부의 간섭에서 벗어난 대한노총은 산업 부문별로 재구성돼 정부의 보조를 받아 운영됐으며, 주요 간부를 임명할 때도 정부의 승인을 받는 어용 단체가 됐다. 한편 노동조합의 재구성은 하부 조합들에 대한 조합 중앙의 권력을 강화시켜서 1950년대의 분열된 조합 구조를 한층 더 견고하게 만들었으며, 그 결과 정부는 조합 지도부 선출 과정에 쉽게 개입할 수 있게 됐다.

또한 박정희 정권은 1963년 4월과 12월에 노동법을 개정했는데, 노동 세력이 경제 계획을 수행하는 과정에서 최소한 부정적인 역할만은 하지 않게 하는 장치를 마련했다. 개정 내용 중 가장 결정적인 조항은 노동조합법 제12조로, "하나의 집단적인 정치행위자로서 노동조합은 조합원으로부터 정치적 목적을 위하여 정치자금을 모금하거나 정당정치를 위한 어떠한 활동도 해서는 안 된다"고 명시돼 있다. 실제는 야당의 어떤 강령을 노조가 지지할 경우에만 적용된다고 하더라도, 이 조항은 최소한 노조와 정당 간의 어떤 공식적 연계도 불가능하게 만들었다. 이렇게 국가는 노조 운동을 '기업적' 또는 '경제적' 노동조합주의의 틀 속에 가두어버렸다(최장집 1997, 103). 이 밖에도 박정희 정권은 중재, 조정, 심판으로 구성되는 삼부 형태의 노동위원회를 통해 노동 부문을 통제했다.

이렇게 박정희 정권이 노동 통제 정책을 실시한 이유는 1960년대의 주력 산업이 수출을 위한 노동 집약적 경공업이기 때문이었다. 수출 경공업 제품이 국제 시장에서 가격 경쟁력을 가지려면 저임금 유지가 필수적이었다. 따라서 국가는 임금 가이드라인을 통해 노동자들의 임금을 매우 낮은 수준으로 유지해야 했다. 또한 노동자의 저임금을 유지하려면 주식인 쌀의 가격을 낮춰야 해서 국가는 경작 농가에서 쌀을 독점적으로 수매해 판매하는 이중 곡가제를 실시했다. 경제 성장 과정에서 농민은 노동자의 저임금을 유지하는 수단으로 동원됐다.

결국 1960년대까지 박정희 정권의 노동 통제는 임금 안정을 통한 경제 발전을 주목적으로 한 것으로, 정치적 이유보다는 경제적 이유에 기인했다.

그런데 1960년대 후반부터 박정희 정권은 본격적으로 노동 부문에 대한 통제를 강화했다. 박정희 정권은 외자 기업에서 노동조합 설립 문제가 쟁점이 되자 1969년 '외국인 투자업체의 노동조합 및 쟁의 조정에 관한 임시특례법'을 공포해 사용자의 손을 들어줬다. 또한 1960년대 말부터 몇몇 대규모 노동 쟁의가 고용주들을 위협하는 수준에 이르고 1970년 11월에 서울 평화시장 재단사 전태일이 분신자살하자 박정희 정권은 산업 갈등을 좀더 효율적으로 해결하려면 노동조합에 대한 더 강력한 감독과 지도가 필요하다고 인식했다. 그 결과 1971년 12월 27일 국가 비상사태를 선포하는 동시에 국가보위법을 제정해 노동통제를 더욱 강화했다.

국가보위법은 노조 문제에 관련된 제9조 1항과 2항에서 '국가안보상의 조치'라는 명분으로 헌법이 보장한 노동자의 3대 기본권 중 단체교섭권과 단체행동권을 실질적으로 제한했다. 공공 부문에만 적용되던 강제 중재가 전체 산업 분야로 확대됐다. 그 결과 노동쟁의조정법은 사실상 기능이 정지됐다. 이제 제9조의 시행을 위한 노동청 행정 규칙(104조)에 따라 노동청은 모든 노동 쟁의를 중재하고 단체교섭을 조정할 수 있는 권한을 갖게 됐다. 결국 행정상의 판결이 최종 구속력을 갖게 됐고, 모든 쟁의와 단체교섭은 관계 공무원이 전적으로 조정했다. 곧 노동 문제가 행정 기관의 관리 아래

놓이게 됐다. 그러자 고용주들은 국가의 억압적 산업 정책에 편승해 더 완강하게 노조 결성을 저지했고, 노동자들이 조직을 구성하려 할 때마다 쟁의나 집단적 저항이나 소송이 벌어질 수밖에 없었다(최장집 1997, 107~111).

한편 유신 헌법은 과거의 헌법들과 달리 단결권, 단체교섭권, 단체행동권 등 노동자의 기본권을 '법이 정하는 바에 따라' 또는 '법률이 규정하는 범위 내에서'만 보장했다. 유신 헌법은 제29조 3항에 "공무원과 국가·지방자치단체·국영기업체·공익사업체 또는 국민경제에 중대한 영향을 미치는 사업체에 종사하는 근로자의 단체행동권은 법률이 정하는 바에 의하여 이를 제한하거나 인정하지 않을 수 있다"는 내용을 삽입했다.

또한 1973년 3월과 1974년 12월 두 차례에 걸쳐 개정된 노동관계법은 노사 관계에 대한 정부의 개입과 노동 쟁의에 대한 규제를 한층 강화했다. 첫째, '산업생산성'뿐 아니라 '산업평화'를 증진하기 위해 노사협의회 기능을 강화했다. 이 법에 따르면 노사협의회의 기능은 단체협약 또는 취업규칙의 규정 범위 내에서 생산 증강과 불만 처리 등에 대한 협의와 협조였고, 조합원이 200명 이하인 경우라도 관계 행정 관청의 승인을 얻어 대의원회를 둘 수 있다는 규정도 신설됐다. 또한 부당노동행위 구제 신청 기간을 6월에서 3월로 축소했고, 확정된 중재재정서의 내용 또는 재심결정서의 내용을 준수하지 않는 자에 대한 처벌을 강화했으며, 관계 공무원이 노사협의회에 참석해 의견 진술을 하게 했다. 모두 노동 문제에 대한 행정 기관의 개입을 강화하는 조치였다.

둘째, 노동조합 조직 체계에서 '산하노동단체'라는 표현을 삭제해 산업별 노조 형태를 지양하고 사업장 단위별 조직 형태로 전환할 수 있게 했다. 이렇게 산업별 노조의 법률적 근거는 상실됐지만, 단체교섭과 노동 쟁의에 대한 통제력을 산별 노조의 규약에 명시하고 있어서 산별노조 체계와 운영 관행은 지속됐다.

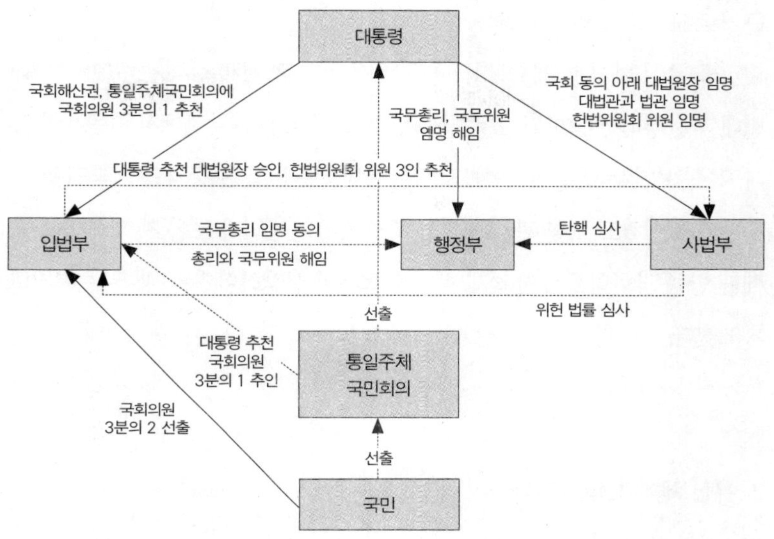

셋째, 노동쟁의조정법에서는 공익사업의 범위를 대통령이 지정할 수 있다고 규정했고, 노동 쟁의 적법 여부 심사권과 알선 절차를 노동위원회에서 행정 기관으로 이관함으로써 행정 기관의 권한을 대폭 강화했다. 또한 노동위원회 위원장도 공익위원들 중에서 선출하던 방식을 대통령이 임명하게 바꿨다.

노동조합을 결성할 수 있는 권리인 단결권만은 유보 없이 보장돼 있었지만, 각종 행정 조치와 행정 지도는 제약된 법적 범위 안에서도 노동자들의 요구를 규제하고 있었기 때문에 실제로는 단결권마저도 허구화됐다. 그리하여 노동조합 조직이 '헌법상의 기본권 행사이며 노동법상 보장된 권리행사임에도 불구하고, 이를 악의적인 저항'으로 취급하는 일이 흔히 있었다. 또한 노동자 쪽에서 보면 단체교섭권과 단체행동권이 없이 노조를 조직할 수 있는 권리란 아무 쓸모가 없었고, 실제로 가능하지도 않았다(이옥지 2001,

130). 그 결과 국가보위법 공포 이후 사용주들은 정부의 억압적 노동 정책을 근거로 노동조합을 거부했다.

결국 유신 체제는 제3공화국처럼 배제적 노동 정책을 실시했지만 1960년대 후반부터 본격화된 노동 통제를 더욱 강화했다는 점에서 차별성이 있다. 유신 체제는 단결권, 단체교섭권, 단체행동권 등 노동자의 기본권을 극도로 축소시켰고 노사 관계에 대한 행정 기관의 개입과 노동 쟁의에 대한 규제를 한층 강화함으로써 경제 발전 과정에서 성장하던 노동 부문을 철저히 통제했다.

3. 유신 체제의 작동 기제

박정희 정권은 유신 체제를 정당화하면서 '국정의 효율성'을 매우 중요한 목표로 제시했다. 그럼 박정희 정권은 국정의 효율성을 어떻게 이해했는가?

> 국가는 민족의 후견인이다. 국가 없는 민족의 번영과 발전이라는 것은 있을 수 없다. …… 우리나라처럼 개발도상에 있는 국가가, 특히 우리처럼 남북이 분단되어 있는 특수 여건 하에 있는 나라가 선거 때마다 천하가 떠들썩하고 나라의 기틀이 흔들흔들할 정도로 소란스럽고 타락된 과열선거는 국력의 배양이 아니라 국력의 소모이다. (대통령 비서실 1976)

박정희는 남북이 분단된 상황에서 선거를 치르는 것 자체가 국력 소모라고 생각했다. 따라서 과열 선거를 막고 국력 배양과 국민 총화를 하려면 제3공화국과 다른 새로운 정치 제도가 필요했다. 바로 한국적 민주주의를 구현하는 기구인 통일주체국민회의와 유신정우회였다. 그러나 통일주체국민회의는 국민이 직접 자기들의 대표를 선출할 권리를 박탈함으로써 국민 주권을 축소시켰고, 유신정우회 역시 국민의 대표 선출권을 축소시키고 국회의 행정부 견제 기능을 약화시킴으로써 대의 민주주의를 무력화했다.

또한 박정희 정권은 국민 총화와 국력 배양을 방해하는 정치적 반대 세력에는 긴급조치로 대응했다. 긴급조치는 총력안보 태세를 확립하기 위해 유신 체제에 대한 비판은 물론 유신 헌법에 대한 개정 논의조차 불법으로 규정했다. 그 결과 박정희 정권은 일시적으로는 유신 체제 반대 운동을 억제하는 효과를 가져왔지만 국민의 정치적 자유를 억압함으로써 '독재 정권'이라는 오명을 얻게 됐다.

한편 박정희 정권은 유신 체지의 안정을 꾀하기 위해 중앙정보부와 경찰을 동원해 국민 총화를 해치는 정치적 반대 세력과 산업 평화를 위협하는 민주 노동운동 세력들을 탄압했다. 중앙정보부는 본래 국가 안보를 위한 기구였지만, 현실에서는 박정희 정권의 안보를 위해 야당 정치인의 탄압과 회유는 물론 반정부 요인의 납치, 살해 등 불법적 활동을 자행했다. 경찰 역시 정치적 반대 세력의 탄압은 물론 민주 노동운동 세력들을 억압하는 역할을 담당했다.

다른 한편 박정희 체제는 총력안보 태세의 확립을 위해 학생과 모든 성인 남성을 준군사 조직에 편재했고, 일반 국민들을 일상적으로 동원하고 통제하는 다양한 기제들을 신설했다. 학생들은 의무적으로 강화된 군사 교육을 이수해야 하는 것은 물론 학도호국단에 편재돼야 했으며, 성인 남성은 향토예비군과 민방위대에 소속돼야 했다. 또한 국민들은 남녀노소를 막론하고 민방위 훈련에 참여해야 했고, 가구의 대표는 반상회에 참여해야 했다.

그럼 다양한 유신 체제의 작동 기제들을 '한국적 민주주의'의 기제, '총화단결'과 '국력배양'의 기제, '총력안보'의 기제로 나눠 살펴보자.

1) '한국적 민주주의'의 기제 ― 통일주체국민회의, 유신정우회, 긴급조치

(1) 통일주체국민회의 ― 국민 주권의 왜곡 기제

유신 헌법은 "조국의 평화적 통일을 추진하기 위한 온 국민의 총의를 반영한 국민적 조직체로서 조국통일의 신성한 사명을 가진 국민의 주권적 수임 기관"(헌법 제35조)으로 통일주체국민회의라는 기구를 신설했다. 유신 헌법에 따르면 통일주체국민회의는 모든 국가 기관의 정상으로 설정돼 있고 통일 정책에 관한 심의 결정, 대통령과 국회의원 선거, 헌법 개정 확정이라는 세 가지 권한을 갖고 있었다. 그런데 통일주체국민회의는 8년 동안 통일 정책에 관한 심의 결정이나 헌법 개정을 확정한 적은 한 번도 없었다. 단일 후보로 추천된 박정희 후보를 두 차례 대통령으로 선출하고, 대통령이 추천한 국회의원 후보자들을 세 차례 추인했을 뿐이다.

제1기 통일주체국민회의는 1972년 12월 23일 제1차 회의에서 유신 헌법에 따른 새 대통령으로 박정희 후보를 선출했고, 1973년 3월 7일 각 시도별로 첫 지역회의를 열어 박정희가 추천한 국회의원 후보자 73인과 예비 후보자 14인에 대한 찬반 투표를 실시해 국회의원 정수의 3분의 1을 선출했다. 1976년 2월 16일에는 제1기 유신정우회 소속 의원의 임기 만료에 따라 제2기 국회의원 선출을 위한 제3차 회의가 시도별 지역회의로 개회돼 대통령이 추천한 국회의원 후보자 73인과 예비 후보자 5인에 대한 투표를 실시했다. 제2기 통일주체국민회의는 1978년 7월 6일에 박정희를 제9대 대통령으로, 12월 12일에 박정희의 추천에 따라 제3기 유신정우회 국회의원 77명을 선출했다. 따라서 일반적으로 통일주체국민회의는 헌법상 정의된 위상이나 권한과 달리 박정희의 대통령직 유지와 입법부 장악을 위한 도구로 인식된다.

그런데 1973년부터 8년간 대의원의 활동을 살펴보면 통일주체국민회의는 단순히 유신 체제의 유지뿐 아니라 유신 체제의 주체 세력을 형성하는 기제였을 뿐 아니라 국민들에게 유신 체제의 정당성을 알리는 중요한 수단이었다는 사실을 알 수 있다. 통일주체국민회의는 행정 기관과 연계되기는 했지만 중앙은 물론 지방 말단까지 인적 연결망을 지닌 전국적으로 단일한 조직체였다. 사업가나 새마을 지도자 등 지역에서 영향력을 지닌 사람들인 대의원들을 친정부적으로 만드는 것은 유신 체제 유지에 필수적 요소였다.

유신 헌법에 따르면 통일주체국민회의는 운영위원회와 지역회, 회장단 회의로 구성됐다. 지역회는 전국 시, 군, 도 단위로 1개씩 총 201개 지역회를 두고 있었으며, 각 지역 내 대의원을 회원으로 해 회장과 간사 1인을 두고 있었다. 지역회는 대의원이 생업에 충실하면서 매월 1회씩 지역회별 월례회 개최, 대의원들 사이의 친목 도모 유신 홍보 활동으로 국민 총화 기여, 새마을운동을 통한 소득 증대 사업 선도, 관민 간 협조 도모 등의 활동을 하게 돼 있다. 또한 지속적인 지역회 운영의 발전과 함께 지역회 사이 또는 사무처를 상대로 유기적인 연락 관계를 유지하기 위해 지역회의 의장으로 구성되는 회장단 회의를 두고, 연평균 4회의 회의를 열고, 통일 정책과 정부 주요 시책에 대한 보고 등의 협의는 물론 새마을 성공 사례를 청취하게 돼 있다.

먼저 유신 체제 기간 동안 대의원들은 1974년부터 연 1회씩 시도별로 6~8 개 지역으로 나눠 통일 정책과 안보 정책의 배경과 전망에 관한 정부의 보고를 듣는 통일안보 보고회에 참여했다.

다음으로 대의원들은 대의원 세미나와 산업 시찰, 그리고 시·도정 보고회에 참여했다. 대의원 세미나는 국가 영도자의 지도 이념과 국가 기본 시책, 대의원의 사명을 체득시킴으로써 유신 과업 수행의 중추적 역할을 다할 수 있는 자세를 갖추는 데 목적이 있었다. 1973년부터 연 1회씩 개최된 산업 시찰은 안보, 방위산업과 기간산업 시찰로, 국가 발전과 자주국방에 대한 확고한 신념과 자신감을 고무시킴으로써 총화의 구심점으로서 기능을 다하고, 지역 지도자로서 국민 선도와 홍보 활동을 할 것을 목적으로 했다.

시·도정 보고회는 국민회의 사무처 업무 대행 기관장인 시장과 도지사가 주관해 1974년부터 매년 상반기에 1회씩 실시했는데, 시·도정에 대한 이해 증진을 통해 시도정의 원활한 수행을 측면 지원하고 지역 주민의 적극적인 참여를 권장해 관민 간의 일체감을 조성하는데 목적을 두고 있다.

마지막으로 대의원들은 새마을연수와 통일안보연수에 참여했다. 새마을연수는 새마을의 영도로서 지녀야 할 자세를 확립하고, 참여 의식을 고무하며, 지역 지도자로서 역할을 다하게 하려는 의도를 지녔다. 또한 통일안보연수는 평화적 통일 추진체로서 지녀야 할 사명감을 제고하고 통일 정책에 관한 심의 기능과 연관한 자세 확립, 평화 통일 이념과 관련 방안에 대한 홍보 효과를 증대하는 의도를 지녔다. 그 밖에도 대의원들은 지역사회 지도자 역할을 하기 위해 새마을운동, 불우이웃 돕기 운동, 일선 장병 위문, 각종 체육 진흥 활동, 향토 문화 보존, 자연보호운동, 야간학교운동, 영세 환자 돕기, 무의촌 진료 등 생업에 관련되거나 적성에 맞는 활동에 참여했다.

그 결과 1978년까지 통일주체국민회의 대의원들은 25만 2869회에 걸쳐 2600만 명이 각종 모임과 보고회, 행사에 참여했고, 유신 과업 완수와 통일 국력 조성을 위한 각종 홍보 활동을 전개했으며, 각 시·도별로 상설 홍보반원으로 위촉받아 국가 시책을 알리는 데 동원됐다(한두석 1978, 168).

이렇게 통일주체국민회의 대의원들은 행정 기관을 통해 박정희 정권의 시책을 전달받아 국민들에게 전달하는 역할을 했다. 이런 사실은 박정희 정권이 유신 체제를 상징하는 통일주체국민회의 대의원들의 일상적 활동을 통해 유신 체제의 정당성을 국민들에게 지속적으로 전파하려 한 점을 보여준다.

(2) 유신정우회 ― 대의 민주주의의 무력화 기제

유신 헌법은 대통령에게 사실상 입법부에 대한 통제를 보장했다. 유신 헌법은 40조에서 대통령이 국회의원의 3분의 1을 일괄 추천하고 통일주체국민회의에서 후보자 전체에 대한 찬반을 투표에 붙여 재적 대의원 과반수의 출석과 출석 대의원 과반수의 찬성으로 당선을 결정하게 규정하고 있다. 이 조항에 따라 박정희는 1973년 3월 5일 국회의원 후보 73명을 추천했고, 3월 7일 통일주체국민회의에서 거의 만장일치에 가까운 찬성으로 가결됐다. 추천된 의원 중 29명은 공화당 출신이고 직능대표 격인 나머지 44명은 비정치인이었다. 유신정우회(유정회)는 이 국회의원들이 3월 10일 원내의 정치적 단합과 보조 일치를 위해 결성한 독자적 교섭단체였다.

유정회 소속 국회의원들은 대통령 비서실의 추천과 박정희의 추인을 받아 결정됐는데, 박 정권은 유신 체제의 가장 강력한 반대 세력이던 지식인들을 상당히 많이 기용했다. 유정회 국회의원이 된 대학 교수는 제1기 11명, 제2기 21명, 제3기 21명이었고, 유신정책심의회의 조사연구 교수는 모두 70명이었다(강준만 2002, 33). 이렇게 박정희 정권은 유정회 국회의원을 빌미로 권력 지향적인 대학 교수, 학자, 문필가, 언론인을 체제 내로 편입시켰고, 이 사람들은 박정희 정권의 기대에 부응하기 위해 국회 안뿐 아니라 국회 밖에서도 개인적으로 유신 체제를 옹호하는 다양한 활동을 펼쳤다.

그렇다면 유신 체제의 산물인 유정회는 유신 시기 동안 어떤 활동을 전개했는가? 첫째, 국정의 능률성을 기하고 비생산적 정쟁을 배제한다는 유신 체제의 논리를 실천하기 위해 국회의 활동을 축소하려 노력했다. 유신 체제의 국회 운영 원칙은 연중 임시국회 1회와 정기국회 1회 정도로, "국회가 폐회 중에 있을 때 부득이 논의해야 할 사안이 생기면 해당 사안의 상임위원회만을 열거나 여당 간부들이 비공식적 간담회를 열어 중점적으로 토의"하는 것이었다. "국회를 활짝 열어놓고 '떠들어 대는' 것보다 훨씬 능률적"이라는 인식에 기인한 방침이었다(유신정우회 1981, 126). 이런 방침에 따라 유정회는 공화당과 합심해 줄곧 야당의 임시국회 요구를 묵살했다.

또한 유정회는 "국회가 정쟁의 장이 아닌 능률적인 의안처리의 장이 되어야 한다"는 방침 아래 국회 개회 중에도 야당의 대정부 비판을 정쟁으로 규정하고 적극 저지했다. 유정회의 이런 사고는 김대중 납치 사건 때문에 야당의 강력한 공세가 예상되던 1973년 정기국회를 앞두고 발표한 성명에서 잘 드러난다.[8]

둘째, 유정회는 유신 체제 반대 운동을 가장 적극적으로 저지하고 비판하는 역할을 했다. 1973년 정기국회에서 유정회 의원들은 "김대중이 일본·미국에서 ① 남북연방제 실시, ② 대한경제 및 군사지원의 중단, ③ 한국에도 빵도 없고 자유도 없다고 주장하는 등 반국가적 행위를 해왔다고 지적"하는 등 도리어 납치의 피해자인 김대중을 성토했다(유신정우회 1981, 131).

또한 1974년 초 학생, 재야, 야당에서 개헌 서명 운동을 시작하자 유정회는 유신 과업을 저해하는 어떤 도전도 배격하고 유신 이념을 국민들에게 계도해 국민 총화를 공고히 하겠다는 결의문을 발표했다. 1974년 8월 임시국회에서도 신민당이 긴급조치 해제건의안을 제기하자 국회가 공전되는 한이 있더라도 논쟁을 철저히 봉쇄한다는 방침을 정한 유정회는 긴급조치 1호가 긴급조치에 대한 비방을 금지하고 있다는 규정을 내세워 안건 발의 자체를 저지했고, 9월 정기국회에서도 신민당이 개헌기초특위구성결의안을 제출하자 적극적으로 저지했다.

김영삼이 총재로 선출된 뒤 신민당이 유신 체제를 향한 비판을 강화하자 유정회는 더욱 적극적으로 대응에 나섰다. 1979년 3월 임시국회에서는 신민당이 제출한 '헌정심의특별위원회 구성에 관한 결의안', '긴급조치 9호 해제건의안', '정치범석방 건의안'에 무대응으로 일관해 법안을 계류 상태로 남겨뒀다. 7월 임시국회에서도 국회 사무처가 "헌법개정논의를 금하고 있는 긴급조치 9호에 위배된다"는 이유로 신민당이 제출한 '헌법개정특별위원회 구성결의안'의 접수를 유보하면서 야당과 충돌을 빚게 되자 "전면부정을 앞세운 민주헌정질서에의 파괴적 도전은 국가안보적 인식으로 맞서 강

력 대처, 최대한의 호헌투쟁을 벌일 것"이라며 강경 대응을 천명했다(유신정
우회 1981, 232).

　게다가 유정회는 야당 국회의원들의 유신 체제 비판이나 철폐 발언을 적
극적으로 저지했다. 1974년 정기국회 중인 12월 5일 신민당 정일형 의원
이 유신체제 철폐를 주장하면서 박정희 대통령의 하야를 권고하자, 그리고
1975년 정기국회 중인 10월 8일 김옥선 의원이 박정희 정권을 비판하자 유
정회 의원들은 고성을 지르고 단상으로 달려 나가 발언을 막았을 뿐 아니라
김옥선 의원의 경우 적극적으로 징계안 처리를 주장했다.[9]

　또한 1976년에는 정기국회 운영 기본 방침으로 '유신체제에 관한 발언
규제'를 정하고 "일체의 정치체제 문제와 안보에 해로운 발언은 엄금할 것이
며 만일 체제 발언이 나올 경우 국회법의 징계조항을 적용하여 제명도 불사
하겠다"고 야당을 위협했다(유신정우회 1981, 186). 더욱이 1979년 9월 정기국
회에서는 김영삼의 의원직 제명을 적극 주도했다.

　또한 유정회는 1975년 3월 임시국회에서 공화당 의원들과 함께 일부 종
교인을 비롯해 한국에 체류 중인 외국인들의 정치 관여 언동과 해외 논조를
악화시키는 반한 인사들의 언동을 비난했을 뿐 아니라 이 사람들을 처벌하
기 위해 형법을 개정했다(유신정우회 1981, 151).

　"일부 고질적인 사대풍토를 뿌리 뽑아 국가의 안전과 이익을, 그리고 위
신을 보전하기 위한 것"이라는 명분을 내세워 개정 형법에 내국인이 국외에
서 대한민국이나 헌법 기관을 모독하거나 비방하는 행위, 내국인이 국내에

8　"생산성과 능률을 제고시키고 새로운 국회상을 만들어 나가는데 유정회에 맡겨진 기능을 다할 것이다"(유신정우
회 1981, 130).
9　《유신정우회사》에서도 "유정회의 법률적 생성기반이 유신헌법이므로 의원들이 호헌의 기치를 들고 그 방파제가
되는 것은 논리의 당연한 귀결"이었다고 고백하고 있다(유신정우회 1981, 142).

서 외국인이나 외국 단체를 상대로 전 항의 행위를 하는 것을 처벌하는 내용을 담았다(유신정우회 1981, 152). 개정 형법(법률 제2745호) 第104條의2(國家冒瀆等)는 다음과 같다.

① 內國人이 國外에서 大韓民國 또는 憲法에 의하여 設置된 國家機關을 侮辱 또는 誹謗하거나 그에 관한 事實을 歪曲 또는 虛僞事實을 流布하거나 기타 方法으로 大韓民國의 安全·利益 또는 威信을 害하거나, 害할 憂慮가 있게 한 때에는 7年이하의 懲役이나 禁錮에 處한다.
② 內國人이 外國人이나 外國團體等을 利用하여 國內에서 前項의 行爲를 한 때에도 前項의 刑과 같다.
③ 第2項의 境遇에는 10年이하의 資格停止를 併科할 수 있다.

곧 개정 형법은 정치인, 지식인, 종교인 등이 해외여행 중 유신 헌법과 박정희 정부를 비판하지 못하게, 그리고 주한 외국 기관과 외국인도 체제를 비방하지 못하게 하는 내용을 담고 있었다.

셋째, 유정회는 국회에서 여야가 예산안을 비롯한 다양한 법안에 관련해 타협을 하지 못할 경우 여권만의 단독 심의와 처리를 주도했다. 1974년 정기국회에서 야당의 반대에도 불구하고 34개의 의안을 상임위원회에서 전격 처리하고 다시 본회의에서 산은법 개정안 등 12개 의안을 1분 만에 변칙 통과시킨 일을 시작으로, 1975년 3월 임시국회에서는 유신 반대를 처벌하는 형법 개정안을 변칙 통과시켰고, 1978년 정기국회에서는 국토관리법안, 농지보전법 개정안, 소득세법 개정안 등을 단독 처리했다.

결국 유정회는 박정희 정권이 정당 정치를 배제하고 입법부를 행정부의 시녀로 만드는 과정을 보장하는 도구였다.

(3) 긴급조치 — 정치적 자유의 억압 기제[10]

유신 시기 중 유신 반대 운동에 대해 박정희 정권이 시행한 가장 강력한 탄압 조치는 1974년부터 시작된 긴급조치였다. 박정희 정권은 1972년 10월 17일 계엄령을 선포하면서 '유언비어 날조 및 유포'를 금지했고, 그 뒤 유신 선포를 비난한 사람들을 계엄포고령 위반죄로 구속해 2~3년의 징역형을 선고했다. 반대 세력과 일반 국민들에게 공포심을 일으켜 유신 반대 운동을 위축시키려는 의도였지만, 이런 탄압 속에서도 1973년부터 유신 체제 반대 운동이 다시 고개를 내밀기 시작했다.

유신 체제의 선포 이후 민주화운동은 1973년 4월 22일 남산 부활절 연합예배에서 민주 회복과 언론 자유 등을 촉구하는 유인물을 살포하면서 다시 시작됐고, 학생운동을 통해 본격적으로 부활했다. 학생운동은 김대중 납치 사건의 진상 규명과 독재 타도를 외치는 10월 2일 서울대학교 문리대 학생들의 시위에서 출발했다. 많은 학생들이 구속되거나 학사 징계 처분을 받았지만 투쟁은 다른 대학으로 확산되면서 11월 하순에는 동맹 휴학, 수업 거부, 학기말 시험 거부로 발전했다. 한편 재야 세력도 1973년 12월 24일 '헌법개정청원운동본부'를 발족시켜 '개헌청원 백만인 서명운동'을 시작했다.

이 사건을 계기로 박정희 정권은 1974년 1월 8일 헌법 53조에 따라 대통령 긴급조치 1, 2호를 선포했다. 긴급조치 1호의 내용은 "① 대한민국 헌법을 부정, 반대, 왜곡, 또는 비방하는 일체의 행위를 금한다. ② 대한민국 헌법의 개정 또는 폐지를 주장, 발의, 청원하는 일체의 행위를 금한다. ③ 유언비어를 날조, 유포하는 일체의 행위를 금한다. ④ 전 1, 2, 3호에서 금한 행위를 권유, 선동, 선전하거나 방송, 보도, 출판, 기타 방법으로 이를 타인에

게 알리는 일체의 언동을 금한다. ⑤ 이 조치에 위반한 자와 이 조치를 비방한 자는 법관의 영장 없이 체포, 구속, 압수, 수색하며 15년 이하의 징역에 처한다. 이 경우에는 15년 이하의 자격정지를 병과할 수 있다. ⑥ 이 조치에 위반한 자와 이 조치를 비방한 자는 비상군법회의에서 심판, 처단한다. ⑦ 이 조치는 1974년 1월 8일 17시부터 시행한다"였다. 한편 긴급조치 2호는 긴급조치를 위반한 자를 처벌하는 비상군법회의의 설치에 관한 내용과 중앙정보부 부장이 사건의 정보, 조사, 보안 업무를 조정, 감독한다는 내용을 담고 있었다.

긴급조치 1, 2호의 내용은 국민의 기본권, 언론, 출판, 집회, 결사의 자유, 표현의 자유 등 민주주의의 근본 원칙을 침해한 것으로, 자유민주주의를 표방하는 국가에서 헌법의 개정을 논의하는 행위가 처벌된다는 사실은 언어도단이었다. 그러나 박정희 정권은 1974년 1월 15일 긴급조치 1호 위반으로 장준하와 백기완을 구속하고 함석헌 등 많은 인사를 연행했다. 또한 개헌청원운동에 가담한 이호철, 임헌영 등 5명의 문인을 문인·지식인 간첩단으로 몰아 구속했다. 당시 장준하과 백기완은 긴급조치 1호 위반으로 비상보통군법회의에서 징역15년, 자격정지 15년을 선고받았다.

한편 박정희 정권은 1월 14일 '국민생활 안정을 위한 대통령 긴급조치'라는 긴급조치 3호를 발표했는데, 내용은 저소득층의 조세 부담을 경감하기 위한 근로소득세, 주민세 등의 면제 또는 대폭 경감, 국민복지 연금 제도 실시의 보류, 통행세 감면, 미곡 수매가 소급 인상, 영세민 취로 사업지 확보, 중소 상공업자 대상 특별 저리 융자, 임금 체불 등 부당노동행위 가중 처벌, 재산세 면세점 인상과 사치성 품목에 대한 조세 중과, 공무원 임금 인상의 조기 실시, 쌀과 연탄 가격의 안정, 비생산적 대출 억제 등이었다. 긴급조치가 필요하지도 않은 정책을 긴급조치라는 이름 아래 발표함으로써 국민들에게 긴급조치가 정당한 것이라는 점을 주지시키려는 의도를 보여준다.

그런데 긴급조치 1호와 2호 속에서드 대학생들의 유신 반대 투쟁은 1974년 들어서도 점차 확산됐다. 1974년 3월 1일 서강대학교와 경북대학교 반유신 시위를 시작으로 4월 3일 '전국민주청년학생총연맹'(민청학련)이 '민중·민족·민주선언'을 발표하고 전국적인 시위를 계획했다. 이 계획을 미리 인지한 박정희 정권은 시위가 계획된 4월 3일 오전 10시 '급히' 긴급조치 제4호를 발동했다. 박 정권은 4호를 발토한 4월 3일 밤부터 대대적으로 학생들을 검거하기 시작해 5일까지 200여 명을 검거했다. 긴급조치 4호 위반으로 1024명이 수사를 받았는데, 윤보선, 박형규, 김동길, 김찬국 등의 재야 인사도 함께 기소됐으며, 180명이 군사재판에 회부돼 이철, 김지하 등은 사형 선고까지 받았다. 4월 25일 중앙정보부장은 민청학련의 조직 전모도 파악하지 못한 채 '민청학련사건 조사상황'을 발표했다.

긴급조치는 그 내용 못지않게 재판 과정의 불공정성으로 악명이 높았다. 관련 재판은 피고인 가족 1인만 방청이 허용됐고 형량도 상상을 초월할 정도로 가혹했다. 긴급조치 4호 위반자들은 비상보통군법회의에서 9명이 사형, 21명이 무기 징역을 선고받았고, 그 밖에 140명이 받은 형량을 합치면 1650년에 달했다.

박정희 정권은 1974년 8월 15일 대통령 저격 사건 직후인 23일 긴급조치 1, 4호의 해제를 내용으로 하는 긴급조치 5호를 발표했다. 이 조치는 긴급조치 1, 4호로 재판 중이거나 처벌된 자에게는 효력을 미치지 않아서 비상군법회의는 계속 존재했고, 이미 기소된 사람들도 계속 재판을 받았다. 이런 사실은 긴급조치 4호를 발표한 뒤 한국에 대한 군사 원조를 삭감해야 한다는 미국 내부의 여론을 호도하기 위해 5호를 발표했다는 것을 보여준다.

다른 한편 1974년 9월 17일 고려대학교 총학생회 유인물 사건, 10월 24일 《동아일보》 기자들의 '자유언론 실천선언'에서 시작된 '자유언론운동', 11월 19일 '자유실천문인협의회' 결성, 11월 27일 재야인사들의 '민주회복국민회의' 구성과 '국민선언' 발표 등 그동안 억눌려 있던 민주화운동이 다시 시작되자, 박정희 정권은 탄압의 강도를 더욱 높였다. 1975년에는 내외국인의 반국가적 언동을 규제하는 형법 개정안을 통과시키고, 4월 8일에는 교내 집회와 시위의 금지, 영장 없는 체포, 구금, 압수 수색 가능, 3년 이상 10년 이하 징역을 내용으로 하는 긴급조치 7호를 발표했다.

또한 1975년 4월 30일 베트남 정부가 공산 정권에 넘어가자 박정희 정권은 이 일을 이용해 안보 분위기를 고조시키는 한편, 5월 13일에 긴급조치 7호의 해제를 내용으로 하는 긴급조치 8호와 유신 헌법에 대한 일체의 부정적 행위를 금지하는 긴급조치 9호를 발표했다. 긴급조치 9호는 유언비어를 날조하거나 유포하는 행위, 다양한 수단을 통해 헌법을 부정, 반대, 왜곡 또는 비방하거나 그 개정 또는 폐지를 주장, 청원, 선동 또는 선전하는 행위, 이 조치를 공공연히 비방하는 행위 그리고 사전 허가를 받지 않은 학생의 집회, 시위 또는 정치 관여 행위를 금지했으며, 이런 조항을 위반할 경우 주무 장관이 이 조치 위반자, 범행 당시의 그 소속 학교, 단체나 사업체 또는 그 대표자나 장에 대해 제적, 해임, 해산, 폐쇄, 면허 취소 등의 조치를 취할 수 있으며, 아울러 이 조치에 따른 주무 장관의 명령이나 조치는 사법 심사의 대상이 되지 않는다는 내용을 담고 있었다.

긴급조치 9호는 모든 긴급조치의 내용을 총괄하고 적용 범위를 더욱 확대했을 뿐 아니라 처벌 규정을 한층 강화했다. 특히 헌법 개정에 대한 청원 자체를 금지함으로써 유신 헌법을 신성불가침의 영역에 올려놓는 동시에 헌법이 규정하는 국민의 기본권을 사실상 박탈한 조치였다. 국민들은 권력자의 비위에 거슬리기만 하면 언제라도 영장 없이 체포되고 구금될 위험에 노출돼 있었으며, 언론의 봉쇄 탓에 누가 그런 부당한 처우를 받게 됐는지조차 전해 들을 수 없게 됐다. 이 조치를 위반했다고 권력자가 판단을 내린 사람에 대해 취해진 징계 조치는 법의 심판 대상조차 되지 않음으로써 권력자는 사실상 신 같은 절대 권력을 갖게 됐다(한국정치연구회 정치사분과 1993, 59). 긴급조치 9호는 박정희가 사망해 유신 체제가 막을 내릴 때까지 4년 6개월 동안 지속되면서 1000명 이상의 전과자를 양산하는 등 시민의 자유와 권리를 억압했다.

2) '총화단결'과 '국력배양'의 기제 — 중앙정보부와 내무부(경찰)

(1) 중앙정보부 — 정치적 반대 세력의 탄압 기제

유신 체제 아래서 박정희 정권이 시민 생활을 통제하고 억압하는 데 동원한 대표적 기구는 중앙정보부였다. 중앙정부부는 군사 쿠데타 직후 "군의 정보 기관을 포함한 모든 정부정보기관들의 국내외 정보활동과 범죄수사를 조정·감독하기 위하여" 설치됐지만, 국가 안보뿐 아니라 정권 안정을 도모하고 박정희의 권력을 유지하고 강화하기 위해 중요하다고 생각되는 모든 문제에 활발히 개입했다. 중앙정보부가 사회를 통제하고 반대 세력을 억압하는 데 이용한 법률은 반공법과 국가보안법이었는데, 조항이 상당히 포괄적이고 모호한 탓에 중앙정보부는 폭넓은 재량권을 행사할 수 있었다. 또한 중앙정보부는 검찰과 함께 법원을 통제하는 주요한 기제였다. 중앙정보부는 도청을 통해 법원의 움직임을 파악했을 뿐 아니라 요원들을 조정관이라는 이름으로 법원에 상주시켜 판결에 개입했다.[11]

중앙정보부는 공식적으로 수사권과 체포, 구금, 심문 등 경찰권과 같은 법적 권한을 지녔지만, 협박, 구타, 고문, 소규모 테러 행위, 뇌물 제공 등 다

---

11 한 판사는 "시국사건 기록을 보고 있을 때면 조정관이 판사실에 머물며 '그런 나쁜 놈들은 엄벌에 처해야 한다', '잘못하면 신상에 좋지 않을 거다'라며 협박을 했고, 무죄선고가 나면 주임검사는 법원 입회서기를 '무죄가 나도록 공판조서를 조작했다'는 혐의로 잡아가 조사하기도 했다"고 증언했다(《한겨레》 2005년 10월 22일).

양한 불법 수단을 공공연히 사용했다. 유신 체제 반대 운동을 한 많은 민주 인사들은 검거 직후 중앙정보부로 끌려가 여러 비인간적 대우를 받았고, 그중 일부는 중앙정보부가 조작한 친북 조직의 구성원이 되기도 했다.

유신 체제 선포 뒤 중앙정보부는 야당과 민주 인사들에 대한 감시를 강화했고, 일부 야권 인사들에 대해서는 가혹한 물리적 탄압을 가했다. 대표적으로 중앙정보부는 유신 선포 직후 그동안 박정희 정권을 강도 높게 비판한 13명의 신민당 의원을 체포하고 구금한 뒤 혹독하게 고문했다. 앞으로 유사한 비판을 결코 용납하지 않겠다는 정권의 의지를 표명한 행동으로, 정권에 대한 공포심을 불러일으켜 유신 체제에 대한 예상되는 저항을 차단하려는 의도에서 진행됐다. 또한 1973년 7월에는 일본에서 김대중을 납치해 살해하려 했고, 1979년에는 파리에서 전 중앙정보부장 김형욱을 납치해 살해했다고 알려져 있다.

또한 유신 선포 직후 박정희 정권은 중앙정보부를 통해 야당 정치인들에게 유신 체제 지지 서명을 강요했고, 일부 정치인을 '남산 장학생'으로 육성해 정당과 국회의 상황을 보고받았다. 중앙정보부는 이 보고를 바탕으로 의원 회유부터 야당 총재, 대권 주자 결정에 이르기까지 광범위한 정치 공작을 진행했다. 대표적인 정치 공작 사례는 1979년 5월 신민당 총재 경선 개입인데, 중앙정보부는 '체제 참여 개혁'을 외친 이철승을 당선시키기 위해 또 다른 후보인 신도환에게 접근해 두 후보의 연대를 주선했다. 또한 김재규 중앙정보부장은 강경파인 김영삼의 총재 경선 출마를 막기 위해 김영삼을 공관으로 불러 계보원의 불기소 처분 등의 조건을 제시하며 회유와 협박을 했다(《한겨레》 2005년 2월 21일).

(2) 내무부(경찰) — 정치적 반대 세력의 탄압과 산업 평화의 기제

내무부는 전통적으로 국민들의 일상생활에 밀접히 관련된 업무를 담당해서 중요한 부서였지만, 유신 선포 뒤에는 대민 사업에 관련된 여러 사업을 도맡으면서 그 비중이 더욱 커졌다. 1973년 내무부에 대통령 비서실과 동일하게 새마을담당관실과 4개 과가 설치된 사실에서 이런 점을 잘 알 수 있다. 내무부는 대통령 비서실의 지시 아래 새마을운동을 추진하는 집행 부서였다.

그런데 유신 체제가 목표로 내세운 총력안보 태세 강화를 위해 매우 중요한 구실을 한 행정 부서는 내무부 소속 치안국(경찰)이었다.[12] 경찰은 범죄 예방과 주민 보호라는 일상적 업무와 함께 국가 안보를 위해 정보 업무를 강화했는데, 정보 부서는 유신 반대 세력의 집회와 시위, 시국 사건 관련 수배자의 검거, 재야인사 같은 정치적 반대 세력의 감시와 연행 등 유신 체제의 유지에 필수적인 구실을 했다.

유신 시기에 정보 부서가 담당한 또 다른 중요한 임무는 산업 평화의 유지를 위한 환경 조성이었다. 사실 박정희 정권은 '산업 평화'를 유지하기 위해 유신 이전부터 노동관계법을 노동자에게 불리하게 개정했고 유신 체제 선포 뒤에는 '노사 화합', '가족적 분위기', '공장 새마을운동' 등의 구호를 내세우며 노사 협의 기구를 설치했다. 이 과정에서 경찰은 기업주와 함께 무노조 기업에서 노조가 결성되는 것을 막았을 뿐 아니라 민주 노조를 어용 노조로 변질시키기 위해 많은 공작과 탄압을 자행했다. 그 결과 유신 시기 동안 꽤 많은 단위 노조들이 '어용 노조'로 변질됐고 선진적 활동가들이 산업 현장에서 축출됐다.

유신 체제 동안 경찰의 노동 부문 통제를 알아보기 위해 먼저 노조 결성을 저지하고 민주 노조를 탄압한 사례를 살펴보자. 기업에서 노조를 결성하

12　내무부 치안국으로 편재돼 있던 경찰은 1974년 8월 15일 문세광의 박정희 암살 기도 사건을 계기로 경호의 중요성이 커지자 경찰 활동을 강화하기 위해 같은 해 12월 24일에 치안본부로 승격됐다(한국경찰사 편찬위원회 1985, 704).

려는 움직임이 시작되면 기업주들은 흔히 세 가지 방식으로 노동자들에게 반격을 가했다. 첫째, 생산직 노조원에게는 사무직 고용원을, 여성 노동자에게는 남성 노동자나 회사의 사주를 받은 폭력배를 동원해 협박하거나 심리적 억압 또는 육체적 폭력을 가함으로써 노동자들이 노조에 가입할 용기를 잃게 만들었다. 둘째, 돈으로 매수하거나 상호공제회 또는 자치동우회 등 회사가 후원하는 대안 단체의 설립을 제시했다. 셋째, 조직책이나 활동적 조합원들을 해고하거나 잘못을 물어 감봉, 강등, 부서 이동 등 손해를 보게 했다(최장집 1997, 115).

기업 내부에 노조가 결성되는 과정에서 경찰(또는 정보기관) 역시 중요한 구실을 했다. 첫째, 기업주의 배후에서 노동자들을 설득하거나 협박하고 혹독한 신체적 학대나 고문을 가하는 심문을 위해 연행 또는 구속함으로써 노조에 참여 하지 못하게 했다. 둘째, 조직 결성을 위한 시도가 기업주의 위법 행위에 대항한 시위나 연좌 농성 등 단체 행동으로 발전할 경우 사회 질서를 유지한다는 명분으로 노동 문제에 개입했다(최장집 1997, 116~117). 이런 경찰의 개입은 노동법 테두리 밖에서 노조 활동에 대해 적용할 수 있는 집회 및 시위에 관한 법률, 국가보위법(제7항), 긴급조치, 국가보안법 등 규제 입법을 통해 진행됐는데, 노동자들의 조직 결성 행위는 이런 법률에 따라 범죄 행위로 규정되고 가담자들은 혹독한 피해를 봤다.

한편 일반적으로 유신 체제 시기 중 노동조합의 결성을 막기 위해 회사 또는 공장은 지역의 관할 경찰서와 밀접한 관계를 맺고 있었다. 회사는 '문제를 일으키는 자'의 명단을 관할 경찰서에 넘겨주고 다루기 힘든 노동자들을 길들여주기를 원했다. 경찰서는 관할 지역 안에서 일어나는 보안 사건들뿐 아니라 모든 노동 문제를 추적한 일일 보고서를 작성해 상부 기관에 보고할 책무가 있었다. 이를테면 수출 산업과 외국 투자 기업이 밀집한 공업 단지에서는 기업이나 기업주 쪽의 여러 조정위원회와, 국가 쪽의 경찰, 공단 관리사무소, 노동청 산하 지방사무소 등 사이에 매우 긴밀한 조정과 협력이 실행됐고, 행정 기관의 통제와 감시는 더 철저했다(최장집 1997, 117).

일부 노동자들은 기업주나 경찰의 다양한 압력에도 불구하고 단체 행동을 통해 기업주의 위법 행위에 저항했다. 노동자가 법적으로 '불법화'돼 있는 시위, 농성, 파업 등 집단행동을 할 경우 기동경찰에 즉각 진압됐고 주동자는 장기간 구금돼 심문 또는 재판을 받고 단순 가담자는 훈방됐다. 더욱이 '불법 행위' 가담자는 해고됐을 뿐 아니라 다른 직장도 구하지 못하게 됐다. 이런 탓에 유신 체제 아래서 많은 민주 노조가 어용 노조로 변질됐고 무노조 사업장에서는 여전히 노동조합 결성에 실패했다(최장집 1997, 117~118).

결국 박정희 정권은 유신 체제가 내세운 목표인 국력 배양을 위해 경찰을 이용해 노동 부문을 통제했다.

한편 경찰에 관련해 짚고 넘어가야 할 사항은 1973년부터 시작된, 미니스커트와 장발에 대한 경범죄 처벌법 적용이다. 박정희 정권은 '한국적 민주주의'를 내세우면서 미풍양속을 해치는 '저속한 외래 풍조'와 '퇴폐풍조'를 비판했는데, 대표 사례가 미니스커트와 장발이었다. 박정희 정권은 1973년 2월 8일 경범죄 처벌법을 개정해 "공중의 눈에 뜨이는 장소에서 신체를 과도하게 노출하거나 안까지 투시되는 옷을 착용하거나 또는 치부를 노출하여 타인에게 혐오감을 주게 한 자"(제1조 44호)에 대해서는 구류와 과료에 처한다는 규정을 삽입했다. 경찰은 길거리에서 가위를 들고 장발을 단속했으며, 대자를 들고 여성들의 스커트 길이를 재는 풍경을 연출했다. 또한 문공부는 방송사에 장발자를 브라운관에서 제거하라고 지시함으로써 텔레비전 오락 프로그램에서 일시적으로 장발을 한 연예인이 축출되기도 했다.

이런 조치는 표현의 자유를 침해하는 것은 물론 국민들에게 국가 권력에 대한 무비판적 순응을 요구한 것이었다. 박정희 정권이 왜 이런 조치를 시행했는지에 대해서는 의견이 분분하다. 일반적으로 미적이거나 문화적 이유라기보다는 장발이 의미하는 자유를 억압하기 위한 조치로 해석된다. 또한 일부에서는 반정부 세력의 주류를 형성하고 있는 학생운동권의 주체들이 대부분 장발족이어서 장발을 단속했다고 해석한다(강준만 2002a, 110~116).

그러나 더 중요한 이유는 총화 단결에 관련됐다고 볼 수 있다. 이 조치는 국민들은 박정희 정권이 정해놓은 신체적 표현의 한계를 벗어나서는 안 되고, 벗어나는 경우 법률에 따라 처벌된다는 사실을 보여줘 국가에 순응하는 국민을 만들려는 것으로 이해할 수 있다.

3) '총력안보'의 기제 ― 군사 교육, 민방위, 새마을교육, 반상회

(1) 군사 교육과 민방위 ― 군사주의적 국민 동원 기제

박정희 정권은 총력안보를 내세운 유신 체제의 정당성을 확보하기 위해 국민들에게 지속적으로 북한의 남침 위협을 상기시키려 했다. 박정희 정권은 이미 유신 체제 이전부터 자주국방을 내세우면서 성인 남성을 향토예비군이라는 준군사 기구로 편입시켰고, 학생들에게는 교련이라는 군사 훈련을 부과했다. 향토예비군은 1968년 북한이 청와대 습격을 위해 무장 공비를 침투시킨 '1·21 사태'와 동해에서 발생한 '푸에블로호 사건'을 계기로 국민의 반공 안보 의식을 고취시키고, 북한의 4대 군사 노선에 대응하기 위해 1968년 4월 1일 창설됐다. 향토예비군의 임무는 국가 비상사태에서 현역 군부대의 역할, 무장 공비 침투에 대한 지역적 방어, 경찰력만으로 진압할 수 없는 무장 소요 진압 등이다. 향토예비군은 예비역 무관과 제1예비병을 대상으로 지역예비군과 직장예비군으로 편성되며, 지역예비군은 거주지 단위로 연대, 대대, 중대, 소대, 분대로, 직장예비군은 직장을 단위로 그 소속 예비군과 일반예비군으로 구분된다. 전시 동원예비군은 예비역 장교, 준사관, 35세 이하인 예비역 하사관과 실역 복무를 마친 보충역 하사관, 30세 이

하인 예비역 병과 실역 복무를 마친 보충역 병 등으로 편성된다. 일반예비군
은 동원예비군으로 편성되지 않은 예비역 장교, 준사관, 하사관, 38세 이하
인 예비역 병과 실역 복무를 마친 보충역 병으로 편성된다. 향토예비군에 편
성된 뒤에는 주기적으로 군사 훈련을 받는 것은 물론이고, 북한의 남침 야
욕과 총력안보 태세의 필요성 등 반공 교육에 반드시 참여해야 했다.

　또한 박정희 정권은 1969년 서울, 부산, 대구, 광주, 대전 등 대도시 학생
들을 대상으로 교련 교육을 시작했고, 1970년에는 범위를 전국의 고등학
생에게 확대했다. 이런 조치는 학생들에게 단순히 교실에서 하는 반공 교육
을 넘어서 직접 북한과 대결하는 훈련을 경험하게 함으로써 대북 반공 의식
을 체화시키는 것을 목적으로 하고 있었다. 교련 교육은 학생들에게 박정희
정권이 내세우는 자주국방과 총력안보의 정당성을 제고하는 역할을 했다.

　유신 체제로 들어서면서 박정희 정권의 군사주의적 국민 동원은 더욱 강
화됐는데, 먼저 유신 체제 직후인 1973년에 '국적 있는 교육'이라는 슬로건
을 내걸고 군사 교육을 강화했다. 단순히 교과서를 통해 북한 대남 정책의
실체를 밝히는 지식 위주의 교육을 지양하고, 군사 훈련, 특별 활동, 학교 행
사 같은 다양한 실천 활동을 강조했다.

　또한 1975년 4월 인도차이나가 공산화되자 군사주의 교육은 다시 강화
됐다.[13] 박정희 정권은 북한의 남침 위협이 높아졌다고 주장하면서 7월 민방
위법과 개정 교육법 등 안보와 관련한 4개의 법률을 통과시켰다. 학도호국
단은 이승만 시기 어용의 대명사여서 1960년 4·19 뒤 폐기되지만 1975년 5
월 21일 국무회의의 의결을 거쳐 부활했고, 9월 2일 중앙학도호국단 발단

---

[13]　또한 박정희 정권은 베트남이 공산화되자 각종 단체들을 지원해 대규모 안보궐기대회를 개최했다. 국민적 분위
기를 안보 우선으로 몰아가 박정희 정권에 대한 비판을 약화시키려는 전술이었다. 국민들도 이런 안보 위기 상황에
경도돼 방위성금 모금에 적극 참여했을 뿐 아니라 반정부 운동도 약화됐다.

식을 가졌다.[14]

그해 9월에 문교부는 대학의 학생회를 폐지하고 학도호국단을 조직하도록 강제했다. 학도호국단은 유신 체제를 강화하고 국가 안보 의식을 고취시킨다는 목표 아래 학생들을 군대와 동일한 조직으로 편성했다. 곧 "정부에서 발표한 학도호국단 설치령은 대학을 전국 단위의 군사 편제로 만들었으며 대학교는 마치 군대의 사단 편제를 방불케 했다. 총장을 당해 대학교의 학도호국단 단장으로 했는데 이는 마치 군대 사단의 사단장과 같은 것이다. 그리고 학도호국단의 부단장은 학생처장이 맡게 했다. 이화여자대학교에서도 이 편제에 따라 문리대학을 제1연대, 체육·사범·법정대학을 제2연대로, 음악·미술·의과·간호·약학·가정대학을 제3연대로 편성했다. 그리고 학도호국단 간부는 이전의 학생회의 회장처럼 직접 선출이 아니라 임명제로 했다. 모든 간부는 5학기 이상 등록된 학생 중에서 사상이 건전하고 신체 건강하고 지휘통솔력이 있는, 전 학기 성적 B학점 이상, 출석률 90퍼센트 이상인 사람 중에서 임명하게 했다"(이화여자대학교 1994, 396).

학도호국단은 학생들의 국가 안보 의식 고취를 목적으로 내세웠지만 대학 내 친유신 세력의 육성과 함께 유신 반대 운동의 약화도 의도한 것이었다. 특히 학도호국단 간부들은 유신 체제에 대한 이해를 높이고 애국심을 함양하는 정신 교육을 일주일 동안 의무로 받아야 했고, 장학금과 취업에서 혜택을 받았다.[15]

다음으로 박정희 정권은 1972년 1월부터 '민방공·소방의 날' 훈련을 실시했는데, 1975년 인도차이나 공산화를 계기로 안보가 직접적으로 위협받고 있다고 주장하면서 1975년 6월 27일부터 민방공·소방의 날 훈련을 '민방위의 날' 훈련으로 개정했고, 7월 25일에는 민방위 기본법을 제정했으며, 8월 22일에는 민방위기본법 시행령을 공포했다.[16] 박정희 정권은 민방위기본법에 대해 "적의 침공이나 우리 사회의 안녕질서를 위태롭게 할 재난으로

부터 주민의 생명과 재산을 정부의 지도 아래 주민이 스스로 보호하기 위해 마련된 것"이며 "언제 일어날지도 모르는 자연재난과 오늘날 우리가 직면하고 있는 국난을 우리 스스로의 힘으로 극복해 나가는 데 꼭 필요한 법"이라고 주장했다(민방문제연구소 1976, 37). 내무부에 민방위본부가 설치돼 그동안 각 부처 단위로 진행된 민방위에 관한 업구를 총괄하고 조정하게 했고, 9월 22일부터 30일 사이에 전국적으로 17세 이상 50세 이하의 모든 남자를 대상으로 민방위대를 발족시켰다. 또한 12월 10일에는 민방위 표상(기, 복장, 모자 등)을 제정하고, 1976년 5월 7일에는 민방위기본법 시행 규칙을 제정했다(내무부 1990, 136).

민방위대는 17세 이상 50세 이하의 모든 남자를 대상으로 하고 그 밖의 남자와 여자는 지원을 거쳐 참여할 수 있었다. 그러나 편입 대상자라 할지라도 중요한 업무에 종사하는 국회의원, 통일주체국민회의 대의원, 경찰·소방·교정직·보도직 공무원, 군인, 군속, 향토예비군, 학도호국단원, 민방위 업무를 수행할 수 없는 심신 장애인, 만성 허약자 등 신체 결함자는 제외했다.

민방위대는 주소지를 단위로 하는 지역민방위대와 직장을 단위로 하는 직장민방위대로 나눠 편성됐다. 지역민방위대는 통리를 단위로 하는 통리민

---

14 1975년 5월 20일 유기춘 문교부 장관은 전국대학총학장회의에서 "고등교육의 체제를 국가안보의 차원으로 바꿔 '일면 면학, 일면 국방'이라는 새로운 질서에서 교수와 학생들의 단결된 지혜와 힘으로 대학과 국가를 지켜야 한다는 단호한 결의를 보여야 할 시대적 요청에 따를 것"이라고 말했다(한만길 1997, 340).

15 "학도호국단 간부들은 일주일씩 경주 화랑수련원에 보냈는데, 일정에는 매일 한두 시간씩 박정희 전 대통령 어록을 들으며 명상하는 시간이 있었다. 그 정신교육이 얼마나 효과적이었는지, 일주일 후 퇴교할 때에는 정말로 애국심에 불타올라 태극기를 보며 애국가를 부르면서 감격에 겨워 엉엉 울면서 나오게 만들었다"(강준만 2002a, 277).

16 민방위기본법의 입법 취지는 "첫째, 민방위제도를 확립하여 군사방위와 함께 국가안전을 더욱 튼튼히 보장하며, 둘째, 민방위활동을 통하여 내 마을 내 직장은 스스로 지키겠다는 자위의 정신을 함양하여 자체방위능력을 제고하고, 셋째, 10대의 학도호국단, 30대의 향토예비군과 함께 40대의 민방위대로 조직화하여 거의 모든 국민이 참여하는 가운데 총력안보태세를 확립하며, 넷째, 이러한 유비무혼의 총력안보태세로서 안정을 기하고 이러한 안정을 바탕으로 국가의 도약발전을 도모하는 것이다"(내무부 1990, 134).

방위대와 읍면동을 단위로 하는 읍면동민방위기술지원대로 나뉜다. 통리민방위대는 관내 통리에 살고 있는 의무제 민방위대원과 지원자로 조직하며, 읍면동 민방위기술지원대는 소방, 수방, 방공, 의료, 화생방 등 기술이 필요한 부문의 민방위를 위해 관내 통리민방위대원 중에서 읍면동의 장이 선발한 자로 편성했다.

직장민방위대는 국가 기관과 지방자치단체의 기관, 대통령령으로 정하는 공공 기관과 업체, 방위산업체에 조직되는데, 직장민방위대원과 읍면동 민방위기술지원대원은 통리민방위대원이 되지 않게 해 중복을 피했다(민방문제연구소 1976, 44~45).

이렇게 박정희 정권은 민방위대를 통해 젊은 성인 남성을 행정 기관의 통제 아래 뒀고, 민방위 훈련을 계기로 주기적으로 동원할 수 있는 제도를 마련했다. 특히 의무적으로 민방위대원이 되는 사람은 통리장을 경유해 읍면동장이나 직장장에게 신고해야 하며 이사를 가거나 퇴직할 때도 반드시 신고하게 법제화함으로써 젊은 성인 남성을 행정 기관의 그물망에 가뒀다.

결국 유신 체제에 이르러 박정희 정권은 학생들은 군사 교육으로, 대학생들은 학도호국단을 통해, 성인 남성들은 향토예비군과 민방위대를 통해, 일반 국민들은 민방위훈련을 통해 전 국민을 동원하는 총력안보 체제를 완성시켰다. 박정희 정권은 다양한 군사주의적 동원 기제를 통해 국민들의 위기의식을 고무해 유신 체제를 정당화하고 국민들의 지지를 획득하려 했다.

(2) 새마을교육과 반상회 — 일상적 국민 동원의 기제

새마을운동은 초기부터 대통령의 직접적인 개입 아래 시작됐고, 그 뒤에도 중앙의 청와대와 내무부가 중심이 돼 진행될 정도로 박정희 정권의 중요한 정책이었다. 그러나 새마을운동은 단순히 농촌 근대화 또는 농촌 소득 증대 사업만은 아니었다.

　박정희 정권은 1973년 5월 31일 수원에 '새마을지도자 연수원'을 건립한 것을 계기로 새마을교육을 총력안보 체제를 위한 국민 동원의 도구로 활용했다. 1974년도부터 새마을교육은 농민뿐 아니라 사회 지도자, 대학 교수, 고급 공무원, 경제 단체 간부, 장차관, 대학 총장, 언론계 중진 등 사회 지도층까지 피교육자의 범위를 확대했다(김일철 1991, 130). 여기서 주목할 사실은 1972~1979년 기간 동안 박정희 정권이 많은 국민에게 새마을교육을 실시한 점이다. 이 기간 중 합숙 교육을 받은 사람이 67만 7900명에 이르고 비합숙 교육 인원은 연인원 6953만 3000명에 이른다. 뿐만 아니라 영농지도자교육(농촌진흥청), 겨울철 새마을영농기술교육(농촌진흥청), 기타 각종 교육을 포함하면 국민 1인당 평균 2회 정도의 비합숙 훈련 교육을 받은 셈이 된다(내무부 1980, 61~63).

　새마을교육에 관련해 중요한 사실은 박정희 정권이 교육 과정에서 유신 체제의 정당성을 강조했을 뿐 아니라 새마을교육과 유신 체제를 연결했다는 점이다. 박정희 자신이 유신 초기부터 새마을운동을 '유신 이념의 실천도장'으로 정의했고, 유신 체제 내내 박정희 정권은 양자를 밀접히 연결시켰다. 이런 현실은 새마을운동의 성과가 곧 유신 체제의 성과와 동일시되는 것을 의미했다. 또한 새마을운동에 적극적으로 참여하는 것은 유신 체제에 대한 헌신으로 간주됐기 때문에 교육 대상이 될 경우 반정부 인사로 낙인찍히지 않으려면 반드시 새마을교육에 참여해야 했다.

　한편 박정희 정권은 모든 국민들을 최말단 행정 조직인 반 단위로 동원하기 위해 1976년 4월 30일에 매월 말일을 '반상회의 날'로 지정해 전국 시도에 내려 보냈다. 그 결과 5월 31일에 전국적으로 일제히 첫 반상회가 열렸다. 반상회는 식민지 시기 애국반, 해방 이후 국민반, 1950년대 말 국민방(國民坊)과 유사한 조직으로 민주당 정권 시기에 각 시도의 조례에 따라 매월 1회씩 개최하도록 정해졌다. 그러나 제대로 이행되지 않다가 박정희 정권 때 다시 실시됐다(박성환 1986, 18).

반상회의 기반인 반 조직은 지방자치법 제145조 제4항에서 "동, 리의 하부조직은 당해자치단체의 조례에 정하는 바에 의해 둘 수 있다"는 규정과 이 규정에 근거한 각 자치단체의 통반 설치 조례에 근거했다(최일섭 1982, 12). 인천의 경우 인천직할시 통반설치조례 제7조 제1항에는 "매월 25일은 정례 반상회의 날로 정하고 명예반장 또는 반장집에서 회의를 개최한다. 다만, 필요하다고 인정할 때에는 수시로 회의를 소집할 수 있다"고 돼 있고, 제2항에는 "동장은 월1회 정기적으로 반상회를 개최한다. 다만, 동장이 필요하다고 인정할 때에는 수시로 회의를 소집할 수 있다"라고 규정돼 있다. 유사한 규정에 따라 1976년부터 전국적으로 모든 반을 중심으로 매월 25일 정례 반상회가 개최됐다.

박정희 정권이 이렇게 갑자기 반상회를 재정비해 전국적으로 개최한 이유는 단순히 주민들의 친목을 돈독히 하고 공동 관심사를 함께 토론함으로써 지역 발전을 꾀하기 위해서만은 아니었다. 물론 반상회를 통해 주민들이 주기적으로 한자리에 모여 마을의 개발 사업을 논의하고 결정해 실천함으로써 새마을 사업을 실천하는 계기가 되기도 했다. 또한 주민들의 애로 사항과 숙원 사업을 청취하는 기회를 제공함으로써 이 내용을 행정에 반영하는 계기가 되기도 했다. 그러나 반상회의 내용은 반공 교육, 국정 홍보, 국민의 행동 지침이 주였고, 특히 비상시 행동 요령, 간첩과 수상한 사람 신고 요령, 유언비어 신고 의무화, 불순한 언동 금지 등이었다. 따라서 반상회는 주민과 행정을 연결하는 매개체적 기능을 수행할 수 있다는 점에서 정부 정책의 홍보나 공지 사항의 전달뿐 아니라 주민들의 동향을 파악하고 여론을 청취할 수 있는 좋은 수단이었다.

결국 박정희 정권은 새마을교육을 통해 농민뿐 아니라 사회 지도층을 동원했고, 반상회를 통해 매월 한 번씩 가구별 대표들을 동원했다. 이것은 유신 체제나 정부 정책의 정당성을 홍보한다는 점보다는 정부가 주기적으로 국민들을 호명하고 있다는 것을 개별 국민들이 자각하는 계기였다는 점에서 중요한 의미를 지닌다.

4. 맺음말

유신 체제는 제3공화국과 달리 헌법부터 대의 민주주의의 기본 원칙과 국민의 기본권을 무시한 채 대통령 일인에게 권력을 집중시킨 반민주적 정치 체제였다. 유신 헌법은 국민의 자유와 권리를 침해하는 것은 물론이고 대통령이 입법부나 사법부의 위에 군림하는 반면 국민에게 책임지지 않는 정치 체제를 만들었다. 박정희 정권은 유신을 선포하면서 통일 대비와 국가 위기를 명분으로 내세웠지만, 이것은 1970년대 초반 국내외적 도전에 따른 정권의 위기를 국가 위기로 확대 해석한 것에 불과했다.

제3공화국에 견줘 유신 체제의 구조가 지닌 특징을 살펴보자. 먼저 정치적 측면에서 유신 체제는 삼권 분립의 정신을 훼손한 채 대통령에게 국가 권력이 집중됐다. 대통령은 국회를 해산할 수 있었고, 전체 법관과 국회의원의 3분의 1을 임명할 수 있었고, 국회의 동의 없이 긴급조치를 발동할 수 있었다. 이것은 유신 체제가 대통령에게 입법, 사법, 행정 등 국가 기구의 통제권을 부여했다는 것을 의미한다. 따라서 정치 구조의 측면에서 유신 체제는 대통령에게 모든 권한이 집중되는 '권력 집중형 권위주의 체제'였다.

둘째, 경제적 측면에서 유신 체제는 제3공화국과 마찬가지로 정부가 경제 정책을 입안하고 공공 금융 기관과 자원의 독점을 통해 민간 기업을 통제하는 등 경제에 대한 포괄적 개입을 특징으로 하고 있었다. 그러나 중화학공업화 정책의 추진에서 볼 수 있듯이 경제기획원의 역할이 축소되고 대통령 비서실의 권한이 강화되는 등 경제에 대한 권한이 대통령에게 더욱 집중된 점에서 유신 체제는 제3공화국과 차별성을 지닌다.

셋째, 유신 체제는 제3공화국처럼 배제적 노동 정책을 실시했지만 1960년대 후반부터 본격화된 노동 통제를 더욱 강화한 점에서 차별성을 띤다. 유신 체제는 단결권, 단체교섭권, 단체행동권 등 노동자의 기본권을 극도로 축소시켰고, 노사 관계에 대한 행정 기관의 개입과 노동 쟁의에 대한 규제를 한층 강화함으로써 경제 발전의 과정에서 성장하던 노동 부문을 철저히 통제했다.

한편 제3공화국과 비교해 작동 기제의 측면에서 유신 체제의 가장 두드러진 특징은 국민을 동원하고 통제하기 위해 기존의 기제들을 강화한 것은 물론 여러 종류의 새로운 기제들을 도입한 점이다.

첫째, 유신 체제는 '한국적 민주주의'가 지향하는 '국정의 효율화'를 위해 통일주체국민회의와 유신정우회라는 새로운 기제를 도입했다. 그러나 실제로 통일주체국민회의는 자기들의 대표를 직접 선출할 국민의 권리를 박탈했고, 유신정우회 역시 국민의 대표 선출권을 축소시키고 국회의 행정부 견제 기능을 약화시킴으로써 대의민주주의를 무력화했다. 또한 유신 체제는 한국적 민주주의에 필수적인 총화단결을 저해하는 정치적 반대 세력을 억압하기 위해 긴급조치를 새롭게 도입했다. 긴급조치는 유신 체제 비판은 물론 유신 헌법에 대한 개정 논의조차 불법으로 규정함으로써 '합법적'으로 정치적 자유를 억압했다.

둘째, 유신 체제는 제3공화국처럼 중앙정보부와 경찰을 통해 총화 단결과 산업 평화를 해치는 정치적 반대 세력과 노동운동 세력을 탄압했다. 그러나 유신 체제는 국민 기본권을 제한하는 조항을 헌법에 삽입함으로써, 곧 반자유주의적 조치들을 '합법화'함으로써 정보 기구들이 '자유롭고 정당하게' 정치적 반대 세력을 탄압할 수 있었다. 그 결과 중앙정보부는 단순히 야당 정치인을 탄압하고 회유하는 수준을 넘어서 정치적 반대자를 납치하고, 심지어 살해하기도 했다. 경찰 역시 제3공화국 때처럼 정치적 반대 세력을 탄압하는 것은 물론 유신 체제로 들어와서는 산업 평화를 내세워 민주 노동 운동 세력을 탄압하는 임무까지 맡게 됐다.

셋째, 유신 체제는 제3공화국과 달리 총력안보 태세의 확립을 명분으로 국민들을 동원하고 통제하는 새로운 기제들을 도입했다. 유신 체제는 제3공화국 말기 설립된 향토예비군을 더욱 강화하는 동시에 새롭게 민방위대를 조직함으로써 거의 모든 성인 남성을 준군사 조직으로 편재했고 훈련을 통해 주기적으로 동원했다. 또한 역시 제3공화국 말기 도입한 학생 군사 교육을 더욱 강화하는 것은 물론 고등학교와 대학교에 학도호국단을 설치해 모든 학생을 군대식 체제로 편재함으로써 교육 현장까지 군사주의를 강화했다. 더욱이 유신 체제는 기존의 민방위 훈련과 반상회를 재정비하고 강화해 일반 국민들까지 주기적으로 동원하고 통제했다. 곧 경제 건설의 역군을 만들기 위해 국민을 동원한 제3공화국과 달리 유신 체제는 투철한 국가안보의식을 주입시키기 위해, 나아가 유신 체제의 정당성을 철저히 신뢰하게 만들기 위해 국민들을 동원했다.

결국 유신 체제의 가장 두드러진 특징은 조국의 평화적 통일을 위해 국가 권력의 조직화와 능률의 극대화가 필요하다는 명분을 내세워 대의민주주의를 왜곡하고 대통령 일인에게 모든 권력을 집중시킨 점, 국민의 기본권 제한을 헌법 조항에 집어넣어 '합법적'으로 정치적 반대 세력을 탄압한 점, 총력안보 태세의 확립을 위해 학생은 물론 성인 남성들까지 준군사 조직으로 편재하고 다양한 기제들을 통해 국민들을 일상적으로 동원하고 통제한 점이다.

참고 문헌

/

갈봉근. 1973. 《통일주체국민회의론》. 광명출판사.

강민. 1983. 〈관료적 권위주의의 한국적 생성〉. 《한국정치학회보》 17.

___. 1984. 〈한국정치체제의 구조적 특성 ― 신권위주의를 중심으로〉. 한국정치학회 편. 《한국정치발전의 특성과 전망》.

강준만. 2002a. 《한국 현대사 산책 ― 1970년대 편》 1권. 인물과사상사.

______. 2002b. 《한국 현대사 산책 ― 1970년대 편》 2권. 인물과사상사.

______. 2002c. 《한국 현대사 산책 ― 1970년대 편》 3권. 인물과사상사.

고성국. 1989. 〈5·16쿠데타 이후 역대 군부정권의 본질〉. 《역사비평》 가을호.

곽래은. 1976. 〈반상회의 연혁과 그 현대적 기능〉. 《지방행정》 25(271).

김대영. 2004. 〈박정희 국가동원 메커니즘에 관한연구 ― 새마을운동을 중심으로〉. 《경제와 사회》 61.

김대중생납치사건 진상규명을 위한 시민의 모임 편. 1995. 《김대중납치사건의 진상 ― 문헌·증언·자료》. 푸른나무.

김민배. 1995. 〈유신헌법과 긴급조치〉. 《역사비평》 가을호.

김세균. 1991. 〈한국에서의 민주주의 논의에 대한 비판적 고찰〉. 《사회비평》 6월.

김세중. 1995. 〈10월 유신과 민주회복운동 ― 운동의 한계에 대한 엘리트이론적 접근〉. 《동북아연구》 1(1).

김시남. 1994. 〈유신체제의 성격에 관한 연구〉. 성균관대학교 교육대학원 석사 학위 논문.

김영명. 1999. 《고쳐 쓴 현대한국정치사》. 을유문화사.

김영수. 2001. 《한국헌법사》. 학문사.

김영순. 1988. 〈유신체제의 수립에 관한 연구〉. 한국산업사회연구회 편, 《오늘의 한국 자본주의와 국가》. 한길사.

김용직. 2003. 〈유신체제와 박정희 시대의 한국정치사, 1972~1979〉. 한국정치외교사학회 춘계학술회의 발표 논문.

김인걸 외 편. 1998. 《한국현대사 강의》. 돌베개.

김일영. 2000. 〈한국의 역대 헌법에 나타난 '국가-사회' 관계〉. 《한국정치학회보》 34(2).

김일철. 1991. 〈70년대 새마을운동의 전개과정과 농촌사회의 변화〉. 《한국의 사회와 문화》 15.

김태일. 1995. 〈유신체제를 어떻게 볼 것인가〉. 《역사비평》 가을호.

김형배. 1976. 〈반상회와 새마을운동〉. 《지방행정》 25(271).

김홍순. 2000. 〈근대화 프로젝트로서의 새마을운동에 대한 비판적 고찰 ― 1970 년대를 중심으로〉. 《한국지역개발학회
　　　지》 12(2).

내무부. 1979. 〈반상회운영에 관한 내무부장관 특별지시(제6호)〉. 《지방행정》 28(305).

______. 1980a. 《새마을운동10년사》.

______. 1980b. 《새마을운동10년사 ― 자료편》.

______. 1990. 《민방위제도 총설》.

노동청. 1972~1980a. 《노동통계연감》.

______. 1972~1980b. 《사업체노동실태조사보고서》.

대통령 비서실. 1976. 〈1973년 1월 12일 연두기자회견〉. 《박정희대통령연설문집 5(상) ― 제8대편》.

대한지방행정공제회. 1975. 〈유신이념의 생활화(1) ― 10월 유신 3주년을 맞는 우리의 다짐〉. 《지방행정》 24(265).

______________. 1975b. 〈유신이념의 생활화(2) ― 10월 유신 3주년을 맞는 우리의 다짐〉. 《지방행정》 24(266).

______________. 1979. 〈유신 7년의 결산〉. 《지방행정》 28(312).

마상윤. 2003. 〈안보와 민주주의, 그리고 박정희의 길 ― 유신체제 수립원인 재고〉. 《국제정치논총》 43(4).

마인섭. 2000. 〈유신정권의 통치행태와 중화학공업화 ― 정권의 사회적 기반과 통제메커니즘〉. 《한국정치외교사논총》
　　　22(2).

문교부. 1980. 《한국 교육 30년》. 삼화서적주식회사.

미국 하원 국제관계위원회 국제기구소위원회 편. 1986. 서울대학교 한미관계연구회 옮김, 《프레이저 보고서》. 실천문
　　　학사.

민방문제연구소. 1976. 《민방위전서》.

박성환. 1986. 〈반상회운영의 자율성에 관한 연구〉. 서울대학교 행정대학원 행정학과 석사 학위 논문.

박진도·한도현. 1999. 〈새마을운동과 유신체제〉. 《역사비평》 여름호.

새마을연구소. 1977. 《충효 사상》. 단국대출판부.

서울특별시 교육위원회. 1981. 《서울교육사》.

서중석. 1988. 〈3선개헌반대, 민청학련투쟁, 반유신투쟁〉. 《역사비평》 여름호.

손학규. 1991. 〈유신체제하 반체제운동의 이념적 기초〉. 김영국 외, 《한국정치사상》. 박영사.

손호철. 2003. 〈박정희정권의 재평가〉. 손호철, 《현대 한국정치 — 이론과 역사 1945~2003》. 사회평론.

스테판 해거드. 1994. 박건영 외 옮김, 《주변부로부터의 오솔길》. 문학과 지성사.

신광영. 1999. 〈1970년대 전반기 한국의 민주화운동〉. 배긍찬 외, 《1970년대 전반기의 정치사회변동》. 백산서당.

신종대. 2005. 〈유신체제 수립원인에 관한 재조명 — 북한요인의 영향과 동원을 중심으로〉. 《사회과학연구》 13(1).

역사문제연구소. 1994. 《한국정치의 지배이데올로기와 대항이데올로기》. 역사비평사.

오원철. 1999. 《한국형 경제건설 7》. 한국형경제정책연구소.

오유석. 2002. 〈박정희식 근대화 전략과 농촌새마을운동〉. 《동향과 전망》 55.

오창헌. 1994. 〈유신체제 제도화의 실패에 관한 연구 — 정치적·제도적 변수를 중심으로〉. 《한국정치학회보》 28(2).

______. 2001. 《유신체제와 현대 한국정치》. 오름.

유신정우회 편찬위원회. 1981. 《유신정우회사》.

윤철경. 1989. 〈국가의 교육과정 통제 — 유신체제하 학교 교과서를 중심으로〉. 교육출판 기획실 편, 《분단시대의 학교
    교육》. 푸른나무.

이국영. 1993. 〈박정희 정권의 지배구조〉. 《역사비평》 여름호.

이기훈. 1998. 〈유신체제 성립의 정치적 배경과 7·4성명〉. 《역사비평》 42.

이병천. 2003. 《개발독재와 박정희 시대 — 우리 시대의 정치경제적 기원》. 창작과비평사.

이옥지. 2001. 《한국여성노동자운동사 1》. 한울.

이정복. 1985. 〈산업화와 정치체제의 변화〉. 《한국정치학회보》 19.

이혁섭. 1996. 〈명치유신과 유신체제의 발전주의적 비교〉. 《한국정치학회 하계학술대회 논문집》 3.

이화여자대학교. 1994. 《이화 100년사》. 이화여자대학교 출판부.

임방현. 1974. 〈특별연재/유신은 국민적 구국의거의 제도화(1)(2)(3) — 2주년 맞아 「자유논쟁」을 구명한다〉. 《지방행정》
    23(251~253).

임수환. 1997. 〈박정희 시대 소농체제에 대한 정치경제학적 고찰 — 평등주의, 자본주의, 그리고 권위주의〉. 《한국정치학
    회보》 31(4).

임혁백. 2004. 〈유신의 역사적 기원 — 박정희의 마키아벨리적인 시간(상)〉. 《한국정치연구》 13(2).

전재호. 2000. 《반동적 근대주의자 박정희》. 책세상.

______. 2001. 〈김대중납치사건과 긴급조치의 시대〉. 이병천·예광일 편, 《20세기 한국의 야만 2》. 일빛.

정영국. 1999. 〈유신체제 성립 전후의 국내정치〉. 배긍찬 외, 《1970년대 전반기의 정치사회변동》. 백산서당.

정재경. 1979. 《한민족의 중흥사상 — 박정희 대통령의 정치철학》. 신라출판사.

조갑제. 1999~2001. 《내 무덤에 침을 뱉어라》 1~8. 조선일보사.

조진태. 1977. 《오늘의 충효교육》. 문종서관.

조희연. 1993. 《현대한국사회운동과 조직》. 까치.

______. 1998. 《한국의 국가·민주주의·정치변동》. 당대.

중앙대학교 부설 한국교육문제연구소. 1974. 《문교사 1945~1973》.

최완규. 1988. 〈한국의 정치와 국가 — 권위주의체제 성립의 정치경제학적 분석: 「유신(維新)」체제의 경우〉. 《한국과 국
    제정치》 4(1).

최일섭. 1982. 〈반상회와 국민총화〉. 내무부. 《새 시대의 반상회》.

최장집. 1997. 《한국의 노동운동과 국가》. 나남.

최주철. 1976. 《새마을운동의 이론과 철학》. 집문당.

최창호. 1977. 〈반상회를 통한 주민의식의 개조〉. 《지방행정》 26(284).

통일주체국민회의사무처. 1973~1980. 《국민회의보》 창간호~31호.

한국경찰사 편찬위원회. 1985. 《한국경찰사 Ⅲ》. 내무부 치안본부.

한국기독교교회협의회. 1984. 《1970년대 노동현장과 증언》. 풀빛.

한국정치연구회 정치사분과. 1993. 《한국현대사 이야기 주머니》 3. 녹두.

한두석. 1978. 〈통일주체국민회의의 조직과 운영에 관한 제도적 고찰〉. 중앙대학교 사회개발대학원 석사 학위 논문.

한만길. 1997. 〈유신체제 반공교육의 실상과 영향〉. 《역사비평》 가을호

한상무·남정규·이창우·최주호. 1976. 〈유신 4차년과 새 한국상의 비전 — 국민총화체제의 새 단계, 경제발전과 자주정
　　　신의 측면, 의식개혁과 새 가치관의 창조, 유신체제발전과 새로운 비전〉. 《북한》 58.

홍성철. 1974. 〈내무행정시정방침 '73. 12 — 유신이념구현하고 새마을의 열의로 근대화를 결속〉. 《도시문제》 9(1).

홍양표. 1997. 〈보수주의와 유신. 쿠데타 체제〉. 《한국정치학회 '97년 연례학술대회 논문집 1》.

황병주. 2004. 임지현 편, 《대중독재》. 책세상.

Im, Hyug Baeg. 1987. "The Rise of Bureaucratic-Authoritarianism in South Korea." *World Politics* 39(2).

Kim, Hyung-A. 2004. *Korea's Development Under Park Chung Hee: Rapid industrialization, 1961~1979*. London: Routledge
　　　Curzon.

Larry Diamond, Juan J. Linz, and Seymour Martin Lipset(eds.). 1989. *Democracy in Developing countries: Asia* 3. Boulder:
　　　Lynn Rienner.

Robert O. Paxton. 2005. 손명희·최희영 옮김, 《파시즘 — 열정과 광기의 정치혁명》. 교양인.

Sonn, Hak-Kyu. 1989. *Authoritarianism and Opposition in South Korea*. London: Routledge.

5장

긴급조치 9호의 지배 구조와 이데올로기

1. 긴급조치 9호의 도입

1) 배경

박정희는 1974년 1월부터 정권이 종언을 고할 때까지 연이어 긴급조치를 발동했다. 국민의 모든 자유와 권리를 잠정적으로 정지하는 '국가긴급권'을 이용해 국민의 가장 기본적인 권리를 제약하는 극단적 조치였다. 박정희 정권이 긴급조치를 남발한 이유는 1972년 10월 유신 체제를 선포했는데도 종교계, 재야, 대학, 언론 등 사회 각 부문에서 유신 철폐를 요구하는 민주화 운동이 끊임없이 분출했기 때문이다.

유신 체제 선포 뒤 잠시 침묵하던 민주화운동은 1973년 10월 서울대학교 문리대 학생들의 시위를 계기로 재개됐다. 대학가에서 불붙은 시위는 11

월 각 언론사들의 '언론자유수호선언' 발표와 12월 '개헌청원 백만인 서명운동'으로 확산됐다.

박정희 정권은 백만인 서명운동을 억압하기 위해 1974년 1월 8일 긴급조치 1, 2호를 발동했고, 1974년 4월 3일 대학생들의 '전국민주청년학생총연맹' 결성 시도나 '민중·민족·민주선언' 발표와 시위에는 긴급조치 4호로 대응했다. 또한 1974년 8월 15일 대통령 암살 미수 사건 발생 직후인 23일 긴급조치 5호를 발동하는 동시에 긴급조치 1, 4호를 해제했다. 그 뒤 8개월 동안 박정희 정권은 긴급조치를 새로 발동하지는 않았지만, 민주화운동을 지속적으로 탄압했다. 1974년 9월에 재발한 대학생 시위에 대응해 주동 학생을 구속하고 언론 보도를 중지시켰으며, 시위 대학에 휴교령의 전 단계인 계고장을 보냈다. 10월에《동아일보》기자들이 시작한 '자유언론실천선언'이 전국 31개 언론사로 확산하자, 광고주들에게 반정부 신문에 광고를 싣지 못하게 압력을 행사했다. 또한 재야인사들과 야당이 개헌 추진 운동을 재개하자 유신 헌법 찬반 국민투표 실시로 대응했다. 국민투표는 1975년 2월 12일 비상계엄령 아래 찬반 토론도 허용되지 않은 상태로 치러졌고, 결과는 '압도적' 찬성이었다.

박정희 정권은 국민투표 결과에 고무돼 2월 15일 긴급조치 위반 구속자들을 석방하는 등 유화 조치를 취하지만, 표면적인 것일 뿐이었다. 문교부는 긴급조치 관련 석방 학생들의 복학을 불허했고, 정부 역시 자유언론실천운동을 주도한《조선일보》와《동아일보》기자들을 해고하라며 사주들을 압박했다. 4월 7일에 고려대학교에서 시위가 일어나자 다시 긴급조치 7호를 발동해 휴교시켰다. 4월 8일에는 대법원에서 인혁당 사건 관련자 8명에 대한 상고가 기각되자, 다음날 바로 사형을 집행했다. 또한 1975년 4월 30일에 남베트남 정부가 공산군에 패해 붕괴하자, 각종 관변 단체들을 동원해 대규모 안보궐기대회를 열었다. 반공과 안보 정국을 조성해 유신 체제를 향한 비판을 약화시키려는 전술이었다. 실제로 관변 단체와 언론을 총동원한 결과 많은 국민이 안보 위기라는 박정희 정권의 주장에 동조해 방위성금 모금에 적극 참여했다. 자연스럽게 반정부 투쟁은 약화됐다. 곧이어 박정희 정권은 5월 13일 긴급조치 7호를 해제하는 긴급조치 8호와, 유신 헌법에 대한 일체의 부정적 행위를 금지하는 긴급즈치 9호를 발동했다. 긴급조치 9호는 특정 사안에 대한 대응의 성격을 띤 그전의 경우와 달리 관련 내용들을 종합한 긴급조치의 '결정판'이었다.

2) 내용

긴급조치 9호는 유언비어를 날조하고 유포하는 행위, 다양한 수단을 통해 헌법을 부정, 반대, 왜곡, 비방하거나 그 개정 또는 폐지를 주장, 청원, 선동, 선전하는 행위, 이 조치를 공공연히 비방하는 행위, 그리고 사전 허가를 받지 않은 학생의 집회, 시위 또는 정치 관여 행위를 금지했으며, 위반할 경우에는 주무 장관이 위반자와 '범행' 당시의 소속 학교, 단체나 사업체 또는 그 대표자에 대하여 제적, 해임, 해산, 폐쇄, 면허 취소 등의 조치를 취할 수 있으며, 아울러 이 조치에 다른 주무 장관의 명령이나 조치는 사법 심사의 대상이 되지 않는다는 내용을 담고 있었다.

이런 내용은 기존 긴급조치의 내용을 종합한 것으로서, 적용 범위를 더욱 확대하고, 처벌 규정도 한층 강화한 수준이었다. 특히 헌법 개정에 대한 청원 자체를 금지함으로써 유신헌법을 신성불가침의 영역에 올려놓는 동시에, 헌법이 규정하고 있는 국민의 기본권을 박탈하였다. 긴급조치 9호가 선포됨에 따라 특정 발언이나 표현이 실제로 유언비어인지에 관계없이 권력자의 비위에 거슬리기만 하면 언제라도 영장 없이 체포되거나 구금될 수 있었고, 언론 봉쇄 때문에 누가 그런 부당한 처우를 받는지조차 알 수 없게 됐다.

표 1. 긴급조치 위반 심급별 판결 현황

		1, 4호	3호	9호 (1975)	9호 (1976)	9호 (1977)	9호 (1978)	9호 (1979)	합계
사건 수(건)		36	9	126	97	103	177	41	589
판결 수 (건)	1심	36	9	126	97	103	177	41	589
	2심	35	4	114	92	98	163	16	522
	3심	36	1	46	52	67	47	3	252
	기타 결정 (파기 환송, 형 경감 등)	2	0	5	12	12	17	1	49
	소계	109	14	291	253	280	404	61	1412
인원 수(명)		155	11	251	176	167	312	68	1140

※ 출처: 진실화해를위한과거사정리위원회, 2007, 296쪽.

표 2. 긴급조치 위반 유형별 판결 현황

	1, 4호	3호	9호 (1975)	9호 (1976)	9호 (1977)	9호 (1978)	9호 (1979)	합계
반유신 재야, 야당 정치 활동(재야 정치인, 종교인, 교수, 기자 등 지식인)	12		6	14	16	31	6	85(14.5%)
간첩	0	9 (임금 체불, 부당 해고 등)	1	0	1	0	0	2(0.5%)
학생운동(유신 반대, 긴조 해제 주장 시위, 유인물 제작 등)	12		24	9	29	100	17	191(32%)
기타(음주 대화 중, 수업 중 박정희 비판, 유신 체제 비판 발언)	12		81	70	56	45	18	282(48%)
국내 재산 해외 도피, 공무원 범죄 등(긴급 조치 9호, 3, 4, 9항)	0		14	4	1	1	0	29(5%) ※ 긴급조치 3호(9건) 포함
계	36	9	126	97	103	177	41	589(100%)

※ 출처: 진실화해를위한과거사정리위원회, 2007, 296쪽.

그리고 이 조치를 위반했다고 권력자가 판단한 사람에게 취해진 징계 조치
는 법의 심판 대상이 되지 않았기 때문에 사실상 권력자는 무소불위의 절대
권력을 갖게 됐다(한국정치연구회 1993, 59).

3) 결과

민주화운동은 긴급조치 9호 때문에 일정 기간 위축됐지만, 긴급조치 발동 9
개월 뒤인 1976년 3월 1일 〈민주구국선언〉의 발표를 계기로 재개됐다. 그러
나 박정희 정권은 새로운 긴급조치를 발동하지 않은 채 박정희가 사망할 때
까지 4년 6개월 동안 긴급조치 9호를 유지했다. '한국정치범동지회'에 따르
면 긴급조치 9호로 구속된 인사들은 1387명에 이르렀고, 긴급조치 9호 관
련 판결은 1289건으로 피해자 수만도 974명이나 됐다(진실화해를위한과거사정
리위원회 2007, 291).

2. 긴급조치 9호의 지배 구조

박정희 정권은 1975년 긴급조치 9호를 발동한 뒤에도 국민을 통제하고 민
주화운동을 억압하기 위해 여러 정책을 실시했다. 대표 사례가 1975년 7월
16일 새벽 3시 여당 의원만으로 날치기 통과시킨 '4대 전시 입법'이다. 1975
년 4월에 인도차이나 반도가 공산화되자 박정희 정권은 북한의 남침 위협
이 높아졌다고 주장하면서 7월 8일에 사회안전법, 민방위기본법, 방위세법,
교육관계법 개정안을 발표했다. 그 밖에도 박정희 정권은 긴급조치 9호 발
동 이후 학도호국단 부활, 주민등록제와 반상회 실시 등의 조치를 취했다.

1) 학원 부문

(1) 학도호국단 부활 — 학생들의 준군사 조직화

박정희 정권은 5월 13일 긴급조치 9호를 발동한 다음날부터 바로 대학에 대한 통제를 강화했다. 그동안 민주화운동의 가장 강력하고 상징적인 세력이었던 대학생들의 활동을 억압하기 위한 조치였다. 우선 14일에는 각 대학에 서클 해산을 지시했고, 20일에는 전국 98개 총학장회의에서 전체 고교와 대학에 학도호국단을 결성해 군사 교육을 강화할 것을 지시했다. 학도호국단은 본래 이승만 정권이 정치적 동원 수단으로 만든 것으로, 어용적 성격 때문에 1960년 4월 혁명 뒤 폐지됐다. 그런데 박정희 정권은 5월 21일 국무회의의 의결로 학도호국단을 부활시켰고, 9월 2일 중앙학도호국단 발단식을 가졌다.[1] 9월이 되자 문교부는 학생회를 폐지하고 학도호국단을 조직하도록 각 대학에 강요했다.

학도호국단은 유신 체제를 강화하고 학생들에게 국가 안보 의식을 고취시킨다는 목표를 내세웠고, 대학을 군대와 유사한 조직으로 편성했다. 곧 "정부에서 발표한 학도호국단 설치령은 대학을 전국 단위의 군사 편제로 만들었으며 대학교는 마치 군대의 사단 편제를 방불케 하였다. 총장을 당해 대학교의 학도호국단 단장으로 명하였는데, 이는 군대의 사단장과도 같은 것이었다. 그리고 부단장은 학생처장이 맡게 했다.

이화여자대학교에서도 이 편제에 따라 문리대학을 제1연대, 체육·사범·법정대학을 제2연대로, 음악·미술·의과·간호·약학·가정대학을 제3연대로 편성했다. 그리고 학도호국단 간부는 이전의 학생회 회장처럼 직접 선출이 아닌 임명제로 했다. 모든 간부는 5학기 이상 등록된 학생 중 사상이 건전하고 신체 건강하며 지휘통솔력이 있는, 전 학기 성적 B학점 이상에 출석률 90퍼센트 이상인 사람 중에서 임명하게 했다"(이화여자대학교 1994, 396). 학도호

국단 간부들은 1주일 동안 의무적으로 유신 체제에 대한 이해를 높이고 애
국심을 함양하는 정신 교육을 받아야 했고, 장학금과 취업에서 혜택을 받았
다.[2]

또한 학도호국단의 학생 대표인 총학생장을 간접선거로 선출하게 했다.
간접선거를 통한 유신 체제의 대통령 선출 방식이 자연스러운 것처럼 보이
게 하려는 조치였다. 학도호국단은 표면상 학생들의 국가 안보 의식 고취
를 설립 목표로 내세웠지만, 실제로는 대학 내 친유신 세력의 육성과 민주화
운동 세력의 약화를 목적으로 한 것이었다. 그러나 이런 통제 조치는 도리어
학생들의 거부감과 반발만 초래했다. 따라서 긴급조치 9호 시기에도 대학
은 여전히 민주화운동의 본산이자 유신 반대 세력의 배출구로 기능했다.

(2) 교수 재임용 제도 도입 — 학원 내 민주화 세력 제거 조치

박정희 정권은 학생에 이어 교수들까지 통제하려 했다. 5월 13일 긴급조치
9호를 발동한 박정희 정권은 5월 20일에 전국 98개 대학 총학장회의를 소
집해 군사 교육 체제 강화를 지시하는 동시에 국가 안보를 위해 면학 분위
기를 조성해야 한다는 명분으로 '문제 교수'를 권고사직을 하게 했다. 이때
사직된 교수들의 상당수는 기독자교수협의회 회원으로, 민청학련 사건 구
속자들을 위한 모금 운동과 석방 기도회, 1975년 1월 《동아일보》 광고 탄
압에 대항한 격려 광고, 김찬국 교수와 김동길 교수의 출옥 기념 강연회 개

---

1 1975년 5월 20일 유기춘 문교부 장관은 전국대학총학장회의에서 "고등교육의 체제를 국가안보의 차원으로 바
꿔 '일면 면학, 일면 국방'이라는 새로운 질서에서 교수와 학생들의 단결된 지혜와 힘으로 대학과 국가를 지켜야 한
다는 단호한 결의를 보여야 할 시대적 요청에 따를 것"이라고 말했다(한만길 1997, 340)

2 학도호국단 간부들은 1주일씩 경주 화랑수련원에 입소했는데, 매일 1~2시간씩 박정희 대통령 어록을 들으며 명
상하는 순서가 있었다. 그 정신 교육이 얼마나 효과적이었는지, 일주일 뒤 퇴교할 때는 정말 애국심에 불타올라 태극
기를 향해 〈애국가〉를 부르면서 감격에 겨워 엉엉 울면서 나오게 만들었다(강준만 2002b, 277).

최 등의 활동으로 정부의 미움을 샀다.

1975년 7월 16일에는 교육공무원법과 사립학교법을 개정해 교수 재임용 제를 도입했다. 문교부는 대학 교수 인사 제도, 곧 일정한 근무 연한만 근속하면 연륜에 따라 자연 승진하게 돼 있는 '연공서열제'가 불합리하다고 주장하면서, '기한부 임용제'를 도입해 교수의 책임감과 연구 의욕을 고취하고 우수한 교수를 확보해야 한다는 논리를 제시했다(한상권 2001, 295). 불합리한 대학 인사 제도를 개선하고, 면학 분위기를 조성하고, 교수 노쇠화를 방지하기 위해 교수에게 인센티브를 준다는 것이었다.

교수 재임용제가 정부 비판 세력의 입에 재갈을 물리려는 악법이라는 반론이 거세지자, 문교부는 재임용이 기득권을 인정한다는 면에서 신규 임용과 다르며, 실제로 시행되더라도 도저히 교수로서 자격을 갖췄다고 보기 어려운 극소수만 심사 대상이 될 것이라고 해명했다. 그러나 이런 정부의 공언과 달리 기한부 임용제는 재임용 여부를 심사할 공식 기구조차 구성하지 않은 채 만들어졌다. 발의자들은 일단 법이 통과되고 난 뒤에 제도를 집행할 위원회를 대통령령으로 구성하면 된다고 변명했다(한상권 2001, 295).

결국 박정희 정권이 졸속 입법을 통해 교수 재임용 제도를 도입한 이유는 유신 체제에 비판적인 지식인들을 대학에서 '합법적'으로 축출하고 교수의 어용화를 촉진하기 위한 것이었다. 1976년 2월 28일 정부는 교수 재임용제를 통해 416명의 교수를 탈락시켰다. 표면적으로는 재임용 심사의 기준을 학문적 업적과 연구 실적, 지도 능력과 품위라고 발표했지만, 실제로는 학원 민주화를 주장한 '문제 교수', 처우 개선을 주장한 교수, 학교와의 감정 문제, 심지어 총장의 개인감정까지 개입됐다는 것이 공공연한 비밀이었다.

반면 학원 사태 예방과 수습, 학생 지도 '유공자' 등은 높은 평점을 받았고, 새마을 강연, 안보 강연, 평가 교수 참여 등도 기준에 포함됐다(한국기독교교회협의회 1987, 1668~1671). 그러나 많은 해직 교수들은 박정희 정권의 탄압에

굴하지 않은 채 1977년 12월 2일 〈민주교육선언〉을 발표하고 1978년 4월 13일 '해직교수협의회'를 결성하는 등 민주화운동에 앞장섰다.

2) 사회 부문

(1) 민방위대와 민방위 훈련 — 주기적 국민 동원 체제

박정희 정권은 1975년 6월 27일 남베트남 공산화를 계기로 한국의 안보가 직접 위협받고 있다고 주장하면서, 1972년 1월부터 실시하던 '민방공·소방의 날' 훈련을 '민방위의 날' 훈련으로 개편했다. 이어 7월 25일 민방위기본법을 제정하고, 8월 22일에는 민방위기본법 시행령을 공포했다.[3] 민방위기본법은 "적의 침공이나 우리 사회의 안녕질서를 위태롭게 할 재난으로부터 주민의 생명과 재산을 정부의 지도 아래 주민이 스스로 보호하기 위해 마련된 것"이며, "언제 일어날지 모르는 자연재난과 오늘날 우리가 직면하고 있는 국난을 우리 스스로의 힘으로 극복해 나가는 데 꼭 필요한 법"이라면서 정당성을 내세웠다(민방문제연구소 1976, 37).

이어 내무부에 민방위본부를 설치해 그동안 각 부처 단위로 진행하던 민방위 관련 업무를 총괄하고 조정하게 했고, 9월 22일부터 30일까지 전국적으로 민방위대를 발족시켰다. 또한 12월 10일에는 민방위 표상(기, 복장, 모자 등)을 정하고, 1976년 5월 7일에는 민방위기본법 시행 규칙을 만들었다(내무부 1990, 136).

---

3   민방위기본법의 입법 취지는 "첫째, 민방위계도를 확립하여 군사방위와 함께 국가안전을 더욱 튼튼히 보장하며, 둘째, 민방위활동을 통하여 내 마을 내 직장은 스스로 지키겠다는 자위의 정신을 함양하여 자체방위능력을 제고하고, 셋째, 10대의 학도호국단, 30대의 향토예비군과 함께 40대를 민방위대로 조직화하여 거의 모든 국민이 참여하는 가운데 총력안보태세를 확립하며, 넷째, 이러한 유비무환의 총력안보태세로서 안정을 기하고 이를 바탕으로 국가의 도약과 발전을 도모하는 것"이었다(내무부 1990, 134).

민방위기본법에 따르면, 민방위대의 대상은 17세 이상 50세 이하의 모든 남자였고, 그 밖의 남자와 여자는 지원하면 참여할 수 있었다. 그러나 편입 대상자라도 중요 업무에 종사하는 국회의원, 통일주체국민회의 대의원, 경찰·소방·교정직·보도직 공무원, 군인, 군속, 향토예비군, 학도호국단원과 민방위 업무를 수행할 수 없는 심신 장애인, 만성 허약자 등 신체 결함자는 제외했다.

민방위대는 주소지를 단위로 하는 지역민방위대와 직장을 단위로 하는 직장민방위대로 편성됐다. 지역민방위대는 통리를 단위로 하는 통리민방위대와 읍면동을 단위로 하는 읍면동민방위기술지원대로 구성됐다. 통리민방위대는 관내 통리에 살고 있는 의무제 민방위대원과 지원자로 조직되며, 읍면동민방위기술지원대는 소방, 수방, 방공, 의료, 화생방 등 기술이 필요한 부문의 민방위를 위해 관내 통리민방위대원 중에서 읍면동장이 선발한 자로 편성됐다. 직장민방위대는 국가 기관과 지방자치단체의 기관, 대통령령으로 정하는 공공 기관과 업체, 방위산업체에 조직되는데, 직장민방위대원과 읍면동민방위기술지원대원은 통리민방위대원이 되지 않게 해 중복을 피했다. 한편 새로 민방위대원이 되는 사람은 의무적으로 통리장을 경유해 읍면동장 또는 직장장에게 신고해야 하며, 이사나 퇴직 때도 반드시 신고하게 했다(민방문제연구소 1986, 44~45).

민방위대의 임무는 적의 침공이나 재난, 즉 민방위 사태가 발생할 때 주민의 생명과 재산을 보호하기 위해 정부 지도 아래서 주민이 수행해야 할 방공·응급 방재·구조, 복구와 군 작전상 필요한 노력 지원 등 일체의 자위 활동을 수행하는 것이었다. 민방위대원은 1년 10일간 총 50시간 이내로 민방위 관련 교육과 훈련을 받아야 했다. 또한 민방위 사태가 발생하거나 발생할 염려가 있는 경우에 민방위대 동원령이 내리면 여기에 응해야 했다.

이렇게 박정희 정권은 긴급조치 9호 발동 이후 유명무실하던 기존 민방공 조직을 대폭 개편해 민방위대를 설치했다. 17세부터 50세 이하의 젊고 건강한 남성 중 군대, 학도호국단, 향토예비군 같은 군사 또는 준군사 조직에 소속되지 않은 성인 남성을 조직화했다. 결국 박정희 정권은 총력안보 태세 확립이라는 명분 아래 민방위대를 통해 주기적으로 성인 남성을 동원했고, 민방위 교육을 통해 반공주의와 국가주의 담론을 주입했다.

한편 1975년 민방위본부가 주관하는 '민방위의 날' 훈련이 시작되면서 모든 국민은 매월 15일마다 '북한 침략 시 행동 요령'을 반복해야 했다. 일반 국민들은 예외 없이 개인적 행동이나 일을 중단한 채 지하실처럼 적의 공격에 피해를 입지 않을 만한 장소로 대피하고, 민방위대원은 긴급 상황에 대응하기 위해 출동해야 했다. 이런 상황은 모든 국민에게 주기적으로 북한에 대한 경계심과 적대감을 상기시키는 동시에 국가의 통제에 따르는 데 익숙하게 만들었다. 결국 박정희 정권은 긴방위의 날 훈련을 통해 총력안보를 내세운 유신 체제를 정당화하고 국민들의 '체제 순응적' 심성을 배양하려 했다.

(2) 주민등록 제도 ― 항시적 국민 감시 체제

박정희 정권은 국민 감시를 위해 주민등록 제도를 이용했다. 본래 주민등록 제도는 1962년 5월 10일 주민등록법이 저정되면서 처음 도입된 것으로, 모든 대한민국 국민에게 이름, 성별, 생년월일, 주소, 본적 등을 시읍면에 등록하게 하고, 세대의 전부 또는 일부가 이동할 때도 퇴거와 전입 신고를 하도록 규정했다. 1968년 5월 29일어는 "간첩이나 불순분자를 용이하게 식별, 색출하여 반공태세를 강화"한다는 명분으로 주민등록법을 개정하고, 12월 말까지 발급 대상자 1574만 명 대부분어게 주민등록증을 발급했다. 개정법에는 모든 국민에게 출생과 함께 13자리의 고유 식별번호를 부여하는 조치가 포함됐는데, 이런 형식의 등록번호 계도는 전세계에서 유일했다. 특히 정부는 개인의 행정과 금융 업무 등 일상생활에 주민등록번호가 사용되도록 만듦으로써 전 국민의 사생활을 파악할 수 있게 됐다. 또한 개정법에는 지문 날인 제도가 포함됐는데, 18세 이상의 국민은 주민등록증을 발급받기 위해 동사무소에서 열 손가락 지문을 찍어야 했다. 이것 역시 전세계에서 한국에만 있는 제도로, 모든 국민을 잠재적 범죄자로 취급한다는 점에서 반인권적 성격이 노골적으로 드러났다. 지문 날인 제도는 국민을 국가의 주권자로 존중하지 않고 국가를 국민의 보호자로 간주하는 '국가주의'의 문제점을 명확히 보여준다(홍성태 2008, 101).

여기에 더해 1975년 7월 25일 "안보 태세를 강화하고 민방위대, 예비군, 기타 국가의 인력자원을 효과적으로 관리하여 총력전 태세의 기반을 확립"한다는 명분 아래 주민등록법을 개정했다. 개정법은 주민등록증 발급 대상자의 연령을 17세로 낮추고, 사법·경찰 관리가 간첩 색출이나 범인 체포 등의 직무를 수행할 때 주민의 신원이나 거주 관계를 확인할 필요가 있을 경우 '언제든지' 주민등록증 제시를 요구할 수 있게 했다. 간첩이나 불순분자로 오인되지 않게 항상 주민등록증을 소지할 것을 국민들에게 강요하는 '협박성' 조치였다.

그 뒤에도 박정희 정권은 거듭 주민등록 제도를 개정했는데, 1976년 9월 22일에는 전 국민에게 주민등록증을 일제히 갱신하게 했다. 갱신을 할 수 없는 사람들, 특히 시국 사건 등으로 도피 중인 사람들을 검거하려는 목적이었다. 또한 1977년 12월 31일에는 주민등록증 발급 통지를 받고도 정당한 이유 없이 1년 이상 발급 신청을 하지 않은 자를 10만 원 이하의 벌금 또는 구류에 처할 수 있는 형벌 규정을 신설했다(김기중 1999, 126).

이렇게 박정희 정권은 주민등록 제도를 통해 17세 이상 국민들의 이름, 성별, 생년월일, 본적, 주소 등 개인 정보와 가구 정보를 체계화함으로써 완벽한 '국민 관리 체제'를 갖추는 동시에, 주민등록증 소지를 강제함으로써 항시적인 '국민 감시 체제'를 완성했다.

(3) 반상회 — 주기적 국민 감시 체제

1976년 4월 30일 박정희 정권은 매월 말일을 '반상회의 날'로 지정해 모든 국민을 최말단 행정 조직인 반 단위 아래 가구별로 동원했다. 5월 31일, 전국에서 일제히 첫 반상회가 열렸다. 반상회는 식민지 시기 애국반, 해방 이후 국민반, 1950년대 말 국민방國民坊과 유사한 조직으로, 1960년 민주당 정권 시기에 각 시도의 조례에 따라 매월 1회씩 개최하도록 정했지만 제대로 실행되지 않던 것을 박정희 정권이 부활시켰다(박성환 1986, 18).

반상회의 기반인 반조직은 지방자치법 제145조 제4항에서 "동과 리의 하부조직은 당해 자치단체의 조례에 정하는 바에 의해 둘 수 있다"는 규정과, 이 규정에 근거한 각 자치단체의 통반 설치 조례에 근거했다(최일섭 1982, 12). 인천직할시 통반 설치 조례 제7조 제1항과 제2항에는 "매월 25일은 정례 반상회의 날로 정하고 명예반장 또는 반장의 집에서 회의를 개최"하며 "동장은 월1회 정기적으로 반상회를 개최한다. 다만, 동장이 필요하다고 인정할 때에는 수시로 회의를 소집할 수 있다"고 규정돼 있었다. 유사한 규정에 따라 1976년부터 매월 25일 전국적으로 정례 반상회가 개최됐다.

박정희 정권이 반상회를 재정비한 이유는 겉으로 내세운 주장대로 주민들의 친목 도모와 공동 관심사 토론을 통한 지역 발전을 위해서만은 아니었다. 물론 반상회는 주기적인 주민 모임을 열어 마을 개발 사업을 논의할 기회를 줘 새마을 사업을 실천하는 계기가 됐고, 행정부도 주민들의 애로 사항과 숙원 사업을 듣고 정책을 조정하는 자리로 활용했다. 그러나 반상회는 정부의 반공 교육, 국정 홍보, 또는 국민의 행동 지침을 전달하는 장으로 이용됐다. 특히 정부는 반상회를 통해 비상시 행동 요령, 간첩이나 거동 수상자 신고 요령, 유언비어 신고 요령, 정부에 대한 비판적 언동 금지 등의 사안을 적극적으로 전달했다. 결국 반상회는 정부 정책을 홍보하고 공지 사항을 전달하면서 주민들의 동향과 여론을 파악하는 도구로 이용됐다.

(4) 사회안전법과 보호감호소 — 비전향 장기수의 완전 격리

박정희 정권은 긴급조치 9호 발동 직후인 7월 16일 반공법과 국가보안법 위반자에게 출옥 뒤에도 보안 처분을 통해 사회로부터 격리시키는 사회안전법을 통과시켰다. 이 법, 그리고 이 법에 따라 설치된 보호감호소는 비전향 장기수에 대한 감시와 통제를 명문화한 제도였다. 형기를 마쳤는데도 여전히 좌익 사상을 갖고 있다고 판단되는 사람을 사회에 복귀할 수 없게 한 것이다. 이 제도는 한국전쟁과 남북 대결이라는 '분단 체제'의 현실에 밀접히 연관돼 있었다. 한국전쟁 시기 체포된 비전향 장기수들은 대부분 4월혁명 이후 들어선 제2공화국의 20년형 감형 정책 때문에 1970년대 중반에 출소할 예정이었다. 그러나 박정희 정권은 장기수들을 완전히 격리시키거나 전향 작업을 통해 존재를 없애려 했다(최정기 2002, 70).

사회안전법은 비전향 장기수에게 '보안감호 처분', '주거제한 처분', '보호관찰 처분' 등 세 가지 보안 처분을 부과했다. 보안감호는 교도소와 유사한 보안감호 시설에 수감하는 처분이고, 주거제한은 주거지를 제한하는 처분이며, 보호관찰은 주거지 제한은 없지만 주거지 관할 경찰서장에게 일정 사항을 신고하고 지시를 받아야 하는 처분이었다. 보안처분 기간은 2년이지만 검사의 청구에 따라 갱신할 수 있었고, 갱신 회수도 제한이 없었다. 보안처분 면제 조건은 "반공정신이 확립되어 있을 것"(제7조 1항)이었다. 세 가지 보안 처분은 사상범에게 전향을 강제하고 활동을 통제하는 수단이었는데, 특히 '보안감호'는 전향을 거부하는 사상범을 무한정 구금할 수 있는 극단적 조치였다(조국 2002, 27).

사회안전법은 민주주의의 기준에서 볼 때 상당한 문제를 지녔다. 첫째, '재범의 위험성'을 객관적으로 판정하는 절차가 보장되지 않았다. 곧 보안처분의 처분권자가 법무부 장관이라는 사실(제7조 4항)은 사상범의 재판받을 권리를 박탈했다. 둘째, 형기가 만료된 사상범에게 보안 처분이라는 사실상의 추가 형벌을 부과하는 것은 동일 범죄에 대해 거듭 처벌받지 않는다는 '일사부재리' 원칙에 위배됐다. 셋째, 보안 처분 기간은 2년이지만 검사의 청구로 갱신할 수 있고(第8조) 갱신 회수의 제한이 없기 때문에, 검사가 '위험성'이 있다고 판단하면 보안 처분이 구한정 연장될 수 있었다(조국 2001, 27~28). 따라서 정치범은 자신의 사상을 포기하고 전향하지 않는다면 형기가 끝나도 무한정 감옥에 구금될 소지가 있었다.

결국 사회안전법과 보호감호소는 정치범들에게 자신의 정치적 신념을 포기하도록 강제하는 제도로, 민주 국가가 보장하는 사상과 양심의 자유를 침해하는 악법이었다. 또한 비전향 장기수들을 대상으로 한 제도이지만, 잠재적인 대상이 될 가능성이 있던 민주화운동 세력을 위협하는 수단이었다.

(5) 그 밖의 사회 통제 제도 — 장발과 미니스커트 단속, 금지곡

박정희는 정권 장악 이후 군대의 가치와 규범을 사회 전반에 적용하려 했다. 대표적 사례가 1970년대 들어 본격화된 머리와 치마 길이 통제, 곧 국민들의 외양에 대한 통제였다. 박정희 정권은 남자는 장발을 해서는 안 되며 여자도 치마 길이가 너무 짧아서는 안 된다는 사고를 갖고 있었다. 병사들에게 요구되던 '용모 단정' 규정을 사회에 적용하려는 '획일주의적' 조치였다.

박정희 정권이 장발 단속을 시작한 때는 1970년이었다. 그러나 세계적 유행을 따르려는 젊은 세대의 욕구를 간헐적인 단속만으로 억누를 수는 없었다. 그러자 1975년 긴급조치 9호 발동을 계기로 대대적인 장발 단속에 들어갔다. 1976년 5월 내무부 장관은 대통령 보고에서 그동안 경찰에서 지도 단속과 아울러 자율적 각성을 촉구해왔지만, 일부 사회 지도층을 비롯한 국민의 무관심과 이해 부족 때문에 실효를 거두지 못해 향후 강력히 단속할 것을 표명했다. 박정희 정권은 우선 행정부 산하 각급 공무원에게 솔선수범을 요구했고, 관공서, 학교, 기업체, 공장, 개인 업소의 장에게는 소속원에 대한 조직적이고 자율적인 지도 단속을 요구했다. 그러면서 이런 흐름을 직장과 도시 새마을운동에 연계시켜 범국민 운동으로 추진하려 했다.

박정희 정권의 강력한 조치에 따라 1976년 4월 말까지 55만 9887명이 장발로 단속돼 그중 2만 4998명이 즉심에 넘겨지고 나머지는 훈방됐다. 서울시는 1976년 장발 단속 실적이 6405건, 1977년과 1978년에는 각각 4166건과 1만 6340건이었다. 장발 단속은 1979년까지 지속됐다(김명숙 2003, 151).

한편 1968년부터 미니스커트가 유행하기 시작했고, 1971년 봄부터는 핫팬츠가 젊은 여성들 사이에 큰 인기를 끌었다. 그러나 이런 옷차림은 미풍양속을 저해한다는 이유로 단속 대상이 됐다. 처음으로 1969년 8월 제주에서 미니스커트를 입은 여성이 즉심에 회부돼 구류 처분을 받았다. 이후 30센티미터 자를 든 경찰들이 길에서 여성의 치마 길이를 재기 시작했고, 1970년에는 미니스커트 차림의 여성들이 즉심에 회부되는 일이 일상화되었다. 특히 박정희 정권은 1973년 2월 8일 경범죄처벌법을 개정하여 "성별을 알아볼 수 없을 정도의 장발을 한 남자 또는 미풍양속을 해하는 저속한 옷차림을 하거나 장식물을 달고 다니는 자"라는 조항(제1조 제49호)을 삽입해 처벌을 정당화했다. 미니스커트 단속은 장발 단속과 함께 1979년 박정희 정권이 붕괴될 때까지 지속됐다(김명숙 2003, 152).

박정희 정권은 이런 조치가 국민의 주체 의식 확립과 건전한 사회 기풍의 정착, 건전한 미풍양속 수호를 위한 것이라고 주장했다. 그러나 명백히 개인의 기본권인 '신체의 자유'를 침해하는 조치였다. 그런데도 이런 조치가 지속된 이유는 개인의 신체에 통제를 가함으로써 정권의 힘을 과시하고, 결국 대중을 체제에 '순응적인' 인간형으로 만들려는 것이었다.

한편 박정희 정권은 긴급조치 9호 발동 이후 전 사회적인 '총력안보' 분위기 조성을 위해 방송에도 손길을 뻗쳤다. 먼저 방송계에 압력을 가해 '방송

정화실천요강'을 제정하게 했다. 방송정화실천요강의 핵심은 국론을 분열시키거나 공공질서를 문란하게 하는 내용, 민족 주체성 저해 내용, 경제 질서나 노사 분규 조장 내용, 불건전한 남녀 관계 묘사나 미풍양속을 해치는 퇴폐 풍조 조장 내용, 장발 과다 노출 등 저속성을 띠는 내용 등을 금지하는 것이었다(강준만 2002b, 298). 그 뒤 박정희 정권은 구미에 맞지 않는 가요들을 사회 분위기 정화라는 명분으로 금지했는데, 1975년에만 225곡을 금지곡으로 지정하고, 12월 1일부터 대마초 단속을 실시해 많은 가수를 구속했다.

이렇게 박정희 정권은 방송을 통해 자기들에게 불리하거나 비판적인 내용을 보도하지 못하게 했을 뿐 아니라, 정권의 관점에서 볼 때 '미풍양속', '민족 주체성', '공공질서'와 부합한다고 여겨지는 이른바 '건전한 내용'만 보도하게 했다. 방송을 통제해 국민의 사고를 정권이 설정해놓은 범주에 가두려는 의도를 지닌 조치들이었다.

3. 긴급조치 9호의 이데올로기 기제

1) 새마을운동과 새마을교육 — 유신 이념 실천 도량과 한국적 민주주의의 구현

1970년 농촌진흥운동으로 시작된 새마을운동은 유신 체제 수립을 계기로 국민 동원 기제로 작동하기 시작했다. 박정희 정권은 1973년 새마을지도자 연수원을 세운 뒤 많은 국민들을 새마을교육에 참여시켰는데, 주요 내용은 유신 체제의 정당성과 총력안보 체제의 필요성, 새마을운동의 뿌리로서 전통적 가치와 민족정신이었다. 특히 박정희 정권은 후자의 내용으로 정情, 존경의 원리, 절제, 단결, 지도자의 영도력 등 '집단주의적' 공동체 원리를 강조했고, 이것을 '건전한 국민 동의와 사회 윤리'와 '민족 주체성'의 뿌리로 지목했다. 이런 사실은 새마을교육이 강조하는 핵심 가치들이 국가주의적이고 집단주의적인 가치라는 점을 잘 보여준다.

결국 박정희 정권은 새마을교육을 통해 국민들이 유신 체제가 요구하는 '이상적 인간형', 곧 국가주의와 집단주의에 충실한 인간형으로 개조되기를 원했다. 그래서 박정희 정권은 새마을운동을 '유신 이념의 실천 도량'이자 '한국적 민주주의'의 구현이라고 주장했다.

또한 박정희 정권은 1973년부터 공장새마을운동을 시작했다. 하지만 별 진전이 없자 1978년부터 한국노총을 통해 유신 체제에 맞는 노동 윤리를 노동자들에게 집중적으로 교육시켰다. 한국노총은 우선 지부 수준에서 공장새마을운동을 수행할 지도자인 노조 간부들을 노총중앙교육연수원에서 집중 훈련했다. 그 내용은 새마을정신과 노동조합운동, 유신 이념, 노조 지도자들의 이상형, (도시산업선교회와 가톨릭노동청년회를 지칭하는) 교회의 교리와 노조운동, 북한의 실정, 남한의 국가 안보와 통일, 경제 전망, 한국적 노사 관계 등이었다. 특히 새마을교육은 회사가 가족이라는 공동 운명체의 성격, 개인의 단결에 입각한 집단주의와 협동, 충성이라는 수직적 연대에 입각한 계급 간의 조화 이데올로기를 강조했다(최장집 1997, 207~215).

결국 박정희 정권은 공장을 대상으로 한 새마을교육을 통해 노조 지도자들에게는 강한 사명감을 지닌 국가 정책의 충실한 수행자가 될 것을, 노동자들에게는 계급협조주의와 국가 안보 이데올로기에 순응하는 인간이 될 것을 요구했다.

2) 충효 교육 — 국민총화의 이데올로기

박정희 정권은 1977년부터 주체적인 민족 사관의 정립을 내걸고 '충효 교육'을 추진했다. 충효 교육의 목표는 충과 효를 근본으로 하는 한국적 도의 교육과 대북 안보 교육을 철저히 해 전통문화 교육과 더불어 애국하고 애족하는 투철한 '국민 고유 정신'이 실현되게 하는 것이었다(서울시교육위원회 1981, 950). 충효 교육은 박정희가 2월 4일 문교부 연두 순시에서 '충효 사상'을 교육하라는 지시에서 비롯된 것으로, 문교부가 4월 '충효 교육을 중심으로 한 도의 교육의 강화 방안'을 마련하면서 본격화됐다.

주요 내용은 첫째, 각급 학교의 도덕과 국민윤리 교육에 충효 정신을 강력히 반영하고 장학 방침에 따른 지시 사항 중 도의 교육 관련 사항을 적극 구현하게 하며, 둘째, 충효 정신에 입각한 도의 교육 연구를 적극 장려하고, 셋째, 도의 실천에 수범垂範하고 존경받는 교사상 확립과 자질 함양을 위한 연수를 강화하며, 넷째, 학생의 올바른 가치관 확립과 예절 생활화를 위한 교육 과정을 충실히 운영하고, 각종 수련과 행사 교육을 효율적으로 추진하며, 다섯째, 도의 교육의 효과를 극대화하기 위한 가정, 사회, 유관 기관과의 유대를 강화한다는 것이었다(조진태 1977, 59~60).

서울시 교육위원회는 1977년도 경애敬愛 교육 강화를 장학 방침의 목표로 정하고, 다음 같은 지도 지침을 제시했다. 첫째, 국민윤리, 국어, 국사, 사회 등 관련 교과를 통해 충효의 현대적 의미를 지도해 충효 사상이 한국 도덕 규범의 근본이라는 점을 강조하게 했다. 둘째, 선현들의 충효 실천 사례를 발굴하고 활용했는지를 점검하고, 정신 훈화나 전 교과에서 교육에 활용하게 했다. 셋째, 고전 읽기, 주생활목표, 데이치아르Home Room[4] 주제 설정, 일기 쓰기, 1일1선,[5] 부모님 돕기, 등하교 때 부모님께 인사하기, 효행 발굴 표창, 스승·부모·가정·국가에 감사하기 등 충효 실천에 관련한 학생 활동 실적을

---

4 정규 학습 활동 이외의 특별 학습 활동.
5 一日一善. 하루에 한 번씩 착한 일 하기.

점검하게 했다. 넷째, 국립묘지 헌화 봉사, 글짓기, 웅변대회, 어버이 초청 위안 등 현충일과 어버이날 행사의 교육 효과를 점검하게 했다. 또한 서울시 교육위원회는 1978년 7월 충효 교육의 이론을 제공하고 실제 교육에 도움을 주고자 《충효 교육의 이론과 실제》라는 제목의 책을 만들어 전 교직원에게 배포했다(한국교육개발원 1986, 91~93).

박정희 정권은 충효 사상을 확산시키기 위해 학교뿐 아니라 친정부 단체도 활용했다. 먼저 대통령 장녀인 박근혜가 명예총재로 있던 '새마음범국민운동본부'를 동원했다. 이 단체는 1977년 1월에 대한구국봉사단과 구국여성봉사단 등의 단체가 중심이 돼 결성했는데, 충효를 바탕으로 한 경로 사상의 사회적 확산을 목표로 삼았다(《조선일보》 1977년 1월 25일). 운동본부는 3월부터 범국민 정신 운동의 일환으로 각 시도별로 새마음갖기 시민대회와 궐기대회를 개최했다. 이런 행사를 통해 첫째, 충과 효의 민족적 이념이 국가와 민족 발전의 바탕이라는 것을 다짐하고, 둘째, 근면·절약·협조하는 생산적 국민이 돼 이웃을 헐뜯거나 거짓을 행하는 일을 스스로 삼가며, 셋째, 어른을 공경하고 법과 관습 등 질서에 순종하고 모든 살림을 사랑으로 다스리는 복지사회를 실현하기 위해 일대 국민운동을 벌이겠다고 다짐했다(《서울신문》 1977년 3월 26일). 1978년에는 방송을 통해 충효 사상을 확산시켰다. 방송국들은 '조상 전래의 충효 사상에 입각한 도의 사상 앙양'이라는 지시에 따라 퇴폐적 외래 풍조 추방 운동을 전개하는 동시에 전통 미덕을 담은 프로그램을 기획했다(강현두·이강수 1980).

이렇게 박정희 정권이 충효 사상을 강조한 것은 유신 체제가 요구하는 이상적 인간형, 곧 국가와 민족을 위해 개인의 몸과 마음을 바치는 인간형이 한국의 전통에도 존재한다는 사실을 강조함으로써 국민들이 유신 체제를 자연스러운 것으로 받아들이게 만들기 위해서였다. 특히 박정희 '1인 지배체제'라는 정치 상황과 충효 사상이 결합되면서, "효를 중심으로 한 가부장적 질서 체계를 내면화하여, 그것이 국가에 대한 충성심으로 자연스럽게 전이됨으로써, 국민들로 하여금 박정희 체제가 추구하였던 통제 위주의 국가 정책에 순응"하게 하려는 의도를 지니고 있었다(한국교육개발원 1986, 94). 결국 박정희 정권은 충효 사상 교육을 통해 국민들이 민족을 가족으로, 그리고 대통령을 가부장제의 수장으로 인식하게 만들려 했다.

참고 문헌

강준만. 2002. 《한국 현대사 산책 — 1970년대편》 2. 인물과사상.

강현두·이강수. 1980. 〈대중문화정책에 대한 고찰〉. 《한국의 사회와 문화》 1.

고원. 2008. 〈새마을운동의 농민동원과 '국민 만들기'〉. 공제욱 엮음, 《국가와 일상》. 한울.

김기중. 1999. 〈전체주의적 법 질서의 토대, 주민등록제〉. 《당대비평》 8.

김대영. 2004. 〈박정희 국가동원 매커니즘에 관한 연구 — 새마을운동을 중심으로〉. 《경제와 사회》 61.

김명숙. 2003. 〈박정희 국가동원 체제의 생체적 동원〉. 《박정희 체제의 국가동원 메커니즘에 관한 연구》. 성공회대학교 박정희동원체제 연구팀.

김일철. 1991. 〈70년대 새마을운동의 전개과정과 농촌사회의 변화〉. 《한국의 사회와 문화》 15.

내무부. 1980. 《새마을운동10년사 — 자료편》.

내무부. 1990. 《민방위제도 총설》.

민방문제연구소. 1976. 《민방위전서》.

박근혜. 1979. 《새 마음의 길》. 구국여성봉사단.

박성환. 1986. 〈반상회운영의 자율성에 관한 연구〉. 서울대학교 행정대학원 행정학과 석사 학위 논문.

서울특별시 교육위원회. 1981. 《서울교육사》.

이화여자대학교. 1994. 《이화 100년사》. 이화여자대학교 출판부.

전재호. 2000. 《반동적 근대주의자 박정희》. 책세상.

조국. 2001. 《양심과 사상의 자유를 위하여》. 책세상.

조진태. 1977. 《오늘의 충효교육》. 문종서관.

최일섭. 1982. 〈반상회와 국민총화〉. 《새 시대의 반상회》. 내무부.

최장집. 1997. 《한국 노동운동과 국가》. 나남출판.

한국교육개발원. 1986. 《한국교육정책의 이념 II》.

한국정치연구회 정치사분과. 1993. 《한국현대사 이야기주머니》 3. 녹두.

한국기독교교회협의회 인권위원회. 1987. 《1970년대 민주화운동》 I, II, III.

한만길. 1997. 〈유신체제 반공교육의 실상과 영향〉. 《역사비평》 가을호.

한상권. 2001. 〈교수재임용제, 악용실태와 해결방안〉. 《법과 사회》 20.

홍성태. 2008. 〈주민등록제도와 총체적 감시사회의 형성〉. 공제욱 엮음, 《국가와 일상》. 한울.

6장

유신 체제와 부마항쟁

1. 들어가는 말

일반적으로 부마항쟁은 1979년 10월 16일부터 10월 20일 새벽까지 부산과 마산 지역에서 전개된 유신 체제 반대 운동으로, "박정희 정권의 유신독재체제를 무너뜨리는 기폭제가 된 사건"으로 알려져 있다(홍순권 2011, 1). 지금까지 부마항쟁의 역사적 위상에 대해서는 큰 이견이 없었다. 1998년 출간된 《부산민주화운동사》는 부마항쟁의 역사적 의의를 다음같이 기술했다.

> 부마항쟁은 학생운동이나 소수 명망가에게 국한되어 있던 '70년대의 그 어떤 반독재 민주화운동보다도 정권어 치명적인 타격을 가했으며, 그로써 답보상태에 처해 있던 '70년대 학생 및 재야 중심 민주화운동의 한계를 뛰어넘어 '80년대 광주항쟁과 6월항쟁이라는 대규모 반독재 민주항쟁의 도래를 예고하고 향도하였

던 것이다. …… 부마항쟁은 단순히 "70년대의 반유신운동의 귀결점으로만 머물
지 않고 철옹성 같던 박정희의 유신정권을 붕괴시킨 결정적 계기가 되었다. (부산
민주화운동사 편찬위원회 1998, 429)

유신 정권 붕괴의 결정적 계기로 작용했으며, 1980년대 민주 항쟁의 도
래를 예고하고 향도한 점이 부마항쟁의 역사적 의의라는 주장이다. 또한
2009년 발간된 《한국민주화운동사 2》는 부마항쟁의 역사적 의의를 다음
같이 기술했다.

부마항쟁이야말로 10·26 정변과 박정희의 죽음, 그리고 유신의 붕괴를 몰고 온
1970년대 민주화운동의 기념비적 성과임이 분명하다. …… 부마항쟁은 4월혁명
에서 시작된 민주화를 향한 대중적 궐기의 전통을 다시금 복원시켜 1980년대의
더 거대한 흐름으로 이어지게 해주었다. …… 부마항쟁에서 청년·학생층과 기층
민중들이 같은 지역, 같은 거리를 누비며 하나의 대열을 이뤘던 체험과 그를 목
격함으로써 얻어진 학습효과는, 곧 이어 벌어진 서울의 봄을 통하여 다시 강화되
고, 1980년대의 운동을 유신시기에 비할 바 없이 대중화된 모습으로 바꾸어 놓
았다. (민주화운동기념사업회 2009, 354~356)

"유신의 붕괴를 몰고"온 것에 덧붙여 1980년대에 미친 영향, 곧 4월 항쟁
에서 시작된 '대중적 궐기 전통'을 1980년대 민주화운동으로 이어준 점이
부마항쟁의 역사적 의의라는 주장이다. 또한 역사학자 서중석도 부마항쟁
을 민주화운동에서 4월혁명, 광주항쟁, 6월항쟁과 함께 "각별히 소중한 위
치에 있다"고 평가했다(서중석 2009, 55).
이렇게 기존 연구들은 부마항쟁의 역사적 의의를 단기적으로는 유신 체
제의 붕괴와 연관시키고, 장기적으로는 1960년 4월혁명, 1980년 광주항쟁,

1987년 6월항쟁 등과 연관시켜 설명하고 있다.

그런데 일부 연구들은 "부마항쟁의 역사적 의의나 중요성이 4월혁명, 5·18항쟁 또는 6월항쟁에 못지않음에도 불구하고 그 전후의 상황 논리에 의해 과소평가"(차성환 2014, 33)됐다거나, "부마항쟁이 다른 운동들에 비해 사회적으로나 학술적으로나 상대적으로 주목을 받지 못"(손호철 2003, 60)했다고 주장한다(홍순권 2011, 2). 이 점에 대해《부산민주화운동사》는 다음같이 설명한다.

> 첫째 부마항쟁이 그 중대한 계기르 작용하여 이루어진 10·26과 '유신정권 붕괴'의 성과도 결과적으로는 신군부 세력에 의하여 유신체제의 해체와 민주화가 아닌 '유신의 재편과 승계'에 불과한 것으로 오염됨으로써, 그 역사적 의미영역이 찬탈당해 버렸고 둘째, 억압적인 지배권력에 저항한 '민중 항쟁사' 그 자체의 면으로 조명되지 못하고 10·26과 독재자 박정희의 급작스런 죽음이라는 '권력중심 역사'의 관심과 장막에 가리워짐으로써, 민주항쟁사로서의 그 의미가 제대로 분석, 평가되지도 못해왔던 것이다. (부산민주화운동사 편찬위원회 1998, 430)

부마항쟁이 제대로 평가되지 못하는 이유는 신군부의 권력 찬탈로 유신 체제가 지속됐고, 권력 중심의 역사에 떠밀려 묻혔기 때문이라는 것이다. "10·26 정변 직후 벌어진 권력 투쟁에서 김재규가 패배함으로써 박정희의 장례를 '국장'으로 치르고, 긍정적 이미지가 지속되게 함으로써 유신 체제를 진정으로 넘어설 수 있는 기회를 가지지 못했다"(정근식 2000, 271)는 설명 역시 이런 해석과 같은 맥락이다. 또한 부마항쟁의 '적'인 박정희를 정점으로 한 유신 체제가 10·26정변으로 표면적으로 종료됨으로써 정당한 평가를 받을 수 있는 역사적 기회를 놓쳤다는 해석(조정관 2008, 46)이나, 1990년 3당 합당 이후 한국 정치를 지배한 지역주의와 부마항쟁에 직접 연결된 김영삼의 변신이 부마항쟁의 기억 투쟁에 부정적으로 작용했다는 해석(차성환 2014, 34) 역시 이런 해석을 보완하는 적절한 지적이다.

이런 해석에 덧붙여 부마항쟁이 박정희 정권의 신속한 계엄령과 위수령 선포 때문에 너무 짧은 기간 동안만 전개된 점, 부산과 마산 이외의 지역으로 확산되지 않은 점, 유신 붕괴의 직접적 원인이 아니고 민주화로 이어지지 못한 점도 고려돼야 한다. 먼저 부산과 마산에서 각각 이틀 동안 이어진 항쟁은 보도가 통제되는 상황에서 전국적으로 확산되고 전파되기에는 너무 기간이 짧았다. 그런 측면에서 박 정권의 계엄령과 위수령 선포는 항쟁의 확산을 차단한 결정적인 요인이었다. 전국적으로 유신 체제에 대한 불만이 고조되던 당시에 부마항쟁이 조금 더 지속됐으면 파급력도 훨씬 커졌을 테고, 그 결과 부마항쟁에 대한 평가도 달라졌을 것이다.

다음으로 부마항쟁은 '유신정권 붕괴의 결정적 계기'이기는 하지만 이승만의 사임을 가져온 4월혁명이나 1987년 6·29 선언을 이끌어낸 6월 민주항쟁처럼 직접적으로 민주화를 가져오지 못했다. 유신 정권의 붕괴가 부마항쟁의 직접적인 결과라기보다는, 부마항쟁이 김재규를 움직여 박정희 살해, 곧 유신 정권의 붕괴를 가져왔으며 유신이 붕괴된 뒤 민주화가 좌절되고 다시 군부 통치가 이어졌다는 사실은 부마항쟁의 위상을 모호하게 만드는 데 기여했다. 만일 유신 붕괴 이후 민주화가 진행됐으면 김재규의 기여와 함께 부마항쟁의 의의가 크게 부각됐을 것이다. 결국 이런 이유로 부마항쟁은 권위주의 정권의 퇴진을 가져온 4월혁명이나 6월항쟁에 견줘 덜 주목받았다.

그렇다고 해서 부마항쟁의 역사적 의의가 축소되는 것은 아니다. 기존 연구들이 지적했듯이 엄혹한 긴급조치 아래서 유신 체제에 맞서 저항했고, 이전의 민주화운동들과 달리 민중이 참여했으며, 그 영향으로 18년 동안 이어진 박정희 체제가 붕괴했다는 사실만으로도 한국 민주화운동사에서 손꼽을 수 있는 대표적인 민주화운동 중 하나로 인정받아야 마땅하다.

이 글에서 나는 부마항쟁의 원인과 결과, 특히 유신 체제의 붕괴가 민주화가 아닌 군부의 재집권으로 귀결된 이유를 문민 통제civilian control의 관점에서 고찰한다. 먼저 부마항쟁의 역사적이고 구조적인 배경인 유신 체제의 반민주적 성격을 5·16 군사 쿠데타 이후 민군 관계를 중심으로 고찰한 뒤, 유신 체제의 정치적 원인과 사회경제적 원인을 다룬다. 특히 기존 연구들이 미처 주목하지 못했거나 간과한 점에 주목한다. 다음으로 부마항쟁의 결과를 재평가하는 작업의 하나로, 유신 체제가 붕괴된 뒤 민주주의가 회복되지 않고 군부가 재집권하게 된 이유를 살펴본다.

2. 부마항쟁의 역사적 배경과 구조적 배경

부마항쟁을 포함해 1970년대 민주화운동이 전개된 근본 원인은 박정희 정권이 삼권 분립을 파괴한 유신 체제를 선포한 뒤에도 긴급조치를 발포하는 등 억압 통치를 더욱 강화했기 때문이다. 박 정권은 민정 이양을 통해 민간 정권으로 변신했지만 여전히 군부를 정치적으로 이용하고 군사주의를 전 사회에 확산시킨 '유사 민간화된 군부 권위주의 정권civilized military authoritarian regime'이었다. 박 정권은 상명하복과 효율 위주의 군 제도와 경영 기법을 전 사회에 확산시키면서 다양성과 토론 문화를 억압함으로써 민주주의를 위축시켰고, 결국에는 유신 체제를 선포해 민주주의를 질식시켰다. 따라서 부마항쟁을 포함해 민주화운동은 자연스럽게 군부 권위주의의 청산과 민주주의의 회복을 요구했다. 여기에서는 부마항쟁의 역사적이고 구조적인 배경인 유신 체제의 반민주적 성격을 5·16 군사 쿠데타 이후 민군 관계를 중심으로 살펴보자.

유신 체제의 반민주적 성격을 고찰하기 전에 먼저 민군 관계에 관련된 개념을 살펴보자. 일반적으로 민주 사회의 민군 관계, 곧 민간 집단과 군인 집단 사이의 권력 관계에서는 문민 통제가 기본 원칙으로 간주된다. 헌팅턴은 문민 통제를 '주관적' 문민 통제subjective civilian control와 '객관적' 문민 통제objective civilian control로 구분해 유형화했다. 전자는 군에 대한 민간 집단의 권력이 극대화된 것을 의미하고, 후자는 군 직업주의의 극대화maximizing military professionalism, 곧 자율적인 군 직업주의를 인정해서 군을 정치적으로 탈정치화하고 중립화함으로써 권력의 축소를 추구하는 것을 의미했다(양병기 1998, 309~310).

한국에서 주관적 문민 통제는 이승만 정권에서 잘 드러난다. 이 정권은 육군 특무부대와 헌병 총사령부를 통해 군을 통제했고, 시민사회를 억압하기 위해 군을 정치적으로 동원했다. 1952년 재집권을 위해 군을 동원해 반대 세력을 탄압한 부산 정치 파동이 대표적 사례다. 그리고 이런 군의 정치적 동원은 군을 정치화하고 군부 내 정치군인이 등장하는 계기가 됐다.

반면 객관적 문민 통제는 박정희 정권 초기에 볼 수 있다. 박정희는 군사 원호 관계법 제정, 군인 급여의 호봉제 도입, 장교의 전후방 순환보직제 실시, 군인연금법 공포 등 군의 직업화와 제도화에 관련된 조치를 실시했다. 또한 군 지휘 계통에 군 본연의 역할에 충실한 구직업주의 성향의 간부를 주로 충원했다.[1] 이런 군부 정책은 객관적 문민 통제로 평가할 수 있다. 그러나 이 사례를 제외하면 박 정권도 전반적으로 주관적 통제 방식을 구사했다(양병기 1998, 315~316). 이런 민군 관계의 기본 개념을 염두에 두고 유신 체제의 반민주적 성격을 고찰해보자.

1) 유사 민간화된 군부 권위주의 정권의 등장과 군사문화의 확산

박정희 정권은 이승만 정권의 주관적 민간 통제가 낳은 산물이다. 이승만 정권은 정권을 연장하는 과정에서 군을 정치적으로 이용했고, 따라서 군부 내부에 정권에 충성하는 정치군인들이 등장해 군부의 정치적 중립을 유지하려는 구직업주의 세력들과 갈등을 빚게 됐다. 게다가 정권이 군부를 정치적으로 이용하는 행태는 정치군인들의 숙청을 요구하는 군부 내부의 반발을 넘어서 민간 통제에서 벗어나려는 일부 세력을 고무시켰다. 그 세력은 군 내부의 비주류이자 불만 세력으로, 정치군인 숙청을 요구하다가 마침내 1961년 5월 16일 군사 쿠데타를 감행했다. 그 세력은 반공 이념과 기존의 군에 대한 불만 이외에는 공통점이 없고 지역별(서북, 동북, 중남부 등), 출신별(경비대, 육사 등), 계급별로 상이했다. 그래서 군정 초기에는 세력 내부에서 군의 정치적 역할과 주도권을 둘러싸고 권력 투쟁이 전개됐고, 여러 차례의 '반혁명 사건'을 거치면서 박정희 소장과 육사 8기들이 헤게모니를 장악했다(김명수·전상인 1994, 63).

한편 국제적 비교의 시각에서 볼 때, 5·16 군사 쿠데타는 1950년대에 많은 제3세계 나라에서 일어난 군부 쿠데타의 연장선상에 위치해 있다. 1950년대 제3세계의 많은 국가들에서 군부의 힘은 국가나 사회의 다른 기구들을 압도하면서 특히 국가와 시민사회를 지배했다. 당시 군부가 큰 힘을 갖게 되는 데는 식민지 시기 국가 기구가 '과대 성장'한 이유도 있지만, 더 중요한 요인은 냉전 체제 아래서 미국이나 소련이 각각 자국 진영의 제3세계 국가들의 군사력 강화를 지원하면서 군부의 힘이 커졌기 때문이다. 또한 대부분의 제3세계 국가는 독립 직후 새로운 국가 건설을 추진하는 민간 정부의 능력이 부족했고, 국가를 견제할 만한 사회 세력이 발전하지 못했으며, 종족이나 계급 등의 차이 때문에 내부 통합이 상당히 취약했다. 따라서 대부

---

1 군의 성격에 관련해 스테판은 '국가의 군사 안보에 책임지며 정치적 중립을 지향하는 공식적 전문직'을 구직업주의(old professionalism)로, 군부의 정치 개입에 관련된 정치화 양상을 신직업주의(new professionalism)로 규정했다(양병기 1998, 311).

분의 국가는 정치적 제도화의 수준이 낮고 정치적 불안이 높았다. 이런 상황에서 국가 기구 내에서 상대적으로 과대 성장한 군부는 쿠데타를 통해 정치 과정에 폭력적으로 개입했다. 제3세계에서 군부 엘리트 때문에 정치 발전이 후퇴하는 현상을 헌팅턴은 '집정관주의' 또는 '프레토리아니즘pretorianism'이라고 불렀다(김명수·전상인 1994, 31).

한국 역시 식민지 시기에 과대 성장한 국가가 해방 이후 지속됐고, 그중에서도 군부가 한국전쟁을 거치면서 가장 크게 성장했다. 특히 미국은 한국의 안보를 유지하는 관건이던 군을 다른 어떤 국가 기구보다도 더 많이 지원했다. 그 결과 1950년대 한국군은 한국에서 가장 선진적인 지식과 기술을 지닌 집단이자, 특유의 상명하복 조직 문화에 따라 가장 응집력이 강한 조직으로 성장했다.

이런 상황을 배경으로 5·16 주도 세력은 군정 초기부터 사회에 '군대 문화'를 도입했다. 군정은 군대식 권력 집중화 기법을 원용해 고도의 집중화와 효율성을 갖춘 집권당과 국가 기구를 구축했다. 또한 인사행정 기본정책을 발표해 직업 공무원제의 확립, 인사 기구 개혁과 행정 사무 간소화를 도모했고, 행정력 강화를 위해 중앙 정부와 지방 행정 기구의 확장과 개편을 단행했으며, 종합적 경제 정책을 수립할 경제기획원을 신설했다(김명수·전상인 1994, 65). 군에 대해서도 국방 기구의 정비와 신설, 인사 행정과 병무 행정의 개선, 복지 수준의 향상을 도모했고, 최장 군복무 기간을 명시해 진급 정체 현상을 제도적으로 방지하는 한편, 숙군을 단행해 1412명을 전역시켰다(한용원 1993, 241).

군사 쿠데타 주도 세력은 민주공화당을 사전 조직한 뒤 1963년 1월에 창당해서, 10월의 제5대 대통령 선거와 11월의 제6대 국회의원 총선거에 참여해 승리를 거뒀다. 12월 17일에 박정희가 제5대 대통령에 취임하면서 군부의 직접 통치는 '유사 민간화된 군부 통치'로 전환됐다. 민정 이양 이후의 박정희 정권을 유사 민간화된 군부 통치라고 지칭하는 이유는 민간 엘리트를 충원하기는 했지만 개별적 수준에 머물렀을 뿐 군 출신이 여전히 행정부와 입법부에서 핵심 역할을 수행했고, 통치 기반이 군부와 중앙정보부 등 '억압 기구'에 있었기 때문이다. 박정희는 군의 최고 통수권자로서 대통령을 정점으로 하는 엄격한 위계질서를 확립했고, 재임 기간 중 군이 독자적인 정치적 영향력을 행사할 가능성을 철저히 봉쇄했다. 또한 처우 개선이나 진급 체계의 무질서, 정치권의 헌금 요구 같은 불단 사항을 해소함으로써 군의 잠재적 도전을 방지하고 자신을 향한 충성심을 제고했다. 또한 군 정보 기구를 통해 군부를 직접 감시하고 통제함으로써 군정기에 여러 차례 벌어진 반혁명 사건에서 승리했다. 결국 1964년 8월 한-일 회담 반대 시위, 1971년 10월 교련 반대 시위, 1979년 10월 부마항쟁 등 반정부 움직임에 대응해서 위수령을 선포한 뒤 군을 동원한 행위는 박 정권의 궁극적 기반이 군부라는 점을 잘 보여준다(김명수·전상인 1994, 66~67).

한편 군정 이후 군의 인적, 제도적 요소들이 행정부에 대거 유입되면서 국가 기구 내에 군 출신 엘리트와 민간 기술 관료들의 엘리트 동맹이 형성됐고, 정책 결정과 집행 과정에서 정책 수행 능력이 크게 제고됐다. 조직으로서 군부는 집중화, 규율, 계급 조직, 의사소통 체계, 단체 정신 등의 특징을 지니고 있는데, 군이 효율적으로 기능을 발휘하고 확실히 명령을 수행하려면 적절한 의사 전달 체계와 규율 있는 명령 체계가 필요하다. 군 조직이 효율적이려면 높은 수준의 집중화가 필요하다. 이것은 군 조직이 집중화와 고도의 조직화가 필요한 근대적 정부와 친화성을 있다는 점을 보여준다. 한국의 경우 군의 제도와 경영 기법 도입이 국가 기구의 정책 입안과 수행 능력을 크게 제고했고, 그 성과를 바탕으로 일련의 경제개발 계획이 수행될 수 있었다. 이 과정에서 정부는 자본가를 길들이는 것은 물론, 농어민과 노동자 세력을 산업화에 동원하는 데 성공했다(김명수·전상인 1994, 67~68).

또한 군은 청년들에게 '근대성'을 주입하는 재사회화 기관으로서, 그리고 직업 훈련을 하는 산업 인력 양성 기관으로서의 기능을 수행했다. 병사들은 군 생활을 통해 읽기와 쓰기, 조직의 지시를 효율적이고 합리적으로 수행하는 방법, 중장기적 계획 수립은 물론 운전과 정비, 기계 조작 등 근대적 사회 생활에 필요한 태도와 행위 유형을 체득했다. 1950~1960년대에는 전반적으로 교육 수준이 낮았기 때문에 많은 사병이 군에서 한글을 비롯해 초등학교와 중학교 수준의 교육을 받았다. 더욱이 사회 전반에 걸쳐 근대화가 진행되고 군의 무기 체계가 고도화되면서 기술병과학교는 고도의 정밀 무기와 장비를 운용하고 정비할 수 있는 기술 인력을 양성했고, 이 과정을 통해 군은 산 업기술 인력을 보급했다. 게다가 투자 여력이 없던 1960년대, 군은 학교와 교량, 도로 건설 등 사회간접자본을 구축하는 데에도 기여했다(김명수·전상인 1994, 68~69).

이렇게 1960년대 경제 성장 시기에 군의 제도와 문화는 근대화를 촉진하는 긍정적 역할을 했다. 그러나 군사 문화는 일사불란한 명령 계통과 효율성을 과도하게 강조하는 반면에 민주적 토론이나 다원적 가치관 같은 민주적 문화를 낭비와 비효율로 간주했다. 그렇기 때문에 박 정권 시기 정부의 중요 정책은 사회적 합의를 도출하는 과정 없이 대통령과 소수 측근들이 결정했다. 행정적 효율성에 가려 정치가 실종되는 현상은 민주주의의 제도화에 부정적 영향을 미쳤다. 박정희 개인에게 권력이 집중되면서, 집권 여당인 공화당에서 후보자 선출이나 정책 작성 같은 정당 본연의 기능은 쇠퇴했고, 마침내 행정부의 시녀로 전락하게 됐다(김명수·전상인 1994, 69~70). 게다가 박정희가 개인의 권력을 연장하는 과정에서 후계자를 허용하지 않음으로써 공화당을 개인을 위한 사당私黨으로 만들었을 뿐 아니라 후계자 선출이라는 정당의 고유 기능도 퇴색시켰다. 이런 결과 박정희 대통령의 갑작스러운 유고 때 공화당에서 '민주적' 후계자 선출 기능이 작동되지 못하게 됐다.

군정 시기부터 군 엘리트들은 행정부와 정당, 사회 등 각 분야에 진출했고, 이런 현상은 효율 우선의 군사-문화가 한국 사회 전반으로 확산하는 계기가 됐다. 그런데 군사 문화는 경제 성장과 근대화에는 '어느 정도' 기여했지만, 민주적인 절차와 과정보다 목적과 결과만 중시하는 사고를 확산시킴으로써 민주주의가 제도화되는 데 부정적 영향을 끼쳤다. 한-일 국교 정상화 추진, 국군의 베트남 파병, 경부고속도로 건설 등의 사례에서 볼 수 있듯이 박 정권은 야당과 시민들의 반대를 억누르고 일방적으로 정책을 결정했고, 1967년 국회의원 선거 부정과 1969년 3선 개헌안 날치기 통과 등에서 볼 수 있듯이 개인의 집권을 연장하기 위해 민주주의를 파괴했다. 게다가 합법적인 권력 연장이 더는 불가능해지자 비상계엄 아래 유신을 선포하고 '유사 민간화'라는 민주주의의 형식마저 벗어던졌다. 그 뒤 박 정권이 감행한 전 사회의 '군사화'와 긴급조치 선포는 군사 정권의 민낯을 보여주는 필연적 결과였다.

2) 유신 체제의 반민주적 성격과 전 사회의 군사화[2]

1972년 10월 17일 박정희는 최근 국제 정세의 변화가 한국의 안전에 위협이 되며 "한반도의 평화, 이산가족의 재결합, 그리고 조국의 평화적 통일"을 위해 기존 체제의 유신적 개혁이 필요하다는 내용의 '대통령 특별선언'을 발표했다. 또한 헌법의 기능을 정지시키고, 국회를 강제 해산하고, 정당과 정치 활동을 금지시킨 대신에 비상국무회의를 설치했다. 10월 27일에 헌법 개

---

2 이 부분은 전재호, 〈유신 체제의 구조와 작동 메커니즘〉과 《한국민주화운동사 2》의 제2부 제1장 〈긴급조치 9호의 지배구조와 이데올로기〉의 내용을 대폭 수정해 기술했다. 전재호 2005; 민주화운동기념사업회 한국민주주의연구소 2009).

정안을 발표하고 11월 21일에 형식적으로 국민투표를 치른 뒤 유신 체제를 출범시켰다. 그런데 이 모든 행위는 비상계엄 아래에서 진행됐다. 이런 사실은 박정희가 자신의 장기 집권을 위해 군을 개인적으로 동원한 점을 보여준다. 군부 쿠데타로 등장한 박 정권은 선거를 통해 민간 정부로 변신했지만, 이런 사실을 부정한 유신 체제에서는 군부 권위주의 정권이라는 본질을 노골적으로 드러냈다.

박정희 정권은 유신 체제를 선포한 뒤 이전부터 전 사회에 이식한 반민주적 군사 문화를 더욱 확장시켰다. 또한 국제 정세의 변화와 남북 대치 상황을 빌미로 국가, 정치사회, 시민사회가 일사불란하게 움직이는 총력안보 체제를 구축하고, 전 국민은 충효 사상에 따라 박정희 개인으로 인격화된 대통령에게 충성을 바칠 것을 암묵적으로 요구했다. 그럼 군사 문화의 반민주적 성격이 유신 체제에 어떻게 삽입됐는지 살펴보자.

(1) 대통령 일인 지배의 제도화

유신체제는 정부 권력을 대통령에게 집중시켰을 뿐 아니라 자유의 박탈, 노골적 폭력, 국민 신체에 대한 억압, 강제적 동원 등을 통해 자유민주주의의 가장 기본적인 원리조차 부정했다. 특히 제3공화국에서 유지된 최소한의 절차적 민주주의도 부정했다. 제3공화국은 자유롭고 공정한 대통령과 국회의원 선거의 정기적 실시, 국가 권력 획득을 위해 경쟁하는 야당의 존재 인정, 대통령 임기의 제한, 정부 정책을 비판할 수 있는 표현의 자유 등 정치적 게임의 규칙을 갖고 있었다. 물론 이런 규칙이 현실에 그대로 적용되지는 않았다. 박정희 정권은 북한의 남침 위협을 근거로 집권 초기부터 혁신 세력을 거세하는 등 정치적 자유를 제한하고 시민사회를 억압했다. 또한 부정 선거를 저지르고 권력 연장을 위해 변칙적으로 헌법을 개정했다. 그 결과 민주주의 원칙을 위반한 정권과 이런 잘못을 비판하는 정치적 반대 세력 사이에는 항상 긴장과 갈등이 존재했다. 그럼에도 불구하고 박 정권은 제3공화국 시기에는 민주적 제도를 완전히 폐지하거나 그 정당성을 전면 부정하지는 않았다. 이 시기에는 권력 획득을 위해 경쟁하는 야당이 있었고, 대통령 선거와 국회의원 선거가 형식적이나마 경쟁적으로 실시됐다. 이런 측면에서 제3공화국은 '준경쟁적' 또는 '준권위주의' 체제였다.

그러나 유신 헌법은 '대표의 직접 선출', '삼권 분립', '정기적인 대표의 교체 가능성' 등 민주주의의 기본 원리를 전면적으로 왜곡했다.

첫째, 유신 헌법은 대통령 선출 방식을 국민의 직접 투표가 아니라 통일주체국민회의 대의원이 투표하는 간선제로 규정했고, 대통령 임기를 6년으로 연장했다. 또한 대통령 중임 제한 규정을 없애 무제한으로 당선될 수 있게 했다. 게다가 유신 헌법에서 통일주체국민회의의 대통령 선출은 요식 행위에 불과했다. 통일주체국민회의 대의원 후보나 대의원은 정당 가입이나 국회의원 및 다른 공직의 겸직을 금지했고, 정당이 대의원 후보를 지지 또는 반대하는 행위도 금지했기 때문이다. 이런 조항들은 사실상 야당이 대의원 선거에 참여하는 것을 막았다. 더욱이 정부는 공무원과 경찰을 동원해 야당 인사들이 후보로 등록하지 못하게 방해했다. 그 결과 1972년 12월 23일 치러진 통일주체국민회의 대통령 선거에서 대의원 2359명 중 2357명이 박정희 후보를 선택함으로써 박정희는 99.99퍼센트의 지지율로 대통령에 선출됐다. 이렇게 유신 헌법 아래의 대통령 선거는 국가 권력의 획득을 위한 경쟁이라는 의미를 완전히 상실한 요식 행위였다.

둘째, 유신 헌법은 대통령의 권한을 강화하기 위해 사회나 다른 정부 기관의 권한을 대폭 약화시켰다. 먼저 대통령과 행정부를 견제하는 입법부의 권한을 대폭 약화시켜 국회의 국정감사권과 대통령 탄핵권을 박탈했다. 반면 대통령은 국회해산권을 가졌다. 또한 유신 헌법은 국회의원의 3분의 2만을 국민이 직접선거를 통해 선출하고 나머지 3분의 1은 대통령이 임명한 후보를 통일주체국민회의에서 추인하게 했다. 대통령의 입법부 장악을 법적으로 보장한 이런 조치의 결과 국회는 대통령과 정부의 의견을 법률로 바꿔주는 거수기가 됐다. 결국 여당의 국회 장악과 더불어 입법부에 대한 대통령의 우위는 국회 기능을 유명무실하게 만들었다.

다음으로 유신 헌법은 대법원장을 국회의 동의 아래 대통령이 임명하고 대법원 판사들도 대법원장의 제청으로 대통령이 임명하게 했으며, 그동안 대법원장이 갖고 있던 법관 임면권을 대통령에게 이전시켰다. 또한 헌법위원회를 신설해 대법원이 갖고 있던 위헌 법률 심사권을 이전하고 탄핵 결정권, 위헌 정당 해산권을 부여했으며, 대통령이 헌법위원회 9인 중 3인을 임명하게 했다. 그 결과 유신 체제에서 사법부는 대통령에게 완전히 종속됐다. 결국 유신 체제는 대통령에게 입법부와 사법부에 대한 실질적 통제권을 부여함으로써 민주주의의 가장 기본적인 원리인 삼권 분립을 무력화시켰다.

셋째, 유신 헌법은 대통령이 필요하다고 생각되는 경우 국정 전반에 걸쳐 긴급조치권을 선포하고 국민의 자유와 권리를 제약할 수 있게 했다. 긴급조치는 사법 심사의 대상이 되지 않았다. 국회는 재적 의원 과반수의 찬성을 얻어 긴급조치 해제를 대통령에게 건의할 수 있지만 대통령이 그 건의를 수용할 의무는 없었다. 따라서 대통령은 원하면 언제든지 국민의 자유와 권리를 제약할 수 있었다. 그 결과 박정희는 반유신 민주화운동이 전개될 때마다 긴급조치를 선포해 탄압했다.

넷째, 유신 헌법은 사실상 대통령의 동의 없이는 개헌이 불가능하게 했다. 대통령이 제안한 개헌안은 국민투표에 부치게 돼 있지만 국회의원이 제안한 개헌안은 국회에서 재적 의원 3분의 2 이상의 찬성을 받아 통과되더라도 통일주체국민회의에서 재적 대의원 과반수의 찬성을 받아 승인돼야 했다. 여권이 장악한 국회에서 대통령의 의사에 반해 개헌안이 발의되고 통과되는 것뿐 아니라 친정부 인사들로 구성된 통일주체국민회의에서 개헌안이 통과되는 것도 사실상 불가능한 일이었다. 따라서 유신 헌법 아래서는 민주적으로 체제를 전환시킬 수단이 전혀 없었다.

결국 박정희 정권은 조국의 평화적 통일을 위해 국가 권력의 조직화와 능률의 극대화가 필요하다는 명분을 내세워 유신 체제를 선포해 국가 권력을 대통령에게 집중시켰다. 헌법상으로 국가 권력은 국민과 통일주체국민회의, 헌법위원회 등에 분산돼 있고 통치 권력은 국회, 정부, 법원에 분산돼 있지만, 실제로는 대통령이 입법, 사법, 행정 등 모든 국가 기구의 통제권을 갖게 됐다. 결국 유신 체제는 정치 구조의 측면에서 대통령에게 모든 권한이 집중되는 '권력 집중형 권위주의 체제'였다(한용원 1993, 311).

(2) 경제에 대한 포괄적 개입

박정희 정권은 집권 직후부터 경제기획원을 통해 경제 계획을 입안하고 계획에 따라 공공 금융 기관과 자원의 독점을 통해 경제에 포괄적으로 개입하고 통제했다(신광영 1999, 36). 이런 국가 주도의 경제 발전 전략은 유신 체제에서도 지속됐지만, 국가의 주요 경제 정책을 대통령이 주도했다는 점에서 이전과 차이가 난다.

박 정권은 당시 국제 정세의 변화를 안보 위기로 규정하고, 수입에 의존하고 있던 기계, 화학 제품, 운송 장비 등을 국내에서 생산할 수 있게 중화학공업화를 추진했다. 곧 독자적인 군산 복합체를 육성해 안보의 미국 의존에서 벗어나려 했다. 특히 박 정권은 유신 체제를 선포하면서 총력안보 체제의 확립을 내세웠기 때문에 이 목표를 실현할 수 있는 중화학공업화에 사활을 걸었다.

그러나 대규모 예산이 투입돼야 해 당시 한국 경제의 수준에서 추진하기에는 무리한 과업인 탓에 경제 관료들은 반대했다. 그러자 박 정권은 청와대 비서실에 중화학기획단을 설치하고 중화학공업화를 추진했다. 그런데 유신 체제에서 대통령 비서실은 가장 강력한 권력 기구였다. 유신 체제는 대통령에게 모든 권력이 집중돼 있기 때문에 당연히 대통령을 보좌하는 비서실이 권력의 핵심이었다. 특히 일정한 정치적 역할을 한 민주공화당이 힘을 완전히 잃게 되면서 대통령 비서실장은 중앙정보부장, 청와대 경호실장과 함께 유신 체제의 핵심 권력자가 됐다. 이런 상황에서 경제 부처가 아니라 대통령 비서실에 중화학공업단이 설치된 사실은 유신 체제에서 대통령에게 권력 집중화가 진행되면서 일정한 권한과 책임이 주어진 관료 제도가 약화된 과정을 잘 보여준다.

박정희 정권은 중화학공업화를 지원하기 위해 1973년부터 법제도를 정비해 수출입은행을 통한 연불 수출 금융 지원, 일반 금융 기관을 통한 특혜 융자, 재정 자금과 국민투자기금을 통한 재정 투융자, 사회간접자본 확충과 기술 개발과 인력 개발의 지원, 수입 규제를 통 산업 보호, 조세 감면을 통한 지원과 외국인 투자 유치, 기술 도입 촉진, 차관 우선 배분 등의 정책을 시행했다. 그리고 중화학공업의 상호의존성을 비롯해 생산과 기술의 밀접한 연관 관계를 고려해서 업종별 대단위 기지나 임해 공업 지대의 건설을 추진하고, 산업 기지의 효율적 개발을 위해 1973년 '산업기지개발촉진법'을 제정해 산업기지개발공사가 담당하게 했다. 이런 사실은 유신 체제 아래에서도 국가 주도의 경제 계획 입안과 민간 기업에 대한 정부 특혜를 통해 경제가 운영된 점을 보여준다.

결국 유신 체제는 제3공화국과 마찬가지로 정부가 경제 정책을 입안하고 공공 금융 기관과 자원의 독점을 통해 민간 기업을 통제하는 등 경제에 대한 포괄적 개입을 특징으로 하고 있었다. 그러나 중화학공업화 정책의 추진에서 볼 수 있듯이 경제기획원의 역할이 축소되고 대통령 비서실의 권한이 강화되는 등 경제에 대한 권한은 대통령에게 더욱 집중됐다.

(3) 국민의 기본권과 정치 참여 제한, 노동 부문의 배제

유신 헌법은 국가 안보를 위해 필요한 경우에는 법률로써 국민의 기본권을
제한할 수 있게 하는 등 형식적이나마 유지되던 국민 기본권 조항을 크게
축소시켰다. 제3공화국 헌법에서 '국민의 자유와 권리를 제한하는 경우 자
유와 권리의 본질적인 내용을 침해할 수 없다'는 조항을 폐지한 것은 물론,
구속 적부 심사제의 폐지, 긴급 구속 요건의 완화, 임의성 없는 자백의 증거
능력 제한 규정 삭제, 긴급조치 위반 민간인의 군법회의 재판 회부 등 국민
의 기본권을 극도로 축소했다. 또한 언론과 출판의 자유에 대해서도 검열제
와 허가제가 가능하게 만들었다(한용원 1993, 310).

한편 박정희 정권은 집권 초기부터 정치 영역에서 민중 부문을 배제했다.
먼저 법적, 행정적, 물리적 방법을 동원해 노동계급의 조직화를 억압했다. 법
적 차원에서 노조 설립을 어렵게 만들기 위해 노동조합을 등록할 때 정부의
허가를 얻게 했다. 둘째, 노동자 조직의 거대화를 막기 위해 기업별 노조를
강제해 조직 노동자들을 기업 단위로 분산시켰다. 셋째, 국가가 노조의 정치
활동과 제3자 개입 등을 금지해 정치 영역에서 노조를 배제했다. 이런 박 정
권의 노동 통제 방식은 노동자들의 조직을 막고 분산된 노동자를 통제하려
는 '분절과 통제disorganize and control' 전략으로 불린다(신광영 1999, 158).

유신 체제는 '배제적' 노동 통제 정책을 더욱 강화했다. 유신 헌법은 단결
권, 단체교섭권, 단체행동권 등 노동자의 기본권을 '법이 정하는 바에 따라'
혹은 '법률이 규정하는 범위 내에서'만 보장했다. 또한 제29조 3항에는 '공
무원과 국가·지방자치단체·국영기업체·공익사업체 또는 국민경제에 중대한
영향을 미치는 사업체에 종사하는 근로자의 단체행동권은 법률이 정하는
바에 의하여 이를 제한하거나 인정하지 않을 수 있다'는 내용을 삽입했다.
이 조항들의 반노동자적 성격은 노사 관계에 대한 정부의 개입과 노동 쟁의
에 대한 규제를 한층 강화한 1973년 3월과 1974년 12월의 노동관계법 개

정을 통해 분명히 드러났다.

개정된 노동 관계법은 특징은 다음 같다. 첫째, '산업 생산성'뿐 아니라 '산업 평화'를 증진하기 위해 노사협의회 기능을 강화시켰다. 이 법에 따르면 노사협의회의 기능은 단체협약 또는 취업규칙의 규정 범위 안에서 생산 증강과 불만 처리 등에 관해 협의와 협조를 하는 것이었고, 조합원이 200명 이하인 경우라도 관계 행정 관청의 승인을 얻어 대의원회를 둘 수 있다는 규정도 신설됐다. 또한 부당노동행위 구제 신청 기간을 6월에서 3월로 축소했고, 확정된 중재재정서의 내용 또는 재심결정서의 내용을 준수하지 않는 자에 대한 처벌을 강화했으며, 관계 공무원이 노사협의회에 참석해 의견 진술을 하게 했다. 이렇게 박 정권은 노동 문제에 대한 행정 기관의 개입을 강화했다. 둘째, 노동쟁의조정법에서 공익사업의 범위를 대통령이 지정할 수 있다고 규정했고, 노동 쟁의 적법 여부 심사권과 알선 절차를 노동위원회에서 행정 기관으로 이관해 행정 기관의 권한을 대폭 강화했다. 또한 노동위원회 위원장도 공익위원들 중에서 선출되던 것을 대통령이 임명하게 바꿨다. 셋째, 노동조합을 결성할 수 있는 권리인 단결권은 유보 없이 보장했지만 각종 행정 조치와 행정 지도를 통해 제약된 법적 범위 안으로 노동자들의 요구를 규제했다. 따라서 실제로는 단결권도 허구화됐다.

유신 체제는 배제적 노동 정책의 기조 아래 노동 통제를 더욱 강화했다. 단결권, 단체교섭권, 단체행동권 등 노동자의 기본권을 극도로 축소시켰고, 노사 관계에 대한 행정 기관의 개입과 노동 쟁의에 대한 규제를 강화함으로써 경제가 발전하는 과정에서 성장하던 노동 부문을 철저히 통제했다.

(4) 긴급조치

유신 체제의 반민주적이고 억압적인 성격과 군부 통치의 특성을 잘 보여주는 사례는 1974년 1월부터 정권이 종언을 고할 때까지 연이어 발동한 긴급조치다. 긴급조치는 국민의 모든 자유와 권리를 잠정적으로 정지하는 '국가긴급권'을 이용해 국민의 기본권을 제약하는 극단적 조치였다. 박정희 정권이 긴급조치를 발동한 이유는 엄혹한 유신 체제 아래서도 종교계, 재야, 대학, 언론 등 사회 각 부문에서 유신 철폐를 요구하는 민주화운동이 끊임없이 분출했기 때문이다. 유신 체제 선포 뒤 잠시 침묵하던 민주화운동은 1973년 10월 서울대학교 문리대 학생들의 시위를 계기로 본격화됐다. 대학가에서 불붙은 시위는 11월에 발표된 각 언론사들의 '언론자유수호선언'과 12월에 시작된 '개헌청원 백만인 서명운동'으로 확산됐다.

박정희 정권은 백만인 서명운동을 제압하기 위해 1974년 1월 8일 긴급조치 1호와 2호를 발동했고, 1974년 4월 3일에 대학생들이 '전국민주청년학생총연맹'을 결성하고 '민중·민족·민주선언'을 발표한 뒤 시위를 벌이려는 시도에는 긴급조치 4호로 대응했다. 또한 1974년 8월 15일 대통령 암살 미수 사건이 발생한 직후인 8월 23일에 긴급조치 5호를 발동하는 동시에 긴급조치 1호와 4호를 해제했다. 이후 8개월 동안 박정희 정권은 긴급조치를 다시 발동하지는 않았지만, 민주화운동을 지속적으로 탄압했다. 1974년 9월에 재발한 대학생 시위에 대해서는 언론 보도를 중단시켰으며, 시위 대학에 휴교령의 전 단계인 계고장을 보냈다. 그리고 10월에 《동아일보》 기자들이 시작한 '자유언론실천선언'이 전국 31개 언론사로 확산되자 《동아일보》에 광고를 게재하지 못하게 광고주들에게 압력을 행사했다. 또한 재야인사들과 야당이 개헌추진운동을 재개하자 유신 헌법 찬반 국민투표로 대응했다. 국민투표는 1975년 2월 12일에 비상계엄령 아래에서 찬반 토론이 전혀 허용되지 않은 채 치렀고, 결과는 '압도적' 찬성이었다.

국민투표 결과에 고무된 박정희 정권은 2월 15일에 긴급조치 위반 구속자들을 석방하는 등 유화 조치를 취했다. 그러나 표면적 조치였을 뿐 실제로 문교부는 긴급조치 관련 석방 학생들의 복학을 불허했고, 정부 역시 자유언론실천운동을 주도한 《조선일보》와 《동아일보》 기자들을 해고하라고 사주들에게 압력을 가했다. 4월 7일에 고려대학교에서 시위가 일어나자 다시 긴급조치 7호를 발동해 휴교시켰다. 4월 8일에 대법원에서 인혁당 사건 관련자 8명이 제기한 상고가 기각되자 다음날에 바로 사형을 집행했다. 또한 1975년 4월 30일에 남베트남 정부가 공산군에 패해 붕괴되자 각종 관변 단체들을 동원해 대규모 안보궐기대회를 개최했다. 반공과 안보 분위기를 고조시켜 유신 체제에 대한 비판을 약화시키려는 전술이었다. 실제로 관변 단체와 언론을 총동원해 노력한 결과 상당수 국민들이 안보 위기라는 박정희 정권의 주장에 동조해 방위성금 모금에 적극 참여했다. 자연스럽게 반정부 투쟁은 약화됐다. 곧이어 박정희 정권은 5월 13일에 긴급조치 7호를 해제하는 긴급조치 8호와, 유신 헌법에 대한 일체의 부정적 행위를 금지하는 긴급조치 9호를 발동했다.

긴급조치 9호는 특정 사안에 대응하는 성격을 띤 기존의 긴급조치와 달리 이전의 내용들을 종합한 긴급조치의 '결정판'이었다. 유언비어를 날조·유포하는 행위, 다양한 수단을 통하여 헌법을 부정·반대·왜곡 또는 비방하거나 그 개정 또는 폐지를 주장·청원·선동 또는 선전하는 행위, 이 조치를 공공연히 비방하는 행위, 그리고 사전 허가를 받지 않은 학생의 집회·시위 또는 정치 관여 행위를 금지했으며, 이런 조항을 위반할 경우에는 주무 장관이 위반자와 '범행' 당시의 소속 학교, 단체나 사업체 또는 그 대표자에 대해 제적·해임·해산·폐쇄·면허 취소 등의 조치를 취할 수 있으며, 아울러 이 조치에 의한 주무 장관의 명령이나 조치는 사법적 심사의 대상이 되지 아니한다는 내용을 담고 있었다. 기존 긴급조치에 견줘 적용 범위를 확대하고, 처벌 규정도 강화한 것이었다.

특히 헌법 개정에 대한 청원 자체를 금지함으로써 유신헌법을 신성불가침의 영역에 올려놓는 동시에 헌법이 규정하는 국민의 기본권을 박탈했다.

긴급조치가 9호가 선포되자 특정 발언이나 표현이 실제로 유언비어인지 여부에 관계없이 권력자의 비위에 거슬리기간 하면 언제라도 영장 없이 체포·구금될 수 있었고, 언론 봉쇄 때문에 누가 그런 부당한 처우를 받게 됐는지조차 알 수 없게 됐다. 그리고 이 조치를 위반했다고 권력자가 판단한 사람에게 취해진 징계 조치는 법의 심판 대상이 되지 않았기 때문에 사실상 권력자는 무소불위의 절대 권력을 갖게 됐다(한국정치연구회 1993, 59).

긴급조치 9호가 선포된 뒤 상당 기간 위축된 민주화운동은 1976년 3월 1일에 발표된 '민주구국선언'을 계기로 재개됐다. 그러나 박 정권은 새로운 긴급조치를 발동하지 않은 채 박정희가 사망할 때까지 4년 6개월 동안 긴급조치 9호를 유지했다. '한국정치범동지회'에 따르면 긴급조치 9호로 구속된 사람은 1387명에 이르렀고, 긴급조치 9호 관련 판결은 1289건으로 피해자 수만도 974명에 이르렀다(진실화해를위한과거사정리위원회 2007, 291).

유신 체제의 긴급조치에서 주목할 점은 긴급조치 위반자는 군인이 아닌 민간인인데도 군사 재판을 받게 한 사실이다. 이 점은 유신 체제의 기반이 군부라는 사실을 노골적으로 드러내는 증거였다. 따라서 긴급조치는 유신 체제의 반민주적 성격뿐 아니라 군부 권위주의 정권이라는 성격을 잘 보여 주는 사례였다.

(5) 전 사회의 군사화 — 군사 교육과 민방위 훈련

총력안보를 내세워 유신 체제를 정당화한 박정희 정권은 국민들에게 북한의 남침 위협을 대비한다는 명분으로 전 사회의 군사화를 추진했다. 1968년부터 자주국방을 내세웠고, 같은 해 일어난 1·21 사태를 계기로 성인 남성을 동원하는 향토예비군을 창설했으며, 학생들에게는 교련이라는 군사 훈련을 부과했다. 유신 체제 선포 이후에는 1974년 박 대통령 암살 미수 사건, 1974년과 1975년의 연이은 땅굴 발견, 1976년 판문점 도끼 만행 사건

등이 벌어짐으로서 남북 간에 군사적 긴장이 고조됐고, 1975년 인도차이나 공산화와 1977년 지미 카터 미국 대통령의 주한미군 철수 계획 발표 등은 남한의 안보 불안을 고조시켰다. 박 정권은 군사 교육을 강화하고 민방위 훈련을 정비하는 등 전 사회의 군사화를 강화했다.

먼저 1973년에 박정희 정권은 '국적 있는 교육'이라는 슬로건을 내걸고 군사 교육을 강화했다. 단순히 교과서를 통해 북한 대남 정책의 실체를 밝히는 지식 위주의 교육을 지양하고 군사 훈련, 특별 활동, 학교 행사 같은 다양한 실천 활동을 강조했다. 1975년 4월에 인도차이나가 공산화되자 군사주의 교육은 다시 강화됐다.[3] 박 정권은 북한의 남침 위협이 높아졌다고 주장하면서 같은 해 7월에 민방위법과 개정 교육법 등 안보 관련 4개 법률을 통과시켰다. 학도호국단은 이승만 시기 어용의 대명사여서 1960년 4·19 뒤에 폐지됐지만, 1975년 5월 21일 국무회의의 의결을 거쳐 부활시켰다. 9월에 문교부는 대학교의 학생회를 폐지하고 학도호국단을 조직하게 했다. 학도호국단은 유신 체제를 강화하고 국가 안보 의식을 고취시킨다는 목표 아래 학생들을 군대와 동일한 조직으로 편성했다. "정부에서 발표한 학도호국단 설치령은 대학을 전국 단위의 군사 편제로 만들었으며 대학교는 마치 군대의 사단 편제를 방불케 했다. 총장을 당해 대학교의 학도호국단 단장으로 했는데, 이는 마치 군대 사단의 사단장과 같은 것이다. 그리고 학도호국단의 부단장은 학생처장이 맡게 했다"(이화여자대학교 1994, 396).

학도호국단은 학생들의 국가 안보 의식 고취를 목적으로 내세웠지만 대학 내 친유신 세력의 육성과 함께 유신 반대 운동의 약화 역시 의도한 것이었다. 특히 학도호국단 간부들은 유신 체제에 대한 이해를 높이고 애국심을 함양하는 정신 교육을 일주일 동안 의무로 받았고, 장학금과 취업에서 혜택을 받았다.

또한 박정희 정권은 1972년 1월부터 '민방공·소방의 날' 훈련을 실시했다. 1975년 인도차이나 공산화를 계기로 한국의 안보가 직접 위협받고 있다고 주장하면서 6월 27일부터 민방공·소방의 날 훈련을 '민방위의 날' 훈련으로 개정했으며, 7월 25일에는 민방위기본법을 제정하고 8월 22일에는 시행령을 공포했다. 내무부는 민방위기본법의 입법 취지가 "첫째, 민방위제도를 확립하여 군사방위와 함께 국가안전을 더욱 튼튼히 보장하며, 둘째, 민방위활동을 통하여 내 마을, 내 직장은 스스로 지키겠다는 자위의 정신을 함양하여 자체방위능력을 제고하고, 셋째, 10대의 학도호국단, 30대의 향토예비군과 함께 40대의 민방위대로 조직화하여 거의 모든 국민이 참여하는 가운데 총력안보태세를 확립하며, 넷째, 이러한 유비무환의 총력안보태세로서 안정을 기하고 이러한 안정을 바탕으로 국가의 도약발전을 도모하는 것"(내무부 1990, 134)이라고 주장했다.

박정희 정권은 내무부에 민방위본부를 설치하고 그동안 부처별로 진행되던 민방위 관련 업무를 총괄하고 조정하게 했다. 9월 22일부터 30일 사이에는 전국적으로 17세 이상 50세 이하의 모든 남자를 대상으로 민방위대를 발족시켰다. 12월 10일에는 민방위 표상(기, 복장, 모자 등)을 제정하고, 1976년 5월 7일에는 민방위기본법 시행 규칙을 제정했다(내무부 1990, 136).

이렇게 박정희 정권은 민방위대를 통하여 17세 이상 50세 이하의 모든 남자를 행정 기관의 통제 아래 뒀고, 민방위 훈련을 통해 주기적으로 동원하는 제도를 마련했다. 민방위대원이 되는 사람은 통리장을 경유해 읍면동장이나 직장장에게 신고해야 했는데, 이사를 가거나 퇴직을 할 때도 반드시 신고하게 법제화함으로써 젊은 성인 남성은 행정 기관의 그물망에서 벗어

---

3 박정희 정권은 베트남이 공산화되자 단체들을 지원해 대규모 안보궐기대회를 개최했다. 국민적 분위기를 안보 우선으로 몰아가 정권 비판을 약화시키려는 전술이었다.

나지 못하게 됐다.

결국 유신 체제는 고등학생은 군사 교육, 대학생은 학도호국단, 성인 남성은 향토예비군과 민방위대, 일반 국민은 민방위 훈련을 통해 전 국민을 동원하는 총력안보 체제를 구축했다. 유신 체제는 반공 안보 심리를 이용해 국민을 다양한 군사주의적 동원 기제 아래로 통합함으로써 전 사회의 군사화를 완성했다.

3. 부마항쟁의 정치, 사회경제적 배경

부마항쟁은 긴급조치와 전 사회의 군사화를 통해 국민을 억압하던 유신 체제에 맞서 투쟁한 민주화운동의 연장선상에서 위치한다. 주목할 점은 유신 선포 이후 서울과 달리 부산과 마산에서는 유신 반대 민주화운동이 전혀 일어나지 않다가 1979년 10월에 갑자기 폭발적으로 분출했다는 사실이다. 이 시위는 서울과 마찬가지로 대학생이 중심이 돼 시작됐지만, 시위가 확산되면서 서울과 달리 일반 민중이 적극적으로 참여한 점에서 독특하다. 1978년 12월 국회의원 선거에서 야당이 승리한 데서 볼 수 있듯이, 1979년 10월 한국 사회에서는 지역을 불문하고 유신 체제에 대한 불만이 고조된 상태였다. 그럼 왜 다른 지역이 아닌 부산과 마산에서만 대규모 항쟁이 발발했는가? 이 질문에 답하기 위해 부마항쟁의 원인을 정치적 배경과 사회경제적 배경으로 구분해 고찰해보자.

1) 정치적 배경

부마항쟁의 정치적, 사회경제적 원인에 대해 기존 연구들은 1970년대 내내 학생운동이 침체되던 부산에서 1979년 10월에 갑자기 부산대학교 학생들이 가두시위를 펼친 이유는 무엇이고, 이것이 대규모 항쟁으로 발전한 이유는 무엇인가에 주목했다. 이것은 부마항쟁의 원인을 지역운동사적 관점에서 내재적으로 접근하는 방식인데, 강조점과 관심에 따라 정치사적 분석과 사회경제사적 분석으로 구분해 살펴볼 수 있다(홍순권 2011, 25).

정치사적 분석은 1970년대 부산 지역 운동 세력의 성장에 초점을 맞췄는데, 중부교회를 중심으로 성장한 민주화운동과 그 흐름이 부산대학교 등 학생운동 세력에 미친 영향, 그리고 여기에 밀접히 연관된 양서협동조합운동 등의 역할에 주목했다. 이런 시도는 1979년의 부마항쟁이 자연 발생적이고 우연적 사건이 아니라 부산 지역 운동 세력의 성장에 따른 필연적 결과라는 것을 밝히려는 작업이었다. 곧 항쟁의 동력이 김영삼 총재 제명 사건 발발 이전에 이미 내부적으로 축적됐다고 파악한다.

사회경제사적 분석은 항쟁 발발 자체보다 전개 과정에 더 주목한다. 평화적 시위가 왜 폭력 투쟁으로 바뀌었느냐는 의문에서 부마항쟁의 발생 원인을 부산과 마산 지역의 산업 구조가 지닌 특수성과 1970년대 말의 경제적 위기 등으로 인식한다. 두터운 저임금 노동자층과 반프롤레타리아트의 형성 등이 부마항쟁의 더 근본적인 원인으로 설명되고 있다(홍순권 2011, 25~26).

이런 내재적 접근에 대조적으로 부마항쟁의 원인을 1970년대 유신 체제가 지닌 모순에서 직접 도출하려는 연구 경향도 존재한다. 이 경우 부마항쟁의 지역적 특성을 염두에 두면서도 유신 말기의 정치 변동과 반유신 투쟁이 지역사회에 미친 영향에 좀더 주목한다. 대체로 긴급조치로 대표되는 유신 체제의 위기적 상황과 한-미 갈등 등 국내외 정세 변화에 주목하면서 유신 말기의 정치적 위기, 곧 YH 사건과 김영삼 신민당 총재 제명 사건을 부마항쟁이 발생한 직접적 계기로 파악한다(홍순권 2011, 26~27).

이런 접근을 대표하는 손호철은 1979년 부마항쟁의 배경을 국제 정치와 국내 정치로 구분했다. 국제 정치적 배경은 한-미 갈등이며, 구체적 사건으로 카터 행정부의 주한미군 철수와 인권 외교, 박정희 정권의 핵무기 개발과 경제 경쟁국화를 제시했다. 국내 정치적 배경은 유신 체제의 반민주성과 억압성이며, 구체적 사건으로 1978년 총선의 신민당 승리, 김영삼 체제라는 신민당의 강경 투쟁 노선의 등장, 박정희 정권의 강경 노선 득세를 제시했다(손호철 2003).

그런데 이 사건들과 부마항쟁 사이에 인과 관계가 성립한다고 보기는 어렵다. "박정희 말기의 한-미 관계는 팽팽한 긴장 관계이고, 이것은 부마항쟁과 박정희 정권의 몰락에 중요한 요인 중 하나로 작동했다"(손호철 2003, 174)는 주장처럼, 한-미 갈등이 박정희 정권이 몰락한 한 원인일 수는 있다. 왜냐하면 한-미 갈등이 김재규가 박 대통령을 살해하기로 결정하는 데 영향을 미쳤을 가능성이 있기 때문이다. 그러나 한-미 갈등이 부마항쟁의 '중요한 요인 중 하나'라고 말하기는 어렵다. 왜냐하면 한-미 관계가 악화한 탓에 많은 시민이 부마항쟁에 참여한 것은 아니기 때문이다. 항쟁에 영향을 미친 것은 한-미 관계의 악화라기보다는 김영삼 총재 제명이나 경제 상황 악화 같은 요인이었다.

부마항쟁의 정치적 배경 또는 원인 중 가장 중요한 것은 국제적 요인이라기보다 국내적 요인이고, 그중에서도 중요한 것은 박정희의 김영삼 탄압이었다. 부산과 마산 시민들은 자기 지역의 대표적 정치인인 김영삼이 탄압받는 데 분노했고, 대학생들이 벌인 반유신 시위에 적극 참여했다. 이 밖에도 다른 중요한 요인들이 존재하지만, 김대중 없이 1980년 5월 광주항쟁의 발발을 설명할 수 없듯, 김영삼 없이 부마항쟁의 발발을 설명할 수 없다. 또한 기존 연구들은 대부분 부마항쟁의 정치적 배경으로 1978년 제10대 총선 결과, 곧 신민당의 승리를 언급했다. 제10대 총선에서 신민당이 32.8퍼센트의 득표율로 31.7퍼센트를 얻은 공화당을 누르고 승리한 사실, 그리고 공화당의 득표율이 1973년 제9대 총선에 견줘 7퍼센트나 줄어든 반면 신민당은 0.3퍼센트 증가해 양당의 지지도 격차가 공화당에 불리한 방향으로 벌어진 사실을 지적했다. 곧 "1978년 10대 총선의 결과는 이후 …… 선명 야당 노선이 탄생하는 촉진제로 작동하는 한편, 유신 체제에 전면적으로 저항하는 부마항쟁의 정치적 배경으로 작동하게 된다고 할 수 있다"(손호철 2003, 82).

그런데 이런 설명은 일부만 적절하다. 10대 총선 결과가 선명 야당 노선이 탄생하는 촉진제라는 지적은 적절하다. 그러나 이런 지적은 박 정권에 대한 불만이 높은 도시들 중 하필 1979년 10월 부산과 마산에서만 '민중 항쟁'이 발생한 이유를 설명하지는 못한다. 이런 사실은 부산과 마산에는 다른 지역에 없는 어떤 특성이 있었다는 점을 말해준다. 기존 연구들은 이 지역의 사회경제적 상황이 다른 지역보다 더 심각했다는 사실을 지적했다. 그렇지만 이런 설명 역시 왜 1979년 10월 중순이라는 시점에 부마항쟁이 발생했는지를 설명하지는 못한다. 결국 김영삼 총재의 제명을 "부마민주항쟁의 서곡인 동시에 직접적 계기"(이행봉 2003, 12)라고 볼 수밖에 없다. 곧 1979년 10월 중순, 부산과 마산에서 발생한 민중 항쟁은 지역의 대표 정치인인 김영삼의 제명을 제외하고는 설명될 수 없다.

그리고 1978년 총선 결과와 부마항쟁의 관계를 언급하면서 기존 연구들은 전국적 수준의 총선 결과에만 관심을 기울였다. 곧 부마항쟁은 1978년 총선 결과가 말해주듯이 유신 체제에 대한 불만이 폭발했다는 것이다. 그러나 양자의 관계를 정확히 파악하려면 부산과 마산 지역의 선거 결과를 고찰할 필요가 있다. 일단 제8대 총선부터 제12대 총선까지 두 지역의 선거 결과를 살펴보자.

표 1의 국회의원 선거 투표율 변화를 보면 부산의 투표율은 제10대가 74.3퍼센트로 제9대의 70.3퍼센트에 견줘 약간 상승했고 제8대의 72.1퍼센트와 비슷하다. 다만 야당 바람이 크게 분 제12대의 85.3퍼센트에 견줘서

표 1. 국회의원 선거 투표율 변화(제8대~제12대)

	전국	서울	부산	경남
제8대(1971)	73.2	59.2	72.1	79.3
제9대(1973)	71.4	62.0	70.3	66.9
제10대(1978)	77.1	68.1	74.3	80.7
제11대(1981)	77.7	71.1	68.8	83.4
제12대(1982)	84.1	81.1	85.3	87.5

표 2. 국회의원 선거 정당 득표수, 득표율 변화(제8대~제12대)

	민주공화당(제8대~제10대) 민주정의당(제11대~제12대)	신민당(제8대~제10대) 신한민주당(제12대)	민주한국당(제11대)
제8대(1971)	부산 275,714(40.3) 마산 23,458(34.22)	부산 379,497(55.4) 마산 25,429(37.10)	
제9대(1973)	부산 246,387(35.07) 마산 29,907(42.74)	부산 340361(48.46) 마산 24,107(34.45)	
제10대(1978)	부산 348,730(29.38) 마산 63,069(38.50)	부산 464,539(39.13) 마산 57,963(35.38)	
제11대(1981)	부산 750,990(60.54) 마산 41,795(27.61)		부산 325,360(26.23) 마산 29,973(19.80)
제12대(1982)	부산 408,616(27.42) 마산 56,586(28.52)	부산 639,724(36.49) 마산 54,287(27.36)	부산 408,834(23.32) 마산 22,035(11.10)

는 상당히 낮다. 제9대에 대비한 제10대 총선에서 부산의 투표율 증가(4퍼센트)는 전국 평균(5.7퍼센트)이나 서울(6.1퍼센트)의 증가율에 견줘 낮다. 이런 사실은 유신 체제의 억압에 대한 불만이나 1970년대 말의 사회경제적 어려움 등이 부산 시민들을 1978년 총선 투표장으로 불러냈다고 말하기 힘들게 한다. 물론 투표율이 상승하지 않은 요인은 다양하겠지만, 최소한

유신 체제에 대한 불만이 부산 시민들을 투표장으로 이끌지는 않았다는 사실은 분명하다.

또한 **표 2**의 국회의원 선거 정당 득표율의 변화도 상당히 흥미로운 결과를 보여준다. 제9대와 제10대 총선의 경우 부산에서 공화당과 신민당 후보가 받은 득표율을 보면, 공화당은 35.07퍼센트에서 29.38퍼센트로 5퍼센트포인트 이상 감소했고 신민당 역시 48.46퍼센트에서 39.13퍼센트로 9.33퍼센트포인트 감소했다. 그러나 두 선거 모두 하나의 선거구에서 2명을 선출하는 중선거구제로 치러졌기 때문에, 제9대에는 부산의 4개 선거구 중 신민당은 2개 지역구에서 복수 공천을 하고 다른 두 지역구에는 민주통일당 후보가 출마했다. 제10대에는 신민당의 복수 공천은 없었지만 부산 5개 선거구에서 모두 민주통일당 후보가 출마했고, 제1선거구(영도, 중)에서도 강한 야당 성향의 무소속 예춘호 후보가 출마했다. 곧 두 선거 모두 야당 후보가 2명 이상 출마했다. 따라서 야당 후보들의 득표를 모두 합산할 경우 제9대에서 야당 득표율은 56.80퍼센트이고, 제10대에는 54.95퍼센트로 별로 감소하지 않았다. 마산도 공화당의 득표율은 제9대 42.74퍼센트에서 제10대 38.50퍼센트로 4퍼센트포인트가량 감소한 반면, 신민당은 34.45퍼센트에서 35.38퍼센트로 0.93퍼센트포인트 상승했다.

이 결과는 제10대 총선에서 야당이 거둔 승리가 부산에 그대로 적용되지 않는다는 사실을 보여준다. 제10대 총선에서 여당이 야당에 뒤진 전국적인 선거 결과는 부산에는 해당되지 않는다. 왜냐하면 이미 제9대는 물론 제8대에도 야당이 우세했기 때문이다. 제8대 총선에서 신민당의 지지율 55.4퍼센트가 보여주듯이 부산에서는 이미 1970년대 초반부터 야당이 우세했고, 그 경향은 유신 체제 내내 지속됐다. 더욱이 1985년 제12대 총선 결과(신민당과 민한당 지지율 합산 59.81퍼센트)가 보여주듯이, 부산에서 야당의 우세는 제5공화국까지 지속됐다. 물론 제10대 총선의 결과, 전국적으로 유신 체제에 대한 반감이 높다는 사실이 확인됨으로써 1979년 10월 부산과 마산 지역 시민들이 여기에 고무됐을 수도 있지만, 1978년 총선에서 야당의 승리와 부마항쟁의 발발을 '무조건' 연결시키는 기존 시각은 재고가 필요하다.

2) 사회경제적 배경

부마항쟁의 사회경제적 배경은 항쟁 발발 원인보다 전개 과정에서 학생들 말고도 왜 많은 민중이 참여했고 평화 시위가 왜 폭력 투쟁으로 전화됐는지를 설명하는 데 유용하다. 기존 연구들은 부산과 마산 지역 산업 구조가 지닌 특수성과 1970년대 말의 경제적 위기 등을 제시했다.

먼저 부산민주화운동사 편찬위원회(1998)와 홍장표·정이근(2003)은 세계 자본주의의 위기와 부산 지역 경제의 내재적 한계를 노동 집약적 경공업 중심의 공업 구조가 지닌 취약성과 중화학공업화 배제라는 외부적 요인의 결합으로 이해한다. 중화학공업에 대한 과잉 투자와 중복 투자에 따른 한국 자본주의의 축적 위기가 가장 약한 고리인 부산과 마산에서 먼저 폭발했다는 것이다(차상환 2014, 167).

부산 지역은 산업화 초기 이래 신발, 섬유, 합판 등 경공업 부문이 주종이었고, 마산의 수출자유지역 역시 섬유, 종이, 식품 등이 주종이었다. 이런 업종들은 수출 의존성이 높은 노동 집약적 산업으로서 저임금과 장시간 노동에 기초하기 때문에 취업 불안과 저소득에 따른 생활고를 야기하고 영세 기업의 저임금 노동자, 실업자 등 하층 노동자와 도시 빈민층의 사회적 불만을 누적시켰다(부산민주화운동사 편찬위원회 1998, 393). 특히 부산 지역은 유신 체제 이후 박정희 정권이 정력적으로 추진한 중화학공업화에서 배제되면서 한국 산업 구조의 변화에서 뒤처지게 됐다. 합판, 섬유, 신발 등 부산의 주력 산업들은 선진국의 보호무역주의 때문에 성장의 한계에 부딪혔다.

그런데 1978년 말 전세계를 강타한 제2차 석유 파동은 부산과 마산 지역에 큰 타격을 줬다. 한국의 경제성장률은 1977년 12.7퍼센트, 1978년 11.6퍼센트였는데, 석유 파동으로 1979년에 갑자기 6.4퍼센트로 하락한 뒤 1980년에는 아예 -5.7퍼센트로 폭락했다. 특히 부산과 마산 지역은 유가 상승과 함께 원면, 원단, 원목, 고무 등 원자재 수입 가격이 폭등하면서 더욱 심각한 타격을 입었다. 부산 지역의 부도율은 1971년만 하더라도 전국과 서울 대비 약 1.1배였는데, 1979년에는 전국 평균의 2.4배, 서울의 3배로 급증했다. 또한 수출에 의존하던 부산 경제의 1979년 수출증가율은 10.2퍼센트로 전국의 18.4퍼센트에 훨씬 못 미쳤고, 그 결과 상당수 부산 시민이 일자리를 잃고 생존의 위기에 처했다. 1979년 마산 지역의 부도율도 전년도의 2배 이상인 37퍼센트로 상승하면서 수출자유지역의 가동률이 하락하고 휴업 업체가 증가했다. 1979년 휴업 업체는 5개였고, 1980년에는 11개 업체가 폐업해서 입주 기업체는 88가로 감소했다(부산민주화운동사 편찬위원회 1998, 393).

또한 1977년부터 시행된 부가가치세와 1979년의 물가 상승(도매물가지수 18.8퍼센트 상승)도 부산과 마산 지역 민중들에게 큰 타격을 줬다. 간접세의 약 절반을 차지하는 부가가치세는 역진성이 높았다. 소득 계층별로 볼 때 최하위 소득 계층 10퍼센트가 소득 중 가장 높은 비율의 부가가치세를 지불했다. 이렇게 급등하는 물가와 조세의 역진성 강화는 전반적으로 조세부담률이 증가하는 상황에서 민중의 생활을 악화시켰다. 따라서 명목임금이 큰 폭으로 상승하더라도 실질소득을 개선할 여지는 거의 없었다. 부산의 경우 의복 제조업에서 수출업체의 임금은 평균 16.2퍼센트 상승하고 하청업체는 평균 17.6퍼센트 상승했지만, 물가상승률에도 못 미치는 상황이었다. 국민총생산 기준으로 볼 때 조세부담률은 1966년 10.7퍼센트에서 1979년 17.2퍼센트로 증가했고, 부가가치세가 도입된 1977년부터 간접세는 직접세를 능가했다(부마민주항쟁기념사업회 1989, 244~245).

한편 손호철은 다른 연구들과 달리 부마항쟁을 한국 땅에서 신자유주의 정책 때문에 촉발된 최초의 '반신자유주의적 저항'이라고 주장했다. 곧 박정희 정권 말기의 중화학공업 과잉 중복 투자와 제2차 석유 파동이 중첩돼 야기된 경제 위기에서 박 정권은 국제통화기금IMF에 구제 금융을 신청했다. IMF는 구제 금융을 제공하는 전제 조건으로 긴축 등 신자유주의 정책을 내걸었다. 박 정권은 이 조건을 받아들여 1979년 4월에 '경제안정화종합시책'을 발표했는데, 이것이 중소기업의 도산과 민중 생활의 궁핍화를 가져왔다는 것이다(손호철 2003, 62).

결국 기존 논의들을 정리하면, 1970년대 중화학공업의 과잉 투자와 중복 투자, 세계적 경제 위기, 여기에 대응한 박 정권의 신자유주의 정책이 부산과 마산의 경제 상황을 악화시켰고, 그 결과 저임금 노동자, 도시 빈민, 실업자들이 대학생들이 촉발한 시위에 적극 참여하게 됐다. 이렇게 부마항쟁의 사회경제적 배경은 많은 민중들이 시위에 참여했을 뿐 아니라 폭력을 사용할 정도로 분노한 이유를 어느 정도 설명해준다.

4. 부마항쟁의 결과 — 신군부의 집권

부마항쟁에서 촉발된 권력 내부의 갈등은 김재규의 박정희 살해를 가져왔고, 이 사건은 유신 체제의 종언으로 인식되면서 민주주의가 회복될 것으로 예상됐다. 그러나 예상과 달리 군의 일부 세력이 12·12 쿠데타를 일으켜 권력을 장악함으로써 박정희의 유고는 유신 체제의 붕괴가 아니라 박정희 없는 유신 체제의 지속으로 귀결됐다. 유신 체제가 붕괴한 뒤 군부가 재집권하는 과정을 살펴보기 위해 박정희 정권의 주관적 문민 통제를 고찰해보자.

1) 하나회 육성과 윤필용 사건

군사 쿠데타 이후 박정희를 포함해 많은 군인들은 군복을 벗고 정계, 관계, 경제계 등 사회 각 부문에 진출해 핵심 요직을 차지했다. 박정희 정권은 군인들을 이용해 많은 정책들을 추진했기 때문에 군은 상당 기간 한국 사회를 움직이는 가장 핵심적인 세력이 됐다. 이 과정에서 박정희는 군 내부에 친위 그룹을 지원해 육성하는 한편, 퇴역 군인들에게는 공화당과 국가 기관, 공공 단체, 국영 기업체 등에 일자리를 제공함으로써 자신에 대한 충성을 유도했다(한용원 1993, 313).

그러나 군정 시기에 벌어진 여러 차례의 반혁명 사건에서 볼 수 있듯이, 자신을 따르지 않는 군인은 가차없이 제거함으로써 군을 길들였다. 또한 한-일 회담 반대 투쟁과 교련 반대 투쟁 등 자신에 반대하는 민주화운동에 대해서는 위수령과 계엄령을 선포하는 등 군을 동원했는데, 이런 방식은 군인들이 자연스럽게 박정희 정권과 일체감을 갖게 만드는 효과를 발휘했다. 일부 예외가 있지만 박 정권은 집권 초기부터 이런 방식으로 군을 통제한 탓에 민군 관계와 관련해 주관적 문민 통제의 유형으로 평가할 수 있다.

박 정권 시기 군에 대한 통제 과정은 다음과 같다. 박정희 사후 12·12 군사 쿠데타를 주도하고 권력을 장악한 신군부의 핵심인 하나회는 박정희가 지원하고 육성한 군부 내 사조직이었다. 박정희는 5·16 군사 쿠데타를 주도한 육사 8기를 견제하기 위해 최고회의 의장 시절 비서관으로 근무한 전두환, 노태우 등 영남 출신 육사 11기생들을 친위 세력으로 육성했다.[4] 영남

---

4 4년제 육사는 한국전쟁 기간 중인 1951년 10월 진해에서 설립됐고, 11기부터 13기까지 피난지인 진해와 부산에서 교육이 실시됐기 때문에 영남 출신이 많이 입교했다. 이전 육사와 달리 대학 교육 위주로 4년간 교육을 받고 임관해 자부심은 물론 동료 의식과 서열 의식이 강했다(한용원 1993, 319).

출신 전두환, 노태우, 손영길, 정호용, 권익현, 최성택, 김복동 등이 1963년 2월에 친목 모임 형식으로 조직한 '칠성회'를 편애한 박정희는 군 내부에서는 서종철, 윤필용 등에게, 군 외부에서는 박종규 등에게 후원하게 했다. 칠성회는 권력의 비호 아래 정규 육사 출신을 포섭해 조직을 확대했고, 명칭도 '하나회'(일심회)로 개칭해 군 내부의 사조직으로 성장했다. 하나회는 '태양(대통령)을 위하고 조국을 위하는 하나같은 마음'이라는 의미를 담았는데, 기수마다 회원을 충원해 육사 출신 동창회인 북극성동창회를 장악했다. 1960년대 말에는 군부 실력자 윤필용의 적극적인 비호에 힘입어 잠재적인 정치 세력으로 성장했다(강창성 1991, 357~360; 한용원 1993, 319~320).

윤필용은 군인 시절 측근 중 가장 오랫동안 박정희를 보좌한 인물이다. 1954년 박정희가 5사단장 시절 군수 참모로 등용됐고, 그 뒤 7사단장, 군수기지 사령관, 6관구 사령관 등을 역임할 때도 참모장과 비서실장 등으로 보좌했다. 5·16 직전 육군대학 교관으로 가면서 잠시 떨어졌지만 쿠데타 직후 최고회의 의장 비서실장으로 복귀했다. 그러나 민정 이양 뒤에는 군에 복귀해 전방 연대장을 하다가 1964년 서울지구 방첩대장, 1965년 방첩부대(이후 보안사령부)장에 기용되었다. 이때 윤필용은 하나회 장교들을 부하로 거느리기 시작했다. 육사 11기의 노태우와 권익현, 12기의 정동철과 이광근 등이 방첩부대의 보안처, 정보처, 대공처, 서울지구대 등에 실무과장으로 포진했다. 윤필용 방첩부대장(1965년 3월~1968년 2월) 시절 하나회는 군부 내 실세 그룹으로 뿌리를 내렸다(김재홍 1994, 292~294).[5]

그러나 영남 출신을 중용한 박정희의 선택은 비영남 출신들의 불만을 샀고, 삼선 개헌과 유신 선포 과정에서 일부 군부 엘리트의 반대 행위가 표출됐다. 이런 상황에서 윤필용은 이후락 중앙정보부장과 밀착돼 박 대통령의 퇴진과 이후락의 승계를 언급했고, 그 결과 윤필용 사건이 터졌다(한용원 1993, 321). 당시 윤필용은 술자리에서 이후락에게 박정희가 "건강이 약해지기 전에 물러나시게 해 우리가 모시고 후계자를 내세워야 한다"는 요지의 이야기를 하면서 이후락이 후계자가 돼야 한다고 말했다고 한다. 그 술자리에 동석한 신범식 당시 서울신문사 사장이 이 사실을 박종규 경호실장에게 보고하면서 이 만남은 윤필용 사건, 곧 모반 기도 사건으로 비화됐다(강창성 1991, 361~362).

사실 윤필용 사건은 박정희가 후계 문제를 거론한 행위를 자신의 권위에 대한 도전으로 간주해 응징한 에피소드에 불과하지만, 사건 조사 과정에서 하나회의 정체가 드러났다는 점에 의의가 있다. 사건을 조사한 보안사령관 강창성에 따르면, 하나회는 정규 육사 출신을 매기별로 정원제를 유지해 가입시키되 그 수는 약 5퍼센트 수준인 10여 명 내외로 하고, 회원의 다수는 영남 출신이 점하고 여타 지역 출신은 상징적으로 가입시키며, 비밀 점조직 방식으로 조직하되 가입 때 조직에 신명을 바쳐 충성할 것을 맹세하게 하고, 고위층에게서 활동비를 지급받거나 재벌이 주는 자금을 수령하며, 진급과 보직상의 특혜를 누렸다. 특히 파벌 의식을 조장하는 '우리 편' 의식이 강했고, 대통령의 비호를 등에 업고 직속상관에게 결례를 범하는 경우도 있었다. 이렇게 하나회 회원들이 진급상의 특혜를 받고 군의 위계질서를 문란하게 하자 군 내부에서는 불만과 위화감이 심화됐고, 군의 사기에도 적지 않은 영향을 미쳤다(강창성 1991, 363~365; 한용원 1993, 321).

박정희는 하나회에 대해 짐짓 모르는 체했지만, 강창성이 하나회를 철저히 파헤쳐 제거하려고 하자 3관구 사령관으로 좌천시켰다. 강창성은 친위세력으로 하나회를 키운 박정희의 의도를 읽지 못했기 때문에 버림받았다.

---

5   윤필용은 20사단장과 주월 맹호사단장을 거쳐 1970년 1월부터 1973년 3월까지 수경사령관을 지내다가 '윤필용 사건' 때 제거된다.

이 사건으로 소장 윤필용, 준장 손영길(수경사 참모장), 김성배(육본 진급인사실 보좌관), 대령 권익현(76연대장), 지성한(범죄수사단장), 신재기(진급인사실 요원) 등 장교 10명은 횡령, 수뢰, 직권 남용, 군무이탈죄 등으로 징역 15년에서 2년까지 선고받았고, 안교덕, 정동철, 배명국, 박정기, 김상구 등 31명의 장교들이 전역했다(한용원 1993, 321). 또한 윤필용이 박정희의 후계로 지목한 이후락은 박 대통령의 신임을 회복하기 위해 김대중을 납치해서 오히려 통치에 부담만 줬다. 이후락의 라이벌 박종규도 이후락의 덫, 곧 김대중 납치 사건에 대한 항의로 박정희를 암살하려 한 문세광의 저격 사건으로 물러났다(한용원 1993, 324~325).

한편 윤필용 사건을 계기로 군부 내 동기회를 제외하고 모든 사조직이 해체되면서 하나회도 명목상 해체됐다. 하나회 회원들 중 40여 명이 예편되기는 했지만, 그 밖의 회원들은 박종규 청와대 경호실장, 서종철 청와대 안보특보, 진종채 수경사령관을 비롯해 차규헌, 황영시, 유학성, 김시진 등의 비호를 받아 제거되지 않았다(강창성 1991, 372). 제거되는커녕 살아남은 하나회 회원들은 진종채와 전두환이 국군보안사령관으로 재임할 때 세력을 더욱 강화했고, 보안사령부에도 하나회 출신 장교들이 다수 등용됐으며, 하나회에 대항한 자들은 예편되거나 진급이 좌절됐다(강창성 1991, 374~375; 한용원 1993, 321~322).

유신 체제에서 주요 군 인사는 하나회의 후원 세력인 서종철, 노재현, 진종채 등 영남 군벌 3인이 처리했다. 특히 서종철은 1972년 육군참모총장을 마친 후 바로 청와대 안보특보로 기용됐고, 1973년부터 1977년까지 4년 넘게 국방부 장관을 지낸 뒤 1978년 다시 청와대 안보특보가 됐다. 서종철은 1군 사령관과 육군참모총장 시절 하나회 리더들과 깊은 인연을 맺었는데, 전두환 대령과 노태우 대령이 수석부관을 지내고 김진영 소령 등이 전속부관을 지냈다. 영남 군벌들은 1979년 3월 전두환 소장을 보안사령관으로 추천해 임명되게 했다. 원래 보안사령관은 수경사령관과 군단장을 거친 장성 중에서 임명하는 것이 관례였지만, 전두환은 영남 군벌들의 지원에 힘입어 이런 관례를 깨고 1사단장에서 바로 보안사령관이 됐다(김재홍 1994, 309~310). 사실 전두환이 보안사령관이 된 것은 진종채의 실각 때문이었다. 1975년 2월 육군 보안사령관으로 부임한 진종채는 해군과 공군의 보안부대를 통합해 1977년 9월에 국군보안사령부를 창설해서 다른 기관의 눈총을 샀다. 그러다가 장교 월북 사건을 납치 사건이라고 허위 보고한 일이 발각돼 중앙정보부가 보안사의 일반 정보 업무를 수행하지 못하게 했고, 경호실에서는 진 사령관의 대통령 독대 보고를 저지했다. 결국 1979년 진종채가 물러나고 전두환이 보안사령관에 취임했다(한용원 1993, 326, 332).

2) 김재규와 차지철의 갈등

윤필용 사건 뒤 수경사령관에 영남 출신의 진종채가, 강창성 보안사령관 후임에 경기 출신의 김종환이, 이후락 중앙정보부장 후임에 신직수가, 박종규 경호실장 후임에 차지철이 부임해 친위 세력이 정립鼎立 상태를 형성했다. 그 뒤 차지철 경호실장이 두각을 나타내는 와중에 1976년 12월 신직수의 후임으로 김재규가 중앙정보부장에 부임하면서 김재규와 차지철의 갈등이 시작됐다.

김재규는 박 대통령과 육사 2기 동기이자 경북 선산 출신의 동향 후배다. 1950년대 중반 5사단장 박정희 준장 휘하에서 참모장을 지냈고, 5·16 직후 쿠데타에 참여하지 않았지만 호남비료 사장에 임명되는 등 중용되기 시작했다. 이어 6사단장을 거쳐 윤필용의 후임으로 육군보안사령관(1967년 12월~1971년 9월), 제3군단장(1971년), 유정회 국회의원(1973년), 건설부 장관(1974~1976년), 중앙정보부장(1976년 12월~1979년 10월)을 지내면서 권력의 핵심이 됐다.

김재규는 윤필용과 갈등 관계였는데, 둘의 갈등은 1968년 1·21 사태 때문에 시작됐다고 한다. 1968년 1월 19일 북한 무장 공비들이 남하하자 윤필용의 방첩부대는 수도권 외곽을 지키는 김재규의 6관구 사령부에 매복선을 쳐줄 것을 요청했는데, 매복선을 쳤을 때는 이미 공비들이 그 지점을 통과한 뒤였다. 방첩부대는 이 책임을 6관구 사령부가 져야 한다고 청와대에 보고했고, 6관구는 작전 실수에 대한 경고를 받았다(김재홍 1994, 298).

김재규는 1968년 윤필용의 후임으로 보안사령관에 기용되자 윤 부대장 시절 중용된 하나회 장교들을 지구대 등 변방으로 내쫓았다(김재홍 1994, 290). 그리고 주월 맹호사단장으로 나간 윤필용을 김재규 보안사령관의 비서실장 출신인 황인수 중령(육사 12기)이 맹호사단 보안대장으로 파견돼 감시했다. 황인수가 맹호사단의 부정을 본국에 보고하자 윤필용이 황인수를 명령 불복으로 구속하라고 헌병대에 지시했지만, 현지 참모들의 중재로 해프닝에 그쳤다고 한다(김재홍 1994, 290). 또한 윤필용이 수경사령관으로 근무할 때는 영내에서 통신보안부대 대원들이 전화를 도청했다. 윤필용은 1971년 8월 초 헌병대를 보내 영내 보안부대를 습격해서 녹음테이프를 수거하고 사무실을 폐쇄한 뒤 출입을 막았다. 그리고 그해 9월에 김재규가 보안사령관에서 제3군단장으로 전출되자 윤필용의 위세는 더욱 높아졌다(김재홍 1994, 297). 이런 관계 때문에 김재규와 하나회 역시 자연스럽게 적대적 또는 경쟁적 관계가 됐다.

차지철은 1974년 8월 대통령 경호실장이 된 뒤 경호실 체계를 바꿨다. 첫째, 경호 체제의 강화와 정신 자세 확립이라는 명분 아래 직원에 대한 스파르타식 훈련을 실시해 경호실 분위기를 쇄신했다. 둘째, 차장 밑에 행정차장보와 작전차장보를 신설해 현역 장성을 임명했는데, 전두환, 노태우, 김복동 등이 작전차장보를 역임했다. 셋째, 청와대 내외 경호 병력인 수경사 30경비단과 33경비단을 대대급에서 연대급으로 격상시키고, 경호실 요원의 복장을 히틀러의 나치 친위대 복장처럼 변경했다. 넷째, 1978년부터 매주 금요일 30경비단 연병장에서 경호실 요원, 30경비단과 33경비단, 공수단, 특경대의 '국기 강하식'을 거행했다. 다섯째, 경호 목적상 필요한 경우 수경사를 지휘할 수 있다는 대통령령을 제정해 민간인 경호실장이 군 지휘권까지 행사할 수 있게 했다. 여섯째, '보안 경호'를 내세워 정보 수집은 물론 정치 공작 업무까지 수행했다.

또한 차지철은 정보처라는 공식 기구 이외에도 관계와 재계에 대해 이규광의 사설 정보대를 이용해 부정과 비위를 중심으로 정보를 수집하고, 야당에 대해서는 공화당과 유정회의 심복 의원들을 활용해 정치 공작을 추진했다. 이규광의 정보대는 정보부와 보안사에서 정보 업무 종사 경력자 15명 정도를 핵심 요원으로 차출했고, 지방의 경우에는 정보부와 보안사 현직 종사자를 요원으로 포섭한 뒤 세포 조직으로 활용해 정보를 수집했다. 이렇게 차지철이 국회 요직을 비롯해 행정부와 군 인사에 개입하고 야당에 대한 정치 공작까지 담당하자 정계, 군부, 기관 등에서 비난 여론이 일어났고, 친위 세력 사이에서도 불만이 커졌다(한용원 1993, 334~335).

차지철은 1977년만 해도 김재규 부장과 밀월 관계를 유지하고 2인자 행세를 하지 않았지만, 1978년부터 국기 하강식을 하면서 2인자 행세를 하기 시작했다. 1978년 12월 총선 패배의 책임을 지고 김정렴이 물러나고 김계원이 비서실장에 취임하자 대통령 접견 업무를 경호실이 장악해 사실상 비서실도 장악했다. 나아가 당에는 대통령의 의중을 팔고 대통령에게는 당의 뜻이라고 둘러쳐서 국회의 요직과 당의 요직을 자신의 뜻대로 관철시키는 술수도 구사했다.

한편 1976년 12월 중앙정보부장이 된 김재규는 국내 문제보다는 박정희 정권을 괴롭히고 있던 미국의 코리아게이트에 매달렸다. 이런 상황을 핑계로 차지철은 이규광의 정보대를 이용해 국내 정보를 수집한 뒤 대통령에게 보고함으로써 신임을 얻었다. 반면 김재규는 손호영 등 중정 요원들의 잇단 망명과 공작 누설로 신임을 잃고 있었다. 그러나 당시에는 10년간 비서실장에 재임하면서 대통령의 두터운 신임을 받은 김정렴 실장이 권부의 지주로 자리잡고 있었기 때문에 차지철이 독주할 수는 없었다(한용원 1993, 336~338).

김재규와 차지철의 갈등은 백두진 파동을 계기로 표출되기 시작했다. 차지철은 신민당의 반발과 일부 공화당 의원들의 심정적 반발을 무시하고 자신의 심복인 유정회 의원 백두진을 제10대 국회의장으로 추천해 관철시켰다. 이후 공화당과 국회 간부 개편에서도 차지철의 의도가 관철됨으로써 김재규는 뒷전으로 밀렸다.

두 사람은 1979년 5월 30일 신민당 전당대회를 계기로 다시 충돌했는데, 차지철은 이철승 체제를 유지시키려 했지만 김재규는 김대중의 김영삼 지원을 방치함으로써 김영삼을 총재로 당선시키는 데 일조했다. 이후 YH 사건, 서울민사지법의 김영삼 총재 직무 집행 정지 판결, 그리고《뉴욕 타임스》인터뷰를 빌미로 한 김영삼 의원직 제명안 의결 등의 사건이 이어지면서 두 사람의 갈등은 고조됐다. 결국 부마항쟁은 양자의 갈등을 극도로 고조시켰고 김재규는 박정희를 살해했다(한용원 1993, 338~339).

그런데 박정희라는 절대 권력자가 사라진 국가 통치권의 공백 상태에서 박정희가 육성한 신군부는 다시 쿠데타를 통해 권력을 장악했다. 사실 대통령이 사망한 뒤 유신 체제의 핵심 기관들은 기능을 상실했다. 중앙정보부는 대통령 살해 집단으로 낙인찍혀 무장 해제됐고, 청와대 경호실도 차지철 실장은 피살되고 차장인 이재전 중장은 직무 유기 혐의로 합수부에 구속됐다. 이런 상황에서 보안사만이 당시 거의 유일하게 제 기능을 한 탓에 보안사령관인 전두환이 합동수사본부장을 맡아 권력의 핵심으로 부상했고, 하나회 장교들의 무력 지원에 힘입어 군부 핵심 기관인 수경사를 제압함으로써 실권을 장악했다.

결국 박정희 사후 신군부가 국가 권력을 장악할 수 있었던 이유는 정상적인 권력 승계 절차가 무력화돈 상황에서 군부를 제외한 다른 어떤 세력도 국가 권력을 장악할 능력이 없었기 때문이다. 유신 체제는 박정희라는 절대 권력자 개인에게 모든 권력을 집중시켰을 뿐 아니라 장기 집권까지 보장한 '일인 독재 체제'였다. 그렇기 때문에 법적 승계 절차는 존재했지만, 실제 권력의 이행을 보장하는 것은 아니었다. 이런 점은 유신 헌법의 절차에 따라 새로운 대통령으로 선출된 최규하가 실권 없이 형식적 역할만 수행하다가 신군부에 의해 축출된 사실이 잘 보여준다. 또한 정상적인 민주주의 체제라면 권력을 승계할 수 있는 정당도 무력화됐기 때문에 박정희 사후 군부를 제외한 어떤 세력도 권력을 장악할 수 없었다. 집권 여당인 민주공화당은 입법부를 약화시킨 유신 체제 아래서 의회 정치와 함께 무력화됐고, 야당인 신민당과 재야 세력 역시 권력을 장악하기에는 힘이 부쳤다. 따라서 박정희 사후 박정희가 육성한 신군부가 권력을 장악하는 것은 시간 문제였다. 다만 신군부도 권력을 장악하려면 유신 체제의 해체를 지향한 선배 군인들을 무력으로 제거하는 수고를 덜 수는 없었다.

5. 나가는 말

1979년 10월 부마항쟁은 멀게는 4월혁명의 민주주의 정신, 가깝게는 긴급조치에도 불구하고 저항을 멈추지 않은 유신 반대 민주화운동의 연장선상에 위치한 민중 항쟁이었다. 부마항쟁은 대학생의 시위에서 시작됐지만 민중의 자발적 참여와 아무도 예상치 못한 강력한 투쟁성을 보여줌으로써 신속한 군 투입을 가져왔다. 특히 김재규가 박정희의 제거 없이는 민주주의 회복이 불가능하다는 점을 깨닫게 함으로써 18년 박정희 체제를 종언시키는 데 결정적 역할을 했다.

그러나 박정희의 사망이 민주화가 아닌 군부의 재집권으로 이어지면서 부마항쟁의 역사적 의미는 다른 민주화운동에 견줘 제대로 인식되지 못했다. 1980년대 민주화운동을 이끈 광주항쟁은 유신 체제의 붕괴가 가져온 '서울의 봄'이 있었기 때문에 등장할 수 있었다. 부마항쟁이 없었다면 서울의 봄이 없었을 것이고, 서울의 봄이 없었다면 광주항쟁도 등장하기 어려웠을 것이다(조정관 2009, 299). 따라서 민주주의를 지향한 부마항쟁의 정신은 광주항쟁으로, 다시 1980년대 민주화운동으로 이어졌고, 결국 1987년 6월 민주항쟁이 성공할 수 있었다. 이런 점을 고려할 때 성공과 실패를 떠나 한국 민주화운동사에서 부마항쟁이 지닌 의미는 누구도 부정할 수 없다.

이런 문제의식 아래 이 글은 부마항쟁의 원인과 결과, 특히 유신 체제의 반민주적 성격과 군사화, 그리고 유신 체제의 붕괴가 민주주의 회복이 아닌 군부 재집권으로 귀결된 이유를 고찰했다. 구조적 차원에서 군부 재집권의 원인은 유신 체제가 박정희 개인에게 절대 권력을 부여하고, 정당과 국회를 무력화하고, 저항 세력을 억압했기 때문에 절대 권력의 공백 이후 군부 이외에 어떤 다른 세력도 권력을 잡기 힘들었다는 점이다. 또한 박정희의 주관적 문민 통제 역시 군부 재집권의 중요한 요인이다. 박정희는 자신에게 충성을 바치는 친위 세력으로 군부 내 사조직인 하나회를 육성해서 꾸준히 군과 권력 핵심부에 기용했다. 하나회를 중심으로 한 신군부는 강한 결속력을 지닌 집단으로 성장했고, 박정희 사후에 신속히 권력을 장악할 수 있었다. 결국 박정희의 군에 대한 주관적 문민통제는 자신의 사후에 신군부가 권력을 장악할 수 있게 했다.

마지막으로 이 글은 부마항쟁의 결과와 관련해 박정희의 사망을 유신 체제의 붕괴와 동일시하는 일반적 시각에 재고를 요청한다. 신군부가 유신 헌법을 폐기하고 새롭게 제정한 제5공화국 헌법은 대통령 간선제, 입법부의 역할 제한 등 유신 헌법과 상당히 유사하다. 다만 두 헌법의 가장 큰 차이는 대통령 권력의 정도에서 볼 수 있다. 대통령 비상조치권 폐지와 단임제에서 볼 수 있듯이 제5공화국 헌법은 유신 헌법보다 대통령의 권한을 약화시켰다. 그렇지만 제5공화국 헌법은 민주 헌법과 거리가 멀었고, 일부 완화된 내용도 전두환 정권에 의해 제대로 운영되지 않았다. 여기서 자연스럽게 유신 체제와 제5공화국의 관계를 어떻게 볼 것이냐는 질문이 제기된다. 제5공화국은 박정희 없는 유신 체제인가, 아니면 유신 체제와 다른 새로운 군부 권위주의 정권인가? 이 질문에 답하려면 좀더 정교한 연구가 필요한 만큼 앞으로 연구 과제로 삼을 것을 제안한다.

참고 문헌

강준만. 2002. 《한국현대사 산책 1970년대》 2. 개마고원.

강창성. 1991. 《일본/한국 군벌정치》. 해동문화사.

김대곤. 1985. 《10.26과 김재규》. 이삭출판사.

김명수·전상인. 1994. 〈한국민군관계의 역사적 전개와 발전방향 — 비교 역사적 분석〉. 《전략논총》 2.

김재홍. 1994. 《軍》 1. 동아일보사.

______. 1998. 《박정희의 유산》. 푸른숲.

내무부. 1990. 《민방위제도 총설》.

민주공원. 2003. 《부마민주항쟁 연구논총》. 민주공원.

민주화운동기념사업회 한국민주주의연구소 엮음. 2009. 《한국민주화운동사》 2. 돌베개.

박상렬. 1988. 〈한국사회 지배체제에서의 군부의 위상과 군부내 권력관계〉. 《동향과 전망》 2. 114~133.

박철규. 2003. 〈부마민주항쟁과 학생운동〉. 민주공원, 《부마민주항쟁 연구논총》.

부산민주항쟁기념사업회. 1989. 《부마민주항쟁 10주년 기념 자료집》. 부마민주항쟁기념사업회.

부산민주화운동사 편찬위원회 편. 1998. 《부산민주운동사》. 부산시사편찬위원회.

서중석. 2009. 〈부마항쟁의 역사적 재조명〉. 서중석 외, 《부마민주항쟁의 역사적 재조명》.

서중석 외. 2009. 《부마민주항쟁의 역사적 재조명》. (사)부산민주항쟁기념사업회 부설 민주주의사회연구소.

손호철. 2003. 〈1979년 부마항쟁의 재조명〉. 민주공원, 《부마민주항쟁 연구논총》.

신광영. 1999. 〈1970년대 전반기 한국의 민주화운동〉. 배긍찬 외, 《1970년대 전반기의 정치사회변동》. 백산서당.

안병욱 외. 2005. 《유신과 반유신》. 민주화운동기념사업회.

양병기. 1998. 〈한국 민군관계의 역사적 전개와 교훈〉. 《국제정치논총》 37(2).

이은진. 2006. 〈10.18 마산민주항쟁의 참여요인〉. 《가라문화》 제20집.

이행봉. 2003. 〈부마민주항쟁의 개관, 성격 및 역사적 의의〉. 민주공원, 《부마민주항쟁 연구논총》.

이화여자대학교. 1994. 《이화 100년사》. 이화여자대학교 출판부.

전재호. 2005. 〈유신체제의 구조와 작동기제〉. 안병욱 외, 《유신과 반유신》. 민주화운동기념사업회.

정근식. 2000. 〈부마항쟁과 79~80레짐〉. 《지역사회학》 제2호.

조갑제. 1987. 《유고! 부마사태에서 10.26정변까지 유신정권을 붕괴시킨 함성과 총성의 현장》 1, 2. 한길사.

______. 2007. 《박정희》 1, 2. 조갑제닷컴.

조정관. 2008. 〈유신체제, 부마항쟁 그리고 80년대 민주화운동〉. 《3.15 의거 48주년 및 부마민주항쟁 29주년 학술토론
　　　　회 자료집》.

______. 2009. 〈한국민주화에 있어서 부마항쟁의 역할〉. 《부마민주항쟁 30주년 기념 부마민주항쟁의 역사적 재조명》.

진실과화해를위한과거사정리위원회. 2007. 《2006년 하반기 조사보고서》.

차성수. 2003. 〈부마민주항쟁과 부산정치지형의 변화〉. 민주공원, 《부마민주항쟁연구논총》.

차성환. 2014. 《부마항쟁과 민중》. 한국학술정보.

한만길. 1997. 〈유신체제 반공교육의 실상과 영향〉. 《역사비평》 가을호.

한용원. 1993. 《한국의 군부정치》. 대왕사.

홍승권. 2011. 〈부마민주항쟁 연구의 현황과 과제〉. 《항도부산》 제27호.

7장

박정희 정권의 '호국 영웅 만들기'와 전통문화유산 정책

1. 들어가는 말

박정희 정권은 한국 현대사에서 가장 오래 집권한 만큼 한국 사회의 모든 부문에 가장 많은 유산을 남겼다. 긍정적으로 평가하건 부정적으로 평가하건, 박 정권의 유산에 관련해 사람들은 빠른 경제 성장이나 권위주의 통치가 남긴 유산을 떠올린다. 그런데 또 하나 주목해야 할 유산은 한국인의 역사 인식, 특히 민족사에 대한 인식이다. 박 정권은 다른 모든 부문에서 그렇듯 역사 인식에도 절대적 영향력을 행사했다. 민족사의 위인과 주요 사건을 정권의 관점에서 해석하고 그 역사 인식(또는 역사관)을 다양한 정책을 통해 국민에게 확산시켰다. 특히 기념일 제정, 기념식 거행, 애국선열 동상 건립, 문화유산의 보수와 정화 등 다양한 사업을 통해 정권의 역사 인식을 전파했다. 물론 그런 민족사 인식이 거짓이라거나 이 사업들을 모두 '전시 행정'으로 평가 절하할 필요는 없다. 박 정권이 선택한 역사관은 어느 정도 '사실'에 근거했고, 당대 일부 역사학자들의 견해였다. 또한 위인을 발굴해 민족사의 영웅으로 찬양하고, 관련 유적을 보수하고 정화하거나 새로운 기념물을 만드는 일도 대중들의 민족주의 의식을 고양시키기 위해 많은 국민국가들이 시행한 '전형적인' 사업이었다.[1]

　그럼에도 불구하고 박 정권 시기의 역사 인식은 많은 문제가 있다. 왜냐하면 자신의 정치적 의도를 '과도하게' 역사에 투영해 국민들에게 '편향된' 역사 인식을 주입했기 때문이다. 자신들의 정치적 목적을 정당화하는 데 필요한 특정 인물과 사건을 발굴해서 다양한 해석의 가능성을 무시하고 특정 담론을 동원해 포장했다. 그 결과 특정 인물과 사건에 대해서는 정권의 해석이 자연스럽게 정설이 됐다. 예를 들어 박 정권은 자신들의 지배 담론이던 군사주의와 국가주의를 강화하기 위해 한반도 역사상 '외세'와 벌인 전투를 모두 '민족'을 수호하기 위한 대외 항쟁으로 해석한 20세기 초 민족주의 역사가들의 인식을 강조했을 뿐 아니라 확대하고 재생산했다.[2]

　대표적 사례가 고려 시기 삼별초의 항쟁을 '대몽 항쟁'으로 해석한 것이다. 그런데 삼별초에 대해서는 '민족 항쟁'으로 보는 관점 이외에도 '반역'으로 본 왕조 시대의 관점, '민족, 민중 항쟁'으로 보는 관점, 권력 집단 내부의 정쟁으로 보는 관점 등 여러 해석이 있다(이익주 2000, 205). 또한 박 정권은 이순신이나 의병처럼 봉건 시대 충군忠君 이념에 충실한 인물과 집단을 전부 '민족을 위한 구국의 영웅'으로 만들었다. 물론 이런 해석이 잘못된 것은 아니지만, 왕조의 충신과 국민국가의 애국자를 동일시하는 것은 '역사의 원근법'을 무시한 '일면적' 해석이다(강옥초 2005, 26).

　따라서 박 정권이 한국인의 역사 인식에 미친 부정적 사례들을 밝히고 잘못을 바로잡는 것은 박 정권이 남긴 부정적 유산을 청산하는 데 반드시 필요한 작업이다. 이 글은 이런 문제의식에서 박 정권이 어떤 역사적 인물과 사건을 선택해 어떤 논리로 자신들의 정치적 목적 또는 지배 담론을 정당화 했는지를 고찰한다. 그리고 자신들의 역사 인식을 국민들에게 확산시키기 위해 어떤 노력을 기울였는지를 '전통문화유산 정책'을 중심으로 고찰한다. 이런 작업은 박 정권의 시각으로 규격화된 역사적 인물과 사건에 대한 해석 에서 벗어나 좀더 '객관적인' 해석을 할 수 있게 만들 것이다.

이 글에서는 먼저 민족사에 대한 박 정권의 인식이 시기별로 어떻게 변화 했는지를 살펴본다. 다음으로 박 정권이 이순신을 '민족의 태양', 성웅^{聖雄}으 로 만든 과정, 그 작업이 지닌 정치적 의미, 그를 통해 박 정권이 국민들에게 전달하려 한 담론을 고찰한다. 나아가 1970년대 박 정권이 발굴한 '호국 위 인'과 '민족사상의 선현'이나 유적들에 대한 정치적 의미도 살펴보려고 한다. 마지막으로 박 정권이 주조한 역사 인식의 현재적 의미를 고찰한다.

2. 박정희 정권의 한국사 인식

군사 쿠데타 직후 박정희의 이름으로 출간된《우리민족의 나갈 길》(1962)과 《국가와 혁명과 나》(1963)에 따르면 한국사에 대한 박정희의 인식은 매우 부 정적이다. 이 점은《우리민족의 나갈 길》의 제2장 제목이 '우리 민족의 과거 를 반성한다'이고, 《국가와 혁명과 나》의 제8장 1절의 제목이 '오천년의 역 사는 개신되어야 한다'인 데에서 잘 드러난다. 심지어 박정희는 "이 모든 악

---

1 역사학자 홉스봄(Eric Hobsbawm)은 19세기 말부터 20세기 초까지 주민들의 민족주의적 통합을 위해 유럽의 여러 국가에서 의식적으로 '전통'을 대량 발명한 사실을 밝혔다(에릭 홉스봄 외 2004).
2 이런 인식은 20세기 초 신채호 같은 민족주의 역사가들에서 시작됐다. 그 역사가들은 국망(國亡)의 위기에서 대 중이 역사를 통해 민족주의 의식을 지니게 하려 했다.

의 창고 같은 우리의 역사는 차라리 불살라 버려야 옳은 것"이라는 극단적인 평가까지 했다(박정희 1969, 302).

또한 박정희는 우리 민족의 역사를 '퇴영과 조잡과 침체의 연쇄사'로 규정했는데, 그 근거로 '자초지종 남에게 밀리고 거기에 기대어 살아 온 역사', '우리의 당파상쟁', '자주, 주체 의식의 부족', '경제 향상에 대한 창의적 의욕 부재'를 제시했다.[3] 또한 한민족의 역사를 외세의 침략을 중심으로 정리했다.

> 고조선 시대 한무제의 침략을 받아 그들의 봉령封領으로 …… 사㝹군을 설치당한 데서부터 시작하여, …… 삼국시대에 있었던 수·당의 한민족의 침략, …… 고려조에 있었던 글안契丹·몽고·왜구 등의 입구(?), 이조 중엽까지의 임진왜란, 병자호란을 거쳐 그 뒤의 청일 전쟁 …… 끝으로 일본의 단독 침략 …… 이 나라의 역사는 하루도 평안한 날이 없이 외세의 강압과 정복의 반복 밑에 겨우 생활 아닌 생존을 연장하여 왔다. (박정희 1962, 296~298)

그리고 박정희는 이렇게 한반도가 지속적으로 외적의 침략을 받은 이유로 "스스로를 약자시하고 남을 강대시하는 비겁하고 사대적인 사상"을 주장했다. 그러면서 "민족중흥을 기하려면 우선 어떠한 일이 있더라도 이 역사를 전체적으로 개신"해야 한다고 주장했다(박정희 1962, 301~302). 물론 박정희는 이런 부정적 평가 이외에도 《우리민족의 나갈 길》에서 '전승해야 할 유산'으로 '지방자치의 발생: 향약과 계', '국난극복을 위한 애국전통: 이충무공과 의병운동, 동학농민운동 등', '서민문학의 개화', '퇴계와 실학사상'을 제시했지만, 지속적인 외세의 침략과 사대주의를 강조했다.

결국 이런 인식은 "백척간두에서 방황하는 조국의 위기를 극복"하기 위해 '군사혁명'을 일으켰다는 주장에서 볼 수 있듯이, 과거 역사를 통해 자신들의 군사 쿠데타를 정당화하려는 의도를 가진 것으로 보인다. 곧 당시 조국의 위기와 지속적인 외세 침략의 역사, 이것을 초래한 민주당 정권과 사대주의에 등치시킴으로서 자연스럽게 자신들의 군사 쿠데타가 "이 역사를 개신" 하기 위한 행동이라는 점을 보여주고 싶었던 것이다.

그런데 한민족의 역사에 대한 박정희의 부정적 시각은 1960년대 중반부터 변화되기 시작했다. 한민족이 지속적으로 외세의 침략에 시달렸다는 인식은 변하지 않았지만 강조하는 내용이 변화했다. 외세의 침략에 대해 '호국애족'하던 민족사의 영웅들, 그리고 그 영웅들의 '살신성인'과 '멸사봉공'의 정신을 강조했다. 그리고 이 정신을 현실에서 재현하기 위해 1960년대 후반부터 이순신 장군 관련 유적들을 보수·정화했고, 1970년대에는 한국사에서 외세의 침략에 저항한 많은 흐국 위인을 발굴해 관련 유적을 보수·정화했다. 또한 국난 극복의 현장도 발굴했그, 유적이 없는 경우에는 기념탑과 기념비 등을 조성했다. 당시 금산의 칠백의총 유적 보수를 비롯해 임진왜란 관련 유적과 여러 시기의 문화 유적을 간직하고 있는 강화도의 유적들(고려궁지, 강화성, 광성보, 신미양요 순국 무명용사비 등)이 보수됐고, 유관순, 윤봉길 의사 등 항일 독립운동 관련 의사들의 사당도 건립됐으며, 서울 성곽, 부산의 금정산성 등 전국의 주요 성곽들이 보수됐다(전재호 2000, 91).

다음으로 박 정권은 1960년대 후반 경제 발전의 성과가 가시화되자, 호국 문화유산과 함께 한민족의 역사에서 '우수한 문화와 전통'을 정리해 보전하고 육성하는 사업을 진행했다. 출발을 알린 것은 1967년 4월 25일에 열린 '종합민족문화센터'의 기공식이었다. 비록 이 계획은 본래 의도대로 진행되지는 못했지만, 1968년에 공보부와 문교부의 문화재관리국과 국립박

---

3 《우리민족의 나갈 길》 2장 '우리민족의 과거를 반성한다'에서는 '이조사회의 악유산(惡遺産)들'로 '사대주의적 자주정신의 결여', '게으름과 불로소득관념', '개척정신의 결여', '기업심의 부족', '악성적 이기주의', '명예관념의 결여', '건전한 비판정신의 결여'를 제시했다(박정희 1362).

물관을 합쳐 문화공보부를 발족시켜 전통문화에 대한 좀더 종합적이고 체계적인 정책을 추진했다.

특히 문화공보부 산하 문화재관리국은 문화재의 조사 발굴 활동, 전국민속종합조사사업, 전국명승조사사업, 전국유형문화재현황조사사업, 전국지정·비지정문화재 조사 등 다양한 사업을 실시하는 동시에 전통문화유산을 관리하는 문화재보호법을 대폭 강화했다. 더욱이 문화재개발5개년계획(1969~1974년)과 제1차 문예중흥5개년계획(1974~1978년) 등 대규모 장기 사업을 진행했다. 그 결과 1970년대에 세종대왕, 강릉 오죽헌, 추사 김정희 고택 등 민족 사상(또는 충효 사상)의 선현 유적을 비롯해 불국사와 부석사 등 전통문화 유적들이 복원됐다. 또한 전통문화 보존 시설을 확충하기 위해 부여박물관(1971년), 국립중앙박물관(1972년), 공주박물관(1973년), 경주박물관(1975년), 광주박물관(1978년)을 개관했다(전재호 2000, 90~91).

이렇게 1960년대 말 이래 진행된 박 정권의 전통문화유산 정책은 외세의 침략과 그런 침략을 초래한 민족의 무능과 결함을 지적하는 부정적 시각에서 국난 극복의 정신과 민족사의 위대한 유산과 전통을 강조하는 긍정적 시각으로 전환됐다는 사실을 보여준다.

3. 이순신 '민족 영웅' 만들기

박정희 정권은 국가주의, 군사주의, 발전주의 같은 자신들의 지배 담론을 국민들에게 전달하는 하나의 방법으로 민족사의 위인과 민족사적으로 중요한 사건을 발굴해 지배 담론에 결부시켰다. 예를 들어 위인들이 국난 극복의 과정에서 겪은 고난과 승리의 이야기는 당시 북한의 남침 위협을 근거로 박 정권이 강조하던 '자주국방'이나 '총력안보' 같은 구호에 자연스럽게 연결되면서 군사주의와 국가주의 담론을 정당화하는 역할을 했다.

한민족의 역사에서 이런 목적에 가장 적합한 인물은 이순신이었다. 이순신은 임진왜란에서 큰 전공을 세워 당대부터 중요한 인물로 인식됐지만, 평가는 시기에 따라 상이했다. 임진왜란 종전 직후 이순신은 원균과 동급인 선무공신 1등으로 녹훈됐다. 당대에는 임진왜란 최고의 전쟁 영웅으로 인정받지 못한 것이다. 그러다가 조정의 지배 세력이 바뀐 인조반정(17세기 중반) 이후 최고의 전쟁 영웅이자 국왕의 충직한 신하, 조선 중화주의의 대표적 인물로 부상했다. 이순신은 일본 제국주의의 침략에 대응하던 20세기 초에는 신채호에 의해 '조선제일위인', 곧 '민족의 영웅'이 됐다. 일본의 침략 앞에서 일본군을 격퇴한 이순신만큼 반일의 상징성을 띤 민족사적 인물은 없었기 때문에 당대 민족주의자들이 가장 선호하는 영웅이 됐다.

그러나 일제 강점기에는 영웅적 면모보다 온전한 인간의 한 전형으로 묘사됐다. 이광수는 소설 《이순신》에서 이순신을 자기희생적이며 충성스러운 인격자, 애국자로 묘사했다. 해방 직후 이순신을 다룬 저서가 출간되면서 다시 민족의 영웅으로 부각됐지만, 1950년대에는 이승만 정권이 신라의 화랑을 부각시키면서 관심이 줄었다(노영구 2004, 340~355). 결국 박정희 정권에 와서 이순신은 본격적으로 민족사의 위인으로 부각됐다.

박 정권은 어떤 의도에서 어떤 방식으로 이순신을 민족의 영웅으로 만들었고, 이순신을 통해 국민들에게 어떤 담론을 전달하려 했는가? 사실 박정희는 개인적으로도 이순신을 존경했다.[4] 박정희가 이순신에게 얼마나 큰 관심을 기울였는지는 집권 18년 동안 이충무공 탄신일 행사에 14번 참석하고 현충사 성역화 과정에 지속적으로 개입한 사실, 충무공 관련 유적 현판에

---

4 박정희는 이광수의 《이순신》에 심취했다고 한다(은정태 2005, 258).

글씨를 쓰고 이은상의 이순신 관련 서적인 《충무공 발자국 따라 태양이 비치는 길로》에 친서를 준 사실 등에서 잘 드러난다.[5]

박 정권이 이순신을 민족사상 최고의 영웅으로 만들기 위해 벌인 대표적 사업은 관련 유적의 보수와 확장이었다. 그중 가장 중요한 것이 현충사의 성역화 사업이었다. 1706년 처음 만들어진 현충사는 1932년에 범국민적 모금을 통해 재건됐다. 1962년에 박정희의 지시에 따라 충청남도가 현충사 경내를 확장하고 유물전시관을 건립했다. 그런데 1966년 박정희는 다시 "충무공 이순신 장군의 사당을 종합적으로 정화하여 성역화할 것"을 지시했다(문공부 1979, 285). 현충사는 문화재관리국의 지휘 아래 1966년부터 1974년 사이에 4차에 걸쳐 사당을 중건하고 기념관을 신축했으며, 생가를 보수하고 묘역과 주변 환경을 정화하는 한편 각종 편의 시설을 갖췄다. 현충사는 1967년 문화재보호법에 따라 사적 제155호로 지정됐다. 주목할 사실은 1967년 현충사 관리소장에 예비역 준장이 임명되고, 직급도 1급 상당이었다는 점이다. 이것은 그만큼 박 정권이 현충사에 관심을 기울였다는 사실을 보여준다. 호국 문화유산을 보수하고 정화하던 1970년대에도 충무공이 삼도의 수군을 통제하던 충무에 제승당을 신축하고, 유허비 등을 보수하고, 경역을 정화하고, 한산대첩 기념비를 새로 건립했다. 또한 충무의 세병관, 여수의 진남관과 충민사 등을 보수하고 정화했다(전재호 2000, 96~97).

둘째, 박 정권은 이순신을 민족의 영웅으로 만들기 위해 동상을 건립했다. 대표 사례가 서울의 세종로 한복판에 세워진 충무공 동상이다. 이 동상은 1966년에 애국선열조상건립위원회가 선정하고 박정희가 비용을 부담해 김세중 교수가 제작해서 이순신 탄신 제423돌을 하루 앞둔 1968년 4월 27일에 제막됐다(정호기 2007, 349). 제작 당시부터 외형을 둘러싸고 논란이 벌어졌지만 수도 서울의 중심에 위치함으로써 명실상부한 '민족의 수호신'이 됐다. 그 밖에도 아산군과 여수 등지에 동상이 건립됐고, 1970년대에는 당시 선현의 동상 건립을 애국으로 간주하던 사회적 분위기에 따라 학부모의 지원을 받아 전국의 많은 학교에 소규모로 건립됐다. 1973년 문화공보부의 '선현 동상 영정' 조사에 따르면 선현의 동상은 32종 352구였는데, 대부분이 이순신 장군(255구)의 동상이었다(신은제 2006, 105~107).

셋째, 박 정권은 국민들이 이순신을 지속적으로 기억하도록 성대한 제례 또는 의식을 매년 정기적으로 개최했다. 충무공탄신기념제는 1962년 4월 27일부터 시작됐는데, 3만여 명이 운집해 '해방 후 최대의 축제'로 알려졌다(은정태 2005, 258). 또한 박 정권은 충무공탄신기념일 행사를 국가 행사에 맞는 의식으로 만들기 위해 1966년 5월 24일 의식제정위원회를 구성해 유교식 제례와 국민의례를 결합시켰다. 현충사 사당 안에서 유교식 제례를 올리는 동안 경내에 대중들을 모아놓고 국민의례에 입각한 기념식을 동시에 진행했다. 한편 박정희는 1967년 충무공 422주년 탄신기념 현충사 성역화 기공식에서 충무공 탄신기념일을 국가 행사로 할 것을 지시했다. 그러나 자문기관 등의 반대에 부딪치자 1967년 11월 6일 문교부령 179호로 충무공탄신기념일을 제정해 거국적 행사를 거행하기로 결정했다(이상록 2005, 329). 이 밖에도 목포에서는 충무공 순국추도식이, 충무에서는 한산대첩 기념제가 지방 당국의 주관으로 개최됐다.

넷째, 박 정권은 다양한 홍보 작업을 통해 이순신의 이미지를 국민들에게 확산시켰다. 박 정권은 텔레비전, 신문, 문화 영화, 교과서 등을 통해 대중들이 현충사를 참배하도록 독려했고, 이런 매체들은 현충사 참배 뒤 대중이 갖게 될 느낌이나 마음가짐까지도 미리 제시했다. 초등학교 3·4학년용 국민교

육헌장 독본에는 현충사를 참배한 어린이가 "장군님, 나라를 지켜주셔서 감사합니다. 저도 훌륭한 사람이 되겠습니다"라고 다짐하는 내용이 나오며, 문화 영화 〈현충사〉에서도 주인공 소녀가 이순신의 조국 수호와 나라 사랑에 감격하고 감동받는 내용의 내레이션이 반복해 나온다(이상록 2005, 330~331). 또 이순신 위인전, 《난중일기》, 《충무공 전기》 등의 출판을 적극 장려했고, 문화공보부에서는 1969년 3월 〈충무공의 노래〉를 제정해 학교에서 부르게 했다. 이런 분위기에 따라 많은 학교가 현충사로 수학여행을 갔다.

박 정권은 어떤 목적을 위해 이순신을 민족의 영웅으로 만들었는가? 먼저 박 정권은 청렴강직, 선견지명, 호국애족, 멸사봉공, 충의절개 등 이순신이 지닌 덕목을 국민들이 본받을 것을 원했다. 박 정권은 자신들이 원하는 목적에 따라 강조하는 덕목을 달리 제시했다. 이를테면 경제개발계획에 동참하자고 호소할 때는 미래를 내다본 선견지명과 실천을 강조했다.

잘 사는 나라, 부강한 나라를 만들려는 경제개발계획에 박차를 가하여야 할 오늘의 우리에게 절실히 요청되는 것은 충무공과 같은 앞을 내다보는 경세가이며, 진정한 애국자, 과묵한 실천가, 충실한 행동인인 것입니다"라고 진술했다. (대통령 비서실 1967, 166~167)

반면 북한 공산주의자의 침략에 대한 대비를 강조할 때는 애국애족, 멸사봉공, 충의절개 등 "조국과 겨레를 위해서 모든 것을 희생한 충무공의 정신"을 강조했다(대통령 비서실 1969, 155).

둘째, 박 정권은 이순신의 반일 이미지를 통해 자신들의 친일 이미지를 희석하려 했다. 1966년 2월 박정희는 충청남도 도지사에게 현충사 정비 계획을 마련하라고 지시했는데, 1965년 말까지 학생과 지식인들이 한-일 국교 정상화 반대 투쟁을 전개한 것을 고려할 때 이순신을 통해 자신의 친일 이미지를 희석하려 한 듯하다. 당시 문화재관리국 문화재과장으로 현충사 성역화 사업의 실무자로 참여한 정재훈에 따르면 일본의 한국 침략이라는 교훈을 절대 잊지 않는 국민정신의 함양이 필요해 이 사업을 전개했다고 증언했다(은정태 2005, 256). 국민들이 일본의 침략성을 떠올리게 하려고 이순신을 내세웠다는 의미다. 그러나 한-일 국교 정상화 반대 투쟁에서 볼 수 있듯이 국민들의 반일 감정이 상당히 고조됐기 때문에 굳이 이순신을 내세울 필요는 없었다. 다만 국교 정상화 이후 정치와 경제 분야의 교류가 확대되면서 경제 부문의 유착과 기생관광 등 한국인의 반일 감정을 자극하는 일들이 발생한 탓에 반일 이미지의 이순신은 박 정권에 도움이 됐다.

셋째, 박 정권은 이순신의 구국 이미지를 통해 자신들의 부족한 정통성을 보완하고, 이순신의 지휘 아래 적군을 섬멸했듯이 박정희의 지도력 아래 온 국민이 뭉칠 것을 요구했다. 먼저 박 정권은 멸사봉공하는 애국 군인의 표상인 이순신에 박정희를 대입함으로써 5·16 군사 쿠데타가 '구국을 위해 불가피한 결단'이었음을 정당화하려 했다(이상록 2005, 340; 이덕일 2004, 170). 또한 이순신이 민족을 구원했듯이, 대통령 박정희의 지도 아래 국민들이 믿고 따라야만 '조국의 위기를 극복하고 찬란한 미래를 보장받을 수 있을 것'이라는 메시지를 전달하려 했다(이상록 2005, 340).

넷째, 박 정권은 이순신과 자신을, 그리고 이순신을 시기해 모함과 무고를 일삼던 간악한 조신들과 자신에 대한 반대 세력을 동일시하는 논리를 통해 자신을 정당화했다. 당시 간악한 조신들이 이순신을 모함해 나라를 위기에 빠뜨렸듯이 반대 세력이 자신의 새 역사 창조를 방해하고 있다고 비난했다. 곧 자신은 "미래를 내다 본 장군의 밝은 총명과 선견지명"으로 "부강한 나라를 만들려는 경제개발계획에 박차를 가"하는 데 견줘, 야당은 "한 치의 앞도 내다보지 못하는 단견과, 아무런 계획이나 한 가지 실천도 없이 덮어놓고 헐뜯고 불평하는 비생산적인 정신적 자세"를 지녔다고 비난했다(대통령 비서실 1969, 166). 결국 박 정권은 이순신과 자신을 동일시함으로써 자신을 향한 비판을 봉쇄하려 했다(전재호 2000, 98~99).

이상에서 살펴본 대로 박 정권은 현충사 보수·정화 사업을 비롯해 여러 정책들을 통해 국민들에게 자신들이 원하는 이순신의 이미지를 전달했다. 박 정권은 국민들에게 멸사봉공, 선견지명, 애국충정 등 자신들이 정형화한 이순신의 정신을 배울 것을 요구하는 동시에 자신들의 정당성을 강조하고 야당을 비판하는 등 정치적 목적을 달성했다. 결국 박 정권은 왕조 시대의 충신인 이순신을 근대 국민국가의 민족 영웅으로 전환시켰다.

4. 호국 위인과 민족사상의 선현 발굴과 충효 사상의 부활

박정희 정권의 '역사의 이용'은 1970년대에 더 두드러지는데, '1·21사태', 무장 세력의 울진, 삼척 지역 침투 등 1968년에 일어난 북한의 공세와 미국 닉슨 행정부의 주한미군 철수 같은 대내외적 변화를 반영한 결과였다. 박 정권은 1968년부터 '자주국방' 또는 '국방력 강화'를 강조하고 1970년대 들어서면서 총력안보 체제를 주장했는데, 이런 주장을 뒷받침하기 위해 국난극복사관을 강조하는 동시에 호국 위인과 유산을 중심으로 한 전통문화유산 정책을 전개했다. 곧 1960년대의 정책이 이순신을 중심으로 전개된 반면, 1970년대의 정책에서는 국난 극복의 호국 유산을 중심으로 전개됐다.

그리고 박 정권은 1970년대 세종대왕처럼 '민족중흥'을 상징하는 역사적 인물과 유산, 신라의 '삼국 통일'과 그 주체인 화랑에도 관심을 기울였다. 전자는 1960년대 경제 발전의 성과에 기인한 정권의 자신감을 반영한 것이었고, 후자는 1972년 7·4 남북공동성명 등 통일 문제에 대한 관심을 반영한 것이었다. 그럼 호국 위인과 유적, 삼국 통일 관련 유적, 민족사상의 선현, 충효 사상 등을 중심으로 1970년대 박 정권이 전개한 전통문화유산 정책과 그것이 지닌 정치적 의미를 살펴보자.

1970년대 박 정권이 가장 심혈을 기울인 부문은 나라와 백성을 위해 목숨을 바친 호국 위인과 유산이었다. 박 정권은 위인들의 호국 정신을 통해 국민들이 총력안보 체제 강화, 총화단결 등으로 대표되는 자신들의 군사주의 담론과 국가주의 담론을 내면화하기를 기대했다. 가장 대표적인 호국 위인은 이순신이다. 이순신 관련 유적은 1960년대에 대부분 보수되고 정화됐는데도 다시 1972년부터 2년간 현충사 성역화를 위해 종합 조경 공사를 실시한 뒤 많은 국민들의 참배를 유도했다. 또한 1974년 현충사 경내에 3만 3000제곱미터가 넘는 충무교육원을 개장해 학생, 교원, 일반인 등을 대상으로 정신 교육과 훈련 활동 프로그램을 실시했다. 1974년 한 해에만 중고생 1000여 명, 교육 공무원·교수 경찰서장·새마을운동 지도자 4000여 명이 연수를 했다.[6] 또한 박 정권은 2년간(1975년 8월 20일~1977년 11월 20일) 이순신에 관련된 새로운 유적을 건립했다. 우선 이순신이 왜군을 무찌르고 제해권을 장악한 본영이던 제승당에 새로 사당을 짓고 유허비 등을 보수해 경역을 말끔히 정화했다. 또한 한국 역사상 3대 대첩의 하나인 한산대첩을 기념하는 비를 건립했다. 그 밖에도 경남 남해의 관음포, 충무의 충렬사 등 충무공의 발길이 닿은 곳을 두루 찾아 보수하고 정화했다.

다음으로 1970년대 박 정권은 외적의 침입을 물리친 다양한 민족사의 위인을 발굴했다. 첫째, 1974년 강감찬 장군의 출생지로 알려진 서울 관악산 기슭에 낙성대를 조성했다. 그곳에는 '강감찬 낙성대'라는 명문이 새겨진 삼층 석탑이 남아 있었는데, 이 탑을 보수하고 사당인 안국사와 사적비를 건

---

6 자세한 내용은 은정태(2005, 264~266)를 참고

립한 뒤 주변을 정화해 조경을 조성했다. 또한 경역에 담장을 설치한 뒤 경
내에 연못과 낙성교 등 조경 사업을 시행했고, 안국사 안에는 장군의 영정
을 봉안한 뒤 전적 기록화를 제작해 전시했다(문화공보부 1979, 149).

둘째, 박 정권은 임진왜란 때 왜적을 물리치다 전원 순절한 중봉 조헌 선
생과 영규대사를 비롯해 칠백 의사의 유해를 모신 금산의 칠백의총을 두 차
례에 걸쳐 보수·정화했다. 1차 사업은 1970년 6월 2일 박정희의 경내 확장
보수와 환경 정화 특별지시에 따라 시작됐다. 사당인 종용사를 헐고 외삼
문, 내삼문, 비각을 신축했고, 관리사무소를 신축했고, 사당 앞의 취의문, 의
총문, 순의비를 확장해 새로 건립하고 주변을 가꿔 호국 유적으로 정비했
다. 또한 1976년부터 2차 정화 공사에 착수해 기념관과 칠백의사순의탑을
새로 건축하고 경내를 대폭 확장해 성역화했다(문화공보부 문화재관리국 1976).

셋째, 박 정권은 1976년부터 한민족의 역사에서 단군의 유적부터 고려와
조선 시기 외세의 침입에서 중요한 장소인 강화도에 있는 문화 유적들을 종
합적으로 정화했다. 1976년에 갑곶돈대, 고려궁지, 강화성, 광성보, 덕진진,
초지진, 삼랑성 등을 복원하고, 1978년에 신미양요순국무명용사비를 완공
했다.[7]

넷째, 박 정권은 1978년 임진왜란 때 동래성을 사수하다 순절한 송상현
부사 등을 모신 부산 충렬사의 경역을 넓히고 사당과 기념관 등을 새로 건
립했다. 또한 1968년에 임진왜란의 전적이 서린 빛나는 대첩과 장렬한 순절
의 격전지인 진주성의 문루와 시설물 일부를 보수했고, 1978년부터 1981
년까지는 성역 전체를 종합적으로 보수하고 복원한 뒤 박물관을 건립했다.

다섯째, 박 정권은 식민지 시기 목숨을 바쳐 항일 독립운동을 전개한 윤
봉길 의사와 유관순 의사를 기리기 위해 충남 예산과 천안에 새롭게 사당을
비롯해 부속 건물을 건립하고 주변 환경을 보수해 성역화했다.

마지막으로 박 정권은 외적의 침입을 막기 위해 만든 대표적인 호국 유적

인 전국 각지의 성곽을 보수하고 정화했다. 1975년부터 조선의 도읍인 한양을 수호하기 위해 쌓은 서울 성곽 복원 공사에 착수해 1980년까지 모두 10킬로미터가 넘는 구간을 보수했고, 4개년 계획을 세워 1977년부터 조선 후기의 축성술을 대표하는 수원 성곽의 성문과 누대 등을 복원하고 부속 시설도 본래대로 다시 지어 옛 모습을 다시 찾도록 보수했다. 그 밖에도 남한산성, 행주산성, 홍주성, 해미읍성, 금정산성, 동래읍성, 상당산성 등 전국의 주요 호국 유적을 보수, 복원, 정화했다(문화공보부 1979, 287~288).

이렇게 박 정권이 호국 위인을 발굴하고 관련 유적을 보수한 이유는 무엇인가? 우선 호국 유적들은 "국난극복의 역사적 유적은 민족의 기상과 뜨거운 조국애의 함성이 울리고 있는 역사의 현장"이어서 "국난극복의 호국의지를 배우는 국민교육도장"으로 이용할 수 있기 때문이었다. "청사靑史에 길이 남는 승전"인 귀주대첩을 이끈 강감찬 장군의 "호국의 얼을 후세에 전하고자" 낙성대 사업을 벌였다는 기술은 이런 점을 잘 보여준다.

그러나 이런 '평범한' 이유 말고도 호국 인물과 유적이 정치적 메시지를 국민들에게 자연스럽게 전달하는 매우 유용한 도구라는 점도 중요했다. 칠백의총 사례가 이 점을 잘 보여주는데, 같은 칠백의총에 대한 박정희의 연설이 시기에 따라 달라진다. 1967년 4월 11일 '금산 칠백의사탑 제막식'에서 박정희는 칠백 의사를 "대의를 위해 혼연히 목숨을 건 훌륭한" 민족의 조상으로 소개하고 그 정신을 이어받아 각자 "자기의 책임을 통해서 국가나 사회에 봉사"할 것을 요구했다(대통령 비서실 1968, 164~167). 그런데 1971년 4월 13일의 '칠백의총 보수 정화 준공식 치사'에서는 향토예비군과 의병을 동일시하면서 예비군 폐지를 내세운 야당 후보를 비방했다.

---

7 강화 전적지 정화 사업은 은정태(2005, 267~275)를 참고.

칠백의사들은 …… 이곳 금산 벌판에서 대적을 맞이하여 죽음을 각오한 격렬한 항쟁을 벌인 조국 수호의 영웅들이었고 향토방위의 용사들이었습니다. …… 요즘 어떤 사람들은 향토 예비군을 없애겠다, 국군을 감축하겠다는 소리를 하고 있습니다. …… 모든 국민이 일치단결하고, 가일층 분발해서 국력을 더욱더 길러야 할 이 마당에 국민의 단결을 어지럽히고 국력배양에 역행하는 경망한 언동은, …… 역사의 준엄한 심판을 면할 수 없는 '망국의 정책'이라고 하지 않을 수 없습니다. …… 향토예비군이란 것은 결코 새로운 것이 아니며, 옛날의 의병과 다름이 없는 것입니다. (대통령 비서실 1972, 224)

박정희는 향토예비군과 의병을 동일시하면서 향토예비군 폐지를 주장하는 '어떤 사람들'을 비난했다. 1971년 제7대 대통령 선거 유세에서 신민당의 김대중 후보가 1968년 1·21 사태 이후 창설된 향토예비군의 폐지를 주장하자 칠백 의사를 동원해 비난한 것이었다. 박 정권이 어떤 방식으로 자신들의 정치적 목적에 맞게 역사적 인물을 이용했는지를 잘 보여주는 사례다.

또한 박 정권은 호국 유적을 통해 국민총화와 총력안보 같은 국가주의 담론을 정당화하려 했다. 국민총화는 1972년부터 강조되기 시작했는데, "당파가 아니라 총화이며, 분열이 아니라 단결"이라는 설명에서 볼 수 있듯이 "국민이 다 같이 일치단결"한다는 의미다(대통령 비서실 1974, 65; 107). 그런데 이것은 거꾸로 말하면 유신 체제에 대한 반대를 허용하지 않겠다는 일종의 '경고'였다.

그리고 박 정권은 민관이 일치단결해 국난을 극복한 역사적 사례들을 강조했다. 대표적 사례가 칠백의총, 진주성, 행주산성, 부산 충렬사 등으로, 임진왜란 시기 무명의 의병 또는 다수 백성들이 '총화단결'로 국난을 극복한 장소였다. 박정희는 칠백의총에 대해 "일단 나라가 위기에 처하게 되면, 싸움은 군인이 한다는 생각을 버리고 남녀노소가 창칼을 들고 전쟁터에 나가

관군과 함께 적과 싸워 국난극복의 선봉이 되었다”고 의미를 부여했다(대통령 비서실 1972, 222).

또한 박 정권은 이순신처럼 위대한 인물보다는 호국 의지를 지닌 많은 백성들, 곧 무명 영웅을 강조했다. 그래서 박 정권은 강화도의 역사 유적 정화 사업에서도 순절한 어재순과 어재연 형제를 기억하는 광성보 유적의 쌍충비 옆에 ‘신미양요순국무명용사비辛未洋擾殉國無名勇士碑를 건립했다(은정태 2005, 273). 그러면서 이런 호국 유적들을 총화 단결된 국민들의 헌신적 희생 정신이 녹아 있는 사적지라고 주장했다. 이렇게 박 정권은 1970년대에 뛰어난 영웅뿐 아니라 나라를 위해 희생한 무명 영웅들에 관련된 유적들을 기념함으로써 국민들에게 그런 희생을 따라할 것을 요구했다.

한편 박정희 정권은 1970년부터 ‘조국의 평화 통일’을 “민족중흥의 위대한 기초 작업이며 민족웅비의 대 설계”라고 주장하면서 통일을 강조했다. 1972년에는 ‘7·4 남북공동성명’을 이끌어내는 등 통일에 대한 국민적 관심을 불러일으켰다. 그러나 남북 간 대화가 단절되고 다시 적대 관계로 돌아가자 민족 통일에 대한 자신들의 의지를 강조하기 위해 한국사에서 통일에 관련된 역사를 동원했다. 박 정권은 1976년 4월 22일 경주 남산 기슭에 “삼국통일의 위업을 이룩한 무열왕, 문무왕, 김유신 장군 세 명의 위인을 기리기 위해” 통일전을 조성하기 시작했다. 그러면서 “자주통일을 위한 오늘날 우리 겨레의 소망을 담아 이를 달성하기 위한 정신적 지주”로 삼겠다는 의의를 제시했다(문화공보부 1979, 289). 그러나 실제로 박 정권이 삼국 통일을 부각시킨 이유는 총화 단결의 담론을 강조하기 위해서였다.

삼국통일은 몇 사람의 힘에 의하여 이루어진 것이 아니라 흠춘欽春, 품일品日, 천존天存, 죽지竹旨, 진주眞珠 같은 용장들과 관창官昌, 반굴盤屈 같은 화랑들과 의상義湘, 명랑明郎 같은 대사들과 당군과 싸우다 순국한 선백仙白, 수모, 탈기脫起, 유동儒冬 같은 명장들이 전 국민과 힘을 합하여 통일대업의 영광을 위하여 헌신적으로 사명을 완수했기에 가능했던 것이다. (문화공보부 1979, 2~4)

박 정권이 굳이 삼국통일의 유적을 새롭게 만든 이유는 신라의 삼국 통일이 명장과 국민들이 힘을 합쳐 가능했듯이 남북 통일도 국민들이 총력안보 체제에 적극 참여해야만 가능하다는 메시지를 전달하고 싶기 때문이었다.

다른 한편 박 정권은 1970년대 조국 근대화의 업적과 대비시키기 위해 민족사상의 선현 유적을 정화했다. 대표적 인물은 세종대왕이었다. 박 정권은 한국사에서 독창적 민족문화의 정수로 인식된 세종대왕 관련 유적을 가장 먼저 보수하고 정화했다. 이 사업은 세종대왕만 별개로 진행된 것이 아니라 박 정권의 전통문화유산 정책의 일부였다. 1976~1977년에 세종대왕의 유택墓宅인 여주 영릉을 정비해 정자각, 제실, 수복방 등 건물을 보수하고, 기념관을 신축하고, 경역을 확장하고, 주변을 정리했다(문화공보부 1979, 289).

박 정권은 역사적 업적을 강조하며 세종대왕의 독창성과 위대성을 기념했다. 우선 1970년 한글날을 국경일로 결정했고, 1968년부터는 한글 전용화 정책을 추진했다. 또한 1975년 서울 중심부인 광화문 네거리에 건립한 민족문화의 전당을 세종문화회관으로 명명했고, 남산 어린이회관 앞에 세종대왕 동상을 건립했다. 1966년부터 세종대왕기념사업회를 지원해 세종대왕 재위 32년간의 업적을 수록한 정사《세종실록》의 국역을 추진해 1976년 30책으로 발간했다(전재호 2000, 100).

다음으로 박 정권은 민족사상의 선현으로 율곡 이이와 어머니 신사임당을 기념하기 위해 오죽헌을 정화했다. 1975~1976년에는 오죽헌의 문성사文成祠와 기념관을 신축하고 고택을 보수했으며, 그 밖의 시설과 주변을 정비했다. 박 정권은 이이의 학문적 업적뿐 아니라 임진왜란에 앞서 10만 양병설을 주장한 유비무환 정신을 강조했다. 또한 신사임당을 우리 역사의 이상적

여성상으로 자리매김하려 했다.

또한 1976~1977년에는 충남 예산의 츠사 김정희 고택을 보수하고 정화했다. 고택을 전면 보수하고 중건해 조선 시대 양반의 가옥 양식을 잘 보여주는 민속자료로 조성하는 동시에 금석학의 선구자이자 실학과 서예의 대가인 김정희를 통해 독창적 문화 전통을 확립한 정신을 배울 수 있게 했다.

박 정권이 1970년대에 세종대왕을 비롯해 학문적 우수성과 독창성을 지닌 인물을 부각시킨 것은 그런 인물들을 찬양하는 자신들도 그런 인물들과 동등한 정도로 민족사상에 기여했다고 말하고 싶었기 때문으로 보인다. 특히 박 정권이 세종대왕의 치적을 강조한 것은 세종대왕을 통해 경제 발전에 성공한 자신의 통치가 민족사에서 세종대왕이 세운 업적과 동등한 위치에 있다는 것을 보여주고 싶었던 의도로 보인다. 또한 박정희는 한글이 '민족 문화의 정수'고 한글 창제는 '국민주체화의 노력'이며 우리 민족은 "훌륭한 내 나라의 글자를 가진 문화민족 …… 으수한 민족"이라고 지적했는데, 자신의 정권이 '민족주체성'을 가진 정권이자 진정한 민족 문화의 계승자라고 주장하려 한 것으로 보인다(대통령 비서실 1969, 313).

마지막으로 박 정권은 1970년대 말부터 충효 사상을 부활시켰다. 충효 사상은 1972년에 처음 내건 '국적 있는 교육'의 연장선상에서 도입됐는데, 국적 있는 교육이란 "국가현실을 정확히 인식하고 올바른 국가관에 입각한 교육"으로 "올바른 민족사관과 우리의 민족사적 정통성을 확고히 정립, 체득하고 그 위에 투철한 국가관과 자주성을 확립"하는 것이었다(대통령 비서실 1974, 114). 다시 말해 "국가의 부강과 국민 전체의 조화된 복지의 실현을 위해, 개인의 이익은 희생돼도 좋다는 협동과 조화의 윤리 위에서 근대 사회의 건설에 공헌하는 의지와 지식을 함양하는 교육"이었다(최주철 1976, 221).

따라서 박 정권은 1973년부터 시정 목표의 하나로 국적 있는 교육의 실시를 표방하고, 주체적 민족 사관의 정립을 위한 국사 교육의 강화, 민족의 전통과 문화적 유산의 올바른 계승, 우리의 민족사적 정통성 고취, 새 한국 인상의 형성으로 확고한 국가관 정립, 한국 민주주의의 토착화를 구체적 목표로 제시했다. 그리고 문교부는 1974년부터 1976년까지 계속 국적 있는 교육의 신장을 장학 방침으로 제시했다(문교부 1988, 352~353).

이런 맥락에서 등장한 충효 사상은 주체적 민족 사관의 정립 담론과 연결됐다. 1977년 2월 4일에 박정희는 문교부 연두 순시에서 처음 충효 사상을 언급했고, 문교부는 1977년 4월 '충효교육을 중심으로 한 도의 교육의 강화방안'을 마련해 이 지시를 구체화했다. 문교부는 충효교육의 목적을 국민교육헌장의 이념을 바탕으로 충효정신을 근간으로 도의 교육을 강화함으로써 부모를 공경하고 나라와 겨레를 사랑하며, 협동·봉사하는 국민을 육성해 밝고 따뜻한 사회 기풍을 진작시키는 것이라고 제시했다. 구체적 방안으로 도덕과 국민윤리 교육에 충효정신을 강력히 반영하고, 충효정신에 입각한 연구 활동을 적극 장려하는 것을 제시했다(조진태 1977, 59~60).

이 밖에도 1978년 '조상전래의 충효 사상에 입각한 도의사상의 앙양'이라는 박정희의 지시에 따라 각급 방송국은 불건전하고 퇴폐적인 외래 풍조를 추방하자는 운동을 펼쳤고, 전통적 미덕을 담은 소재를 다루는 프로그램을 증편했다(강현두·이강두 1980). 박 정권이 충효 사상을 부활시킨 이유는 박정희 자신의 언급에서 찾을 수 있다.

충효 사상은 이처럼 자기가 속한 공동체에 대한 짙고 뜨거운 사랑에 바탕을 두고 있다. 나의 가정이 하나의 조그만 생활공동체라면 국가나 민족은 하나의 커다란 생활공동체이며, 이 두 공동체에 대한 애정은 그 본질에 있어서 조금도 다를 것이 없다. 인간 누구나가 갖고 있는 사랑의 정이 그 생명의 근본인 부모에게로 자연스럽게 분출되는 것이 효도이며, 그것이 자기가 속한 운명과 생활의 공동체인 국가를 향해 분출되는 것이 충성이다. 따라서 자녀를 사랑하고 부모를 공경하고, 화목한 가정을 이룰 수 있는 사람이 곧 국가와 민족을 위해 헌신할 수 있는 사람이다. (대통령 비서실 1978, 22)

여기서 박정희는 국가에 대한 사랑인 충도 부모에 대한 사랑인 효와 마찬가지로 인간의 자연스러운 감정이라고 주장하면서 충효를 동일시했다. 그러면서 인간이라면 마땅히 국가와 민족을 위해 헌신해야 한다는 결론을 제시했다. 이렇게 충효 사상은 박 정권이 국민들에게 국가와 민족을 위해 헌신할 것을 요구하는 국가주의 담론이다.

결국 박 정권은 충효 사상을 통해 국민들이 민족을 (대통령이 가부장제의 수장인) 가족으로 인식하게 하려 했다. 따라서 충효 사상의 부활은 당시 일인 지배 체제의 공고화라는 정치적 상황과 맞물리면서 효를 중심으로 한 가부장적인 권위적 질서 체계를 내면화한 가치가 국가에 대한 충성심으로 자연스럽게 전이되면서 국민들을 통제 위주인 박 정권의 국가 정책에 순응하게 하려는 의도를 지녔다(한국교육개발원 1986, 94).

5. 나가는 말

박정희 정권은 1960년대 후반부터 한국사의 여러 인물과 사건을 불러내어 자신들의 담론으로 포장해서 다양한 방식으로 국민들에게 확산시켰다.[8] 가장 핵심적인 담론은 '나라의 융성이 나의 발전의 근본'이라는 국민교육헌장

---

8 박 정권은 현충사 성역화 사업의 의미를 "애국충정과 충렬강직한 절개를 지닌 이순신을 온 민족의 정신적 의표로 삼아 민족중흥의 횃불이 되게 하기 위해"서라고 기술했다(문화공보부 1979, 99).

의 첫 구절이 보여주듯이 개인보다 국가를 우선시하는 국가주의적 사고였다. 곧 국가를 위해 자신을 희생하는 멸사봉공의 정신이었다. 그래서 박 정권은 1960년대 후반부터 외세의 침략을 강조하는 국난극복 사관을 강조하면서 이순신을 비롯한 호국 위인과 유적을 집중해 부각시켰다. 국민들이 호국 위인과 유적을 통해 멸사봉공의 정신을 자연스럽게 내면화하기를 바랐기 때문이다. 곧 호국 위인과 그 뒤를 따른 많은 백성들이 왕을 위해 목숨을 바쳤듯이 국민들도 국가와 민족을 위해 멸사봉공하기를 원했다. 결국 박 정권은 국민들의 심성에 국가주의를 내면화하는 도구로서 민족사의 위인과 사건을 역사 속에서 호출한 것이다.

이런 역사의 이용은 박 정권이 자신들의 담론을 전달하는 데 상당히 효과적이었다. 국민들은 민족 영웅의 초상화와 유품, 영웅을 기리는 사당과 그곳에 걸린 초상화나 역사 속 전투를 묘사한 그림을 보면서 그 영웅의 '역사적 실존'을 직접 확인할 뿐 아니라 국사 교과서를 통해 '절절한' 사연이 담긴 이야기를 배우거나 《난중일기》 같은 서적을 읽으면서 자연스럽게 일체감을 갖게 됐다. 따라서 호국 위인과 유적을 이용한 전통문화유산 정책은 폭력이나 강제와는 차원이 다른 효과적 수단이었다. 물론 모든 국민이 그런 담론을 내면화했는지는 의문이다. 그러나 국민들은 최소한 역사적 인물과 사건에 대해서 박 정권이 만든 해석을 무비판적으로 받아들였다. 당시 한국인들은 국정 교과서를 통해 한국사를 배웠고, 그런 사실을 진실로 생각하고 수용했다. 더욱이 일반 국민들은 역사적 인물과 사건에 대한 상이한 해석을 접할 기회가 거의 없었다.

박 정권 이후의 정권들도 일부 역사를 이용하기는 했지만 박 정권에 버금갈 만큼은 아니었다. 전두환 정권은 이순신에 대한 '신격화' 사업을 중단시키는 대신 세종대왕을 국민의 정신적 지주로 조명하는 작업을 진행했다(노영구 2004, 355). 그러나 체계적이지 않았고 적극성도 떨어졌다. 김영삼 정권의

'역사 바로 세우기'나 노무현 정권의 '과거사 청산' 작업도 일종의 역사의 이용으로 볼 수도 있지만, 규모나 범위에서 박 정권에 비교할 수 없었다.

그리고 (필자가 과문한 탓인지 모르겠지만) 박 정권 이후 이순신을 제외하고 박 정권이 강조한 호국 위인이나 사건이 특별히 주목받은 적은 없었다. 물론 학계에서는 박 정권의 역사 해석에 대한 비판과 대안적 해석이 등장했지만, 논의가 대중적으로 확산되지는 않았다. 대부분의 한국인들은 여전히 박 정권이 만든 국난극복 사관이라는 시각을 통해 호국 위인과 사건을 이해했다. 그런데 2000년대 초 소설을 비롯한 여러 매체를 통해 이순신에 대한 새로운 접근이 시도되면서 '범인凡人'이 접근할 수 없던 '성웅 이순신'이 '인간 이순신'으로 전환됐다. 이런 사실은 국난극복 사관을 통해 호국 위인과 사건을 바라보는 시각이 얼마나 일면적인 접근인지를 잘 보여준다.

붕괴된 지 30여 년이 지난 지금도 박 정권이 강요한 시각이 우리의 사고를 지배하는 현실은 커다란 문제다. 더 늦기 전에 박 정권이 남긴 부정적 유산을 극복해야 한다. 특히 호국 선현과 사건을 보는 우리의 인식도 국난극복 사관에서 자유로워져야 한다. 국난극복 사관처럼 한국사 해석에 남은 박 정권의 부정적 유산을 찾아내어 그것 때문에 축소되고 왜곡된 전체상을 복원해야 한다. 그러려면 민중적 또는 계급적 시각이나 서발턴subaltern 시각 같은 다양한 시각을 수용해야 한다. 그래서 역사적 인물과 사건의 새로운 측면을 발견해야 한다. 박 정권이 축소하고 왜곡한 한국사의 인물과 사건을 다양한 시각을 통해 재구성함으로써 그 역사적 의미를 정확히 파악하는 것이 우리에게 남겨진 과제다.

참고 문헌

/

강옥초. 2005. 〈영웅, 낡은 용어, 새로운 접근〉. 박지향 외, 《영웅 만들기 — 신화와 역사의 갈림길》. 휴머니스트.

강현두·이강두. 1980. 〈대중문화정책에 대한 고찰〉. 《한국의 사회와 문화》 제1집.

노영구. 2004. 〈역사 속의 이순신 인식〉. 《역사비평》 69호.

대통령 비서실. 1967. 《박정희대통령연설문집》 제3집.

__________. 1968. 《박정희대통령연설문집》 제4집.

__________. 1969. 《박정희대통령연설문집》 제5집.

__________. 1972. 《박정희대통령연설문집》 제8집.

__________. 1974. 《박정희대통령연설문집》 제10집.

문교부. 1988. 《문교 40년사》.

문화공보부. 1979. 《호국선현의 유적》.

__________. 1979. 《문화공보 30년》.

문화공보부 문화재관리국. 1976. 《칠백의총보수정화지》.

박정희. 1962. 《우리민족의 나갈 길》. 동아출판사.

_____. 1969(1963). 《국가와 혁명과 나》. 지문각.

신은제. 2006. 〈박정희의 기억 만들기와 이순신〉. 김학이·김기봉 외, 《현대의 기억 속에서 민족을 상상하다》. 세종출판사.

에릭 홉스봄 외. 박지향·장문석 역. 2004. 《만들어진 전통》. 휴머니스트.

은정태. 2005. 〈박정희시대 성역화사업의 추이와 성격〉. 《역사문제연구》 제15호.

이덕일. 2004. 〈일본 축출의 영웅에서 군사정권의 성웅으로, 다시 인간 이순신으로〉. 《내일을 여는 역사》 18호.

이상록. 2005. 〈이순신 — '민족의 수호신' 만들기와 박정희 체제의 대중 규율화〉. 권형진·이종훈 역. 《대중독재의 영웅 만들기》. 휴머니스트.

이익주. 1994. 〈고려 후기 몽고 침입과 민중 항쟁의 성격〉. 《역사비평》 24집.

_____. 2000. 〈서평 — 윤용혁, 《고려 삼별초의 대몽항쟁》, 일지사, 2000. 310쪽〉. 《한국학보》 27집 3호.

전재호. 2000. 《반동적 근대주의자 박정희》. 책세상.

정호기. 2007. 〈박정희시대의 '동상건립운동'과 애국주의〉. 《정신문화연구》 제30권 제1호.

조진태. 1977. 《오늘의 충효교육》.

최주철. 1976. 《새마을운동의 이론과 철학》.

한국교육개발원. 1986. 《한국교육정책의 이념 Ⅱ》.

8장

박정희 체제의 민족주의

1. 서론

한국 현대사에서 박정희 시기(1961~1979년)는 국가와 민족을 지칭하는 구호들('민족적 민주주의,' '민족중흥,' '조국근대화,' '한국적 민주주의,' '민족주체성,' '자립경제,' '자주국방,' '국적 있는 고육')이 유달리 많이 등장했다. 더욱이 박정희 체제는 이전까지 금기이던 민족주의라는 용어를 사용했을 뿐 아니라(대통령 비서실 1973b, 529), 자신의 정책을 민족주의로 정당화했다(진덕규 1992). 물론 다른 정치 체제들도 자신들의 정책을 '국가와 민족을 위한 것'으로 정당화했지만, 그 체제들은 민족주의를 표방하지도 않았고 박정희 체제만큼 많은 민족주의적 구호를 사용하지도 않았다.[1]

그런데 박정희 시기의 민족주의에 대한 연구는 민족주의적 구호의 과잉에 견줘 상대적으로 빈곤하다. 그동안 이 시기에 대한 연구들은 주로 국가론,

역사사회학, 지식사회학, 정치경제학적 패러다임을 중심으로 진행됐다. 물론 기존 연구들이 박정희 시기의 경제 발전의 기원과 전개 과정, 박정희 개인에 관한 사실 파악과 이론화에서 많은 성과를 냈을지라도, 이 연구들은 박정희 체제가 왜 그렇게 많은 민족주의적 구호를 사용했는지에 대해서는 의문을 갖지 않았다.

더욱이 이런 주제를 다뤄야 하는 연구들도 이 문제에 거의 관심을 기울이지 않았다. 박정희 시기의 민족주의를 다룬 기존 연구들은 한국 민족주의의 전개 과정을 설명하면서 박정희 시기를 하나의 성격, 곧 '분단국가주의'(강만길 1987), '근대화 민족주의'(진덕규 1992; 박명림 1996), '복고적 회고주의적 민족주의'(박호성 1997) 등으로 정의한다. 이 연구들은 한국의 민족주의를 한국 사회에 존재하는 이데올로기로 인식하고, 각자의 통찰력에 근거해 각 시기별로 민족주의적 과제를 정한 뒤, 이를 기준으로 각 시기의 특징을 정의했다. 그러나 이 연구들은 이 시기의 민족주의의 존재를 당연한 것으로 여겼기 때문에 거시적인 민족주의의 성격을 규정할 뿐 자신들의 통찰력을 뒷받침할 충분한 분석을 결여하고 있거나, 그 민족주의가 지닌 내용의 변화에 둔감했다.

다음으로 민족주의에 대한 자신만의 개념 정의에 기반해 박정희 시기의 민족주의를 평가하는 규범적 연구들이 있는데, 이 연구들은 박정희 체제가 '민족주의'라는 입장(정재경 1979; 박원탁 1978), '민족주의'였지만 '반(反)민족주의적'으로 변화했다는 입장(김운태 1987), 처음부터 '반민족주의'였거나 또는 이 시기에는 민족주의가 존재하지 않았다는 입장(강만길 1986; 서중석 1995)으로 다시 구분된다. 그런데 이 연구들은 모두 자신이 민족주의라고 설정한 정의속에 이미 그 평가를 내포하고 있기 때문에 자신의 입장만을 진리, 곧 '진정한' 민족주의라고 주장하는 주관적 오류에 빠지게 된다.

다른 한편 이 시기의 이데올로기를 다룬 기존 연구들 중 일부는 민족주의에 관심을 가진 반면(이우영 1991), 다른 연구는 반공 이데올로기에 초점을 맞추고 안정과 발전 등 다른 이데올로기와 함께 어떻게 권위주의 체제를 강화시켰는가에 대해서만 관심을 가졌다(임현진·송호근 1994). 그런데 이런 연구들은 특정 이데올로기가 어떤 담론 구조를 통해 어떻게 수용자에게 수용되는지에 대해 분석하지 않았다는 한계를 지니고 있다.

이 글은 기존 연구들의 한계(민족주의의 구체적 분석의 결여, 민족주의를 참/거짓의 이데올로기로 보는 관점, 지배 이데올로기의 수용에 대한 연구의 미비)에서 벗어나기 위해 민족주의를 담론 개념으로 접근한다. 담론은 다양한 의미로 사용되지만, 언어를 통해 개인들에게 제공하는 어떤 의미 구조나 표상이라기보다는, 그것이 개인들을 특정한 방식으로 실천할 수밖에 없게 만드는 실천의 양태와 그런 실천을 강제하는 규칙이다(Foucault 1992). 즉 담론은 어떤 사물thing을 의미하는 언어language와 대비되는 하나의 행위 개념으로서, 의미를 만들고 재생산하는 사회적 과정을 포괄하는 개념이다.

이런 담론 개념이 민족주의를 분석하는 데 유리한 이유는 민족주의 개념의 특성에서 찾을 수 있다. 민족주의는 일반적으로 대외적 자주, 대내적 민주주의, 경제적 자립이라는 목표를 담고 있는 이데올로기로 이해되지만, 자기 완결적 논리 구조를 갖추기보다는 다른 이데올로기와 결합하는 '이차적 이데올로기secondary ideology'의 성격을 지니고 있다(Eccleshall 1994, 30). 이런 특성은 민족주의가 자유민주주의, 국가주의, 연방주의, 국수주의, 자본주의, 사회주의 등 다양한 이데올로기와 결합함으로써 자신의 모습을 드러낸 역사에서 잘 나타난다.

1　다른 정치 체제들이 내건 구호는 이승만 체제의 '자유민주주의,' '반일', '북진통일,' 민주당 체제의 '경제제일주의,' 전두환 체제의 '선진조국 창조'와 '정의사회구현,' 노태우 체제의 '위대한 보통 사람들의 시대,' 김영삼 체제의 '세계화,' '국제화,' '신한국' 등이다.

　따라서 한 시기의 민족주의를 파악하려면 어떤 하나의 이데올로기만을 '진실된' 민족주의라고 주장하기보다는, 특정 이데올로기를 신봉하는 각 정치 세력들이 어떤 민족주의적 목표를 내세우며, 이 목표를 어떻게 달성하려 하고, 이 목표와 방법의 정당성을 얻기 위해 어떻게 민족주의 담론을 생산하고 유포하는지를 봐야 한다. 즉 각 정치 세력들이 민족주의적 상징성을 획득하기 위해 어떻게 노력하며, 이 과정에서 어떻게 권력 관계가 작동하는지를 밝히려면 단순히 참/거짓의 이분법을 내포하고 있는 이데올로기 개념보다 담론 개념을 사용하는 것이 적절하다.[2] 더욱이 담론 분석은 텍스트에 침전돼 있는 이해관계들과 언어 전략을 가시화해 말의 생산과 유통에 개입하는 사회적 힘과 종속화 전략을 드러낸다는 점에서 이데올로기적 국가장치가 기능하는 방식을 포착하지 못하는 이데올로기론을 보완할 수 있다.[3]

　이 글은 박정희 체제가 체제의 안정·연장·강화를 위해 '위로부터의 민족주의'(Hobsbawm 1992)를 추진했고, 이 과정에서 민족주의 담론을 생산하고 실천했다고 주장한다. 즉 박정희 체제는 당시 한국 사회에 존재하고 있던 민족주의적 감정에 편승하기 위해 자신의 지배 이데올로기를 민족주의 담론으로 생산하고 실천했으며, 이 담론으로 자신의 모든 정책을 정당화했다. 따라서 박정희 체제가 어떤 민족주의 담론을 생산하고 실천했는지를 추적하는 것은 체제가 국민들의 동의를 이끌어내기 위해 민족주의를 어떻게 이용했는지를 밝히는 데 필수 불가결하다.

　박정희 시기의 민족주의 담론을 분석하려면 어떻게 접근해야 할까? 첫째, 한국 민족주의의 담론에 영향을 준 국내외적 요인들을 추출한 뒤 이것을 토대로 박정희 시기의 민족주의 담론을 분석해야 한다. 역사적으로 한반도에서 근대적 의미의 민족주의는 19세기 말 이래 서구와 일본의 침략에 따라 출현했다. 특히 조선을 둘러싸고 벌어진 일본과 중국, 러시아의 전쟁은 한반도의 운명에 결정적인 영향을 미쳤고, 결국 한반도는 일본 제국주의의 식민지가 됐다. 이 사건은 태동기에 있던 한국의 민족주의 담론에 큰 영향을 미쳤고, 이후 한국의 민족주의 담론은 대내적 문제(근대 국가의 건설, 근대화)보다 대외적 문제(식민지 해방, 즉 독립)에 집중하게 됐다. 즉 식민지 시기 민족주의 담론의 핵심을 독립으로 결정한 것은 국제적 요인이었다. 또한 국제적 요인의 변화가 한국 민족에게 해방을 가져왔을지라도, 냉전 체제라는 또 다른 국제적 요인의 변화는 한반도의 분단을 가져왔다. 그 결과 해방 이후 한국의 민족주의 담론에서 분단의 극복은 식민 청산, 국가 건설, 근대화보다 우선적인 과제가 됐다.

국내적 요인 역시 한국의 민족주의 담론에 중요한 영향을 미쳤다. 냉전 격화가 가져온 남북한 간, 그리고 남한 내 정치 세력들 간의 갈등은 점차 한국의 민족주의 담론에서 '반공 자유민주주의와 미 제국주의의 척결'이라는 담론을 부각시켰다. 게다가 한국전쟁이라는 북한의 극단적 통일 정책은 남쪽과 북쪽에서 모두 통일보다 반공과 반미를 가장 핵심적인 민족주의 담론으로 부상시켰다. 따라서 한국전쟁 이후 한국(남한)에서 반공은 절대적인 지배 이데올로기가 됐고, 민족주의라는 용어는 금기가 됐다. 그런데 박정희 체제는 민족주의라는 용어를 담론의 영역으로 끌어들였을 뿐 아니라 자신의 지배 이데올로기를 민족주의 담론으로 정당화했다는 점에서 이전 체제들과 차별성을 보여준다.

이 글은 이런 역사에 기반해 박정희 시기의 민족주의 담론을 분석하기 위한 요인들을 다음같이 설정한다. 우선 국제적 차원에서 미국의 대한 정책이

---

2 푸코는 자신이 이데올로기 대신 담론을 사용하는 이유에 대해 "이데올로기는 마치 진실이라는 것이 틀림없이 존재한다는 전제 아래에 그 진실에 반대되는 지식은 모두 이데올로기라고 몰아붙이는 인상을 주기 때문이다. 여기서 문제가 되는 것은 과학성과 진실을 어떻게 선을 그어 구분할 것인가가 아니고, 진실도 거짓도 아닌 담론 안에서 진실의 효과가 어떻게 생산되느냐의 문제를 역사적으로 파악해야만 한다"(Foucault 1991, 151)고 설명한다.

3 알튀세르의 이데올로기론이 가진 한계와 담론 개념의 등장은 Macdonell(1986)을 참조.

다. 냉전체제의 한 축으로서 미국이 한국에 미친 영향력은 압도적이다. 미국의 세계 전략, 동아시아 정책, 한국 정책을 고려하지 않고 한국을 분석하는 것은 불가능하다. 따라서 이 글은 미국의 대한 정책을 박정희 시기의 민족주의 담론에 영향을 준 대외적 요인으로 설정한다. 또한 한국전쟁 이후 남한의 다양한 영역에 영향을 미친 북한의 대남 정책을 민족주의 담론의 대외적 요인으로 설정한다.

다음으로 박정희 시기의 민족주의 담론에 영향을 주는 대내적 요인으로는 박정희 체제의 정치적 목표와 대항 세력의 저항(담론)을 설정한다. 그런데 이 글은 박정희 체제의 민족주의 담론을 분석하는 것을 목표로 하고 있기 때문에 박정희 체제의 정치적 목표를 제외한 대항 세력의 저항을 박정희 체제의 민족주의 담론에 영향을 미친 대내적 요인으로 설정한다.[4]

둘째, 박정희 시기의 민족주의 담론을 분석하는 데 필요한 접근은 기존의 이데올로기 연구들이 간과한 담론의 실천적 과정이다. 담론은 실천을 내포한 개념으로, 담론 분석에서 담론이 생산되고 실천되는 현실에 대한 분석은 필수적이다. 박정희 체제는 여러 정책들을 통해 자신의 담론을 실천했으며, 동시에 민족주의 담론과 직접적으로 관련이 없는 정책도 민족주의 담론으로 정당화했다. 그러나 이 글은 박정희 시기의 민족주의 담론을 모두 분석하지는 않는다. 단지 이런 작업의 단초로서 박정희 체제의 연설문과 저술들을 분석해 그 체제가 어떤 민족주의 담론을 생산하고, 시기별로 그 담론은 어떤 차별성을 보여주며, 시기별 차이를 가져온 요인이 무엇인가만을 다루려 한다. 따라서 담론의 실천으로서 정책에 대한 분석과 대항 세력을 상대로 하는 담론 투쟁의 과정은 논의에서 제외하겠다.

이상의 논의를 기초로 박정희 체제의 민족주의 담론을 분석하기 위한 이론틀을 도식화하면 **그림** 1과 같다.

이 글은 박정희 체제의 민족주의 담론의 변화 추이를 추적하기 위해 체제

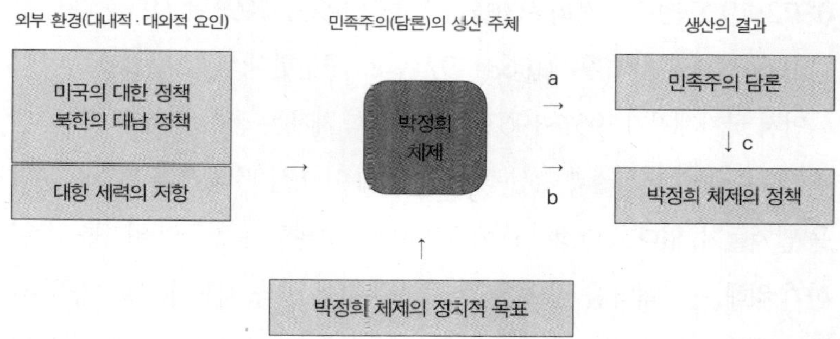

그림 1. 박정희 체제 민족주의 담론의 분석틀

a: 정책 목표 수준의 영향력
b: 정책 수준의 영향력
c: 민족주의 담론의 실천으로서 정책과 정책을 정당화하는 민족주의 담론

의 정책 목표를 분석해 거기에 담긴 민족주의 담론을 추출한다. 이어서 한국 민족주의 담론에 영향을 미친 대내외적 요인들을 중심으로 박정희 체제 민족주의 담론의 시기별 변화가 어떤 요인에 기인했는지를 추적한다. 마지막으로 한국의 민족주의 연구에서 이 연구가 갖는 의의를 정리한다.

2. 박정희 체제의 민족주의 담론

박정희 체제의 민족주의 담론이 어떤 이데올로기로 구성돼 있는지를 추적하기 위해서 우선 체제가 매년 발표한 정책 목표를 중심으로 크게 '국

4　그러나 이것이 개별 요인들이 각 시기마다 동일한 강도로 박정희 체제의 민족주의 담론에 영향을 미쳤다는 것을 전제하지는 않는다. 이런 요인들은 시기별로 영향력의 강도나 비중이 상이하며, 상호 독립적으로 영향을 주기도 하고 상호 결합해 영향을 주기도 한다.

가재건'기(1961~1963년), '조국근대화'기(1964~1971년), '국민총화'기 (1972~1979년)로 박정희 시기를 구분하고, 1964~1971년 시기를 다시 전기(1964~1967년)와 후기(1968~1971년)로 구분한다.

먼저 국가재건기(1961~1963년)의 박정희 체제는 군사 쿠데타 직후 "부패하고 무능한 현정권과 기성 정치인들에게 이 이상 더 국가와 민족의 운명을 맡겨둘 수 없다고 단정하고 백척간두에서 방황하는 조국의 위기를 극복"하기 위해 '군사혁명'을 일으켰다고 주장하면서, 반공 체제의 강화, 자유 우방과의 유대 확고, 청신한 기풍의 진작, 국가 자주경제 재건, 실력의 배양, 민간으로의 정권 이양을 공약으로 내세웠다(한국군사혁명사편찬위원회 1963(하), 7).[5]

한편 1961년 7월 중반이 되면 박정희 체제는 혁명이 제2단계로 들어갔다고 규정하고, 혁명 제2단계의 목표를 '민심수습'과 '경제건설'(7월 7일) 또는 '국민도의의 확립'과 '경제재건'(7월 28일)이라고 주장했다. 다른 한편 1962년 국가재건최고회의 의장의 〈연두사〉에서는 '경제재건,' '국방력 강화,' '자조자립의 정신 초립﨣立'이라는 세 가지 당면 목표를 제시했는데, 1962년 초에 출간된 박정희의 《우리민족의 나갈 길》에서는 이 목표 중 '국방력 강화'가 '건전한 국민도 확립'으로 바뀐다. 그러나 1963년 국가재건최고회의 의장 〈신년사〉는 '민주정치재건'과 '경제재건'이라는 두 가지 과제만을 제시했다. 이 내용을 정리하면 **표 1**과 같다.

이상의 목표들은 크게 나눠 반공, 경제 발전 또는 발전주의developmentalism[6], 민주주의라는 이데올로기를 담고 있다. 이상의 목표들 중 '국가 자주경제 건설', '경제건설(경제재건)', '산업개발', '자립경제 달성' 등은 민주당 체제 아래서 등장한 '경제제일주의'의 연장으로서 발전주의 이데올로기를 표현한 것이고, '반공 체제 강화'와 '국방력 강화'는 반공 이데올로기를, '민간으로의 정권 이양'과 '민주주의 재건'은 민주주의 이데올로기를 표현한 것이다.

그 밖의 목표들, 즉 혁명공약과 7월 7일의 훈시에 등장하는 '민심수습'이

표 1. 국가재건기의 정책 목표

연도	제목	구호	정책의 목표
1961 5.16	혁명공약	민족혁명	반공 체제 강화, 자유 우방과 유대, 청신한 기풍 국가 자주경제 건설, 실력 배양, 민간으로의 정권 이양
7. 7	훈시		민심 수습(국민도 확립), 경제 건설(경제재건)
1962	연두사	국가재건	경제 재건을 위한 산업 개발, 국방력 강화 자조자립 정신 확립
1962	우리민족의 나갈 길		건전한 국리도 확립, 경제 발전, 민주주의 재건
1963	연두사	민족중흥	역사적인 2대 과업: 민주주의의 재건, 자립경제의 달성

나 '자유 우방과의 유대' 등은 사라졌고 '실력 배양,' '청신한 기풍,' '국민도 확립,' '자조자립 정신' 등은 국민들에 대한 일반적인 도덕적 요구를 지칭하는 것으로, 특정 이데올로기로 보기는 힘들다. 따라서 이 시기 박정희 체제의 정책 목표는 반공,[7] 경제 발전,[8] 민주주의[9]라는 이데올로기를 담고 있었다.

---

5 박정희 체제는 이 시기에 '국가재건,' '민정이양,' '민족중흥' 등 다양한 구호를 내세웠다. 그중 '국가재건'이 이 시기의 성격을 가장 잘 표현하기 때문에, 이 시기를 국가재건기로 지칭한다.

6 발전주의는 산업화를 통한 경제 성장 또는 발전이 달성되면 모든 국민이 빈곤의 늪에서 벗어나 인간답고 풍요로운 삶을 누릴 것이라는 사고다(신광영 1991, 98).

7 박정희 체제는 반공을 민족주의 담론으로 만들기 위해 북한 공산주의자들이 "한국민의 자주적 통일독립을 방해하여 왔기 때문에 …… 조국의 통일을 이룩하지 못하고 있"(대통령 비서실 1973b, 21)다는 주장을 강조한다. 이런 주장은 '공산주의=반(反)민족주의', '반공=민족주의'라는 논리를 내포하고 있으며, 군사 쿠데타 직후 혁신 세력들을 제거하기 위해 이 논리의 연장선상에서 '반공에 기초하지 않은 통일 논의=용공=반민족주의'라는 논리를 내세웠다.

8 박정희 체제는 다음 같은 방식으로 경제 발전의 담론을 민족주의와 결합시킨다. 첫째, '자주경제의 건설,' '경제자립,' '자립경제' 등 '경제적 민족주의'로 인식되는 구호로 자신의 경제 정책을 표현했다. 자립경제는 1950년대 말부터 '예속경제'나 '원조경제'와 대비돼 사용된 만큼 "경제적 민족주의'를 표현하는 용어로 인식됐다. 둘째, 다음 주장에서 볼 수 있듯이 자주경제 건설의 민족적 의의를 강조했다. "**경제재건** 없이 공산당에 이길 수도 없고 **자주독립**도 기약할 수 없는 일이다"(박정희 1963, 265), "**경제적 자립**을 통한 빈곤으로부터의 해방이야말로 승공통일을 위한 **실력 배양**의 길이며, **민족자주독립의 완전한 길**인 것이다"(대통령 비서실 1973b, 484), "한국의 경제가 당면한 지상지급(至上至急)의 과제는 **자립경제의 달성**인 것입니다"(대통령 비서실 1973c, 108).

9 박정희 체제는 자기들이 지향하는 정치 이념이 민주주의이며 서구의 민주주의와 달리 민족주의적 성격을 지녔다고 주장하면서 '민족적 민주주의'라는 구호를 내세웠다.

그런데 박정희 체제는 군사 쿠데타 직후 반공을 국시로 내걸고 막연하게 민주복지국가의 건설을 주장했지만, '군사혁명의 제2단계'를 선언한 이후부터 5·16의 목적을 '산업혁명' 또는 '경제혁명'과 연결시키면서 발전주의를 가장 강조했다. 이것은 박정희 체제가 다른 민족주의 담론인 '자유민주주의'나 '반공'보다 '경제재건'이 더욱 중요하다는 1962년 1월 1일 신년사의 지적에서 잘 드러난다.

당면한 우리의 지상목표는 경제재건을 위한 산업개발에 두어야 하겠습니다. 우리가 이상으로 하는 **진정한 자유민주주의가 확고한 경제적 기반 없이는 실현을 바라기 어렵다**는 것은 너무나도 명백한 사실입니다. …… 우리는 공산위협으로부터 자유를 수호하기 위해 절대적인 방위력이 필요하거니와 그 자유를 향유하기 위해 또한 **경제재건**이 이루어져야 하는 것입니다. (대통령 비서실 1973b. 157~158)(강조는 필자)

결국 국가재건기 박정희 체제는 민족주의 담론에서 반공, 경제 발전, 민주주의를 중시하고 그중 경제 발전을 가장 강조한 반면, 그전까지 가장 강조되던 통일을 탈락시켰다.

둘째, 조국근대화기(1964~1971년)[10]의 개시를 알리던 1963년 12월 제5대 대통령 취임식에서 박정희 체제는 '역사적 필연의 과제'로서 '조국의 근대화'와 '민생문제의 해결'을, '중대한 국가적 과제'로서 '경제개발5개년계획의 합리적 추진'을 내세웠다(대통령 공보비서관실 1965, 10~13). 이것은 이 시기에도 박정희 체제가 민족주의 담론에서 경제 발전을 강조한 사실을 보여주는데, 1964년 8월 15일 광복절 경축사 등에서 잘 드러난다.

민주주의의 건전한 발전도, 복지국가의 건설도, 승공통일을 위한 국력배양도, 결

표 2. 조국근대화기의 정책 목표

연도	제목	구호	정책의 목표
1963	취임사	자주, 자립, 번영	민생 문제의 해결, 경제개발5개년계획 추진
1964	연두교서	일하는 정부와 일하는 국민	능률 있는 정치, 경제 안정과 발전
1965	연두교서	일하는 해	증산, 수출, 건설/ 행동 강령: 근면, 검소, 저축
1966	연두교서	일하는 해	증산, 수출, 건설/ 행동 강령: 근면, 검소, 저축
1967	연두교서	전진의 해	증산, 수출, 건설/ 행동 강령: 근면, 검소, 저축
1968	연두회견	건설의 해	국방력 강화, 치안 태세 확립, 경제 건설에 전 국력 집중
1969	연두회견	약진의 해 일면 국방 일면 건설	국방, 치안 태세의 공고화, 경제 건설
1970	연두회견	일면 국방 일면 건설	자주 자립, 자조/자주국방, 자립경제, 도의 재건
1971	연두회견	중단 없는 전진의 해 일면 건설 일면 국방	자립경제, 자주국방, 국민총화

국 **경제건설**의 성패여하에 달려 있는 것이다. 한 마디로 문제 해결의 첩경이 자립 경제를 달성하느냐 못하느냐에 귀결되는 것이다. (대통령 비서실 1973c, 162)

민족적 민주주의의 제일차적 목표는 **'자립'**에 있다. '자립'이야말로 민족 주체성 이 세워질 기반이며, 민주주의가 기착 영생할 안주지인 것이다. (방송 연설 〈자립에 의 의지〉 1967년 4월 15일; 대통령 비서실 1968, 173)

여기서 박정희 체제는 민족적 민주주의의 일차적 목표는 자립이고, 자립

---

10 박정희 체제는 이 시기에 '조국 근대화'와 '민족중흥'을 구호로 내걸었지만, 이 시기에 가장 강조된 경제 발전의 담론을 표현하는 데는 조국 근대화가 적절하기 때문에, 이 시기를 조국근대화기로 지칭한다.

은 자립 경제의 토대 위에서만 가능하기 때문에, 민족적 민주주의의 목표는 자립경제의 건설이라고 주장한다. 이런 주장은 곧 반공이나 민주주의가 모두 경제 발전을 통해 정당성을 부여받고 있다는 사실을 보여준다.

그런데 1968년부터 경제 발전만 강조하던 박정희 체제의 민족주의 담론에 일련의 변화가 보인다. '국방력 강화', '치안태세의 확립', '자주국방', '일면 국방, 일면 건설'이라는 구호에서 볼 수 있듯이 박정희 체제는 1968년부터 경제 발전뿐 아니라 군사주의militarism[11] 이데올로기를 강조했다. 또한 박정희 체제는 1968년 12월에 발표한 국민교육헌장과 1970년 '도의재건'과 '국민총화'라는 국가 목표를 통해 국가주의statism[12]를 강조하기 시작했다. 이런 변화는 박정희 체제가 1968년경부터 경제 발전뿐 아니라 군사주의와 국가주의 이데올로기를 새로운 민족주의 담론으로 강조했다는 사실을 보여준다. 따라서 조국근대화기는 경제 발전만 강조되던 시기(전기, 1964~1967년)와 경제 발전과 함께 군사주의와 국가주의가 동시에 강조되던 시기(후기, 1968~1971년)로 나눌 수 있다.[13] 그러나 박정희 체제가 조국근대화 후기에 자주국방을 자립경제와 거의 동등하게 강조했을지라도 다음에서 볼 수 있듯이 경제 발전에 더 비중을 뒀다.

국력은 경제력이 그 바탕이 되는 것입니다. 자주국방력이나 통일 기반의 조성에 있어서 가장 기본이 되는 것은 **완전 자립경제**의 저력인 것이며, 자립경제의 완성을 주도하는 요소는 바로 수출 진흥인 것입니다. (《지역별 해외공관 수출진흥회의 유시》 1970년 2월 9일; 대통령 비서실 1973d, 708)

셋째, 1971년 말 국가 비상사태를 선포한 이후부터 시작되는 국민총화기(1972~1979년)[14]에 박정희 체제는 여러 정책 목표들에서 총력안보, 국민총화, 총화단결 등 안보에 관련된 목표들을 강조했다. 이런 정책 목표는 국가주의, 군사주의, 반공 이데올로기를 담고 있는데, 이런 민족주의 담론들은 이 시기 내내 정책 목표로 제시됐다.

한편 조국근대화기까지 가장 강조되던 경제 발전은 국민총화 초기에는 정책 목표로 등장하지는 않았지만, 1975년 '경제안정'이라는 목표로 등장한 이후 '경제안정과 성장', '지속적인 고도성장', '성장과 안정', '완전자립경제의 달성' 등의 목표로 다시 지속적으로 강조됐다. 이 점은 국민총화기 초반에 박정희 체제가 경제 발전보다 국가주의, 군사주의, 반공 이데올로기를 더 강조했다는 사실을 보여준다. 그러나 다음에서 볼 수 있듯이 국민총화기 전체적으로 보면 박정희 체제는 민족주의 담론에서 국가주의를 가장 강조했다.

국가안보도 중요하고 경제건설도 중요하지만 이런 것이 무엇으로부터 이루어지느냐, 그 바탕이 되는 것이 무엇이냐, 그것은 역시 **국민총화**가 이루어져야 그 바탕 위에서 가능한 것입니다. (연두기자회견, 1976년 1월 1일; 대통령 비서실 1979b, 9)

---

11 군사주의는 "시민 사회의 제도, 정책, 가치들에 군이 정당하지 않게 과도한 영향을 미치는 경우"를 의미한다 (Krieger 1993, 386). 그런데 정책 목표로서 '근사력 강화'나 '자주국방'은 그 자체로 군사주의라고 보기 어렵지만, 이 담론들은 실천되는 과정에서 군의 제도, 정책, 가치들이 사회로 전파됐기 때문에 군사주의 담론으로 볼 수 있다.

12 국가주의는 유기체론적 국가관에서 출현한 이데올로기로 국민들은 국가라는 유기체의 한 부분을 구성하기 때문에 전체인 국가의 번영과 발전을 위해 개인의 이익 추구를 양보해야 할 뿐 아니라 개인이 희생해야 한다는 논리를 담고 있다. 박정희 체제의 다음 같은 주장은 국가주의적 사고를 잘 보여준다. "민족과 국가라는 것은, 이것은 영생하는 것입니다. 특히 하나의 민족이라는 것은 영원한 생명체입니다. 따라서, 민족의 안태와 번영을 위해서는 그 민족의 후견인으로서 국가가 반드시 있어야 하겠읍니다. [국가는 민족의 후견인]입니다. [국가 없는 민족의 번영과 발전이라는 것은 있을 수 없는 것입니다. …… 나라가 잘 되어야만 우리 개인도 잘 될 수 있는 것입니다. [나라]와 [나]라는 것은 별개의 것이 아니라 하나인 것입니다"(연두기자회견, 1973년 1월 12일; 대통령 비서실 1974, 32).

13 그 뒤 국민총화 시기의 담론 구성에서 볼 수 있듯이, 후기는 조국근대화기와 국민총화기를 연결하는 과도기 또는 전환기로 볼 수 있다.

14 이 시기에 박정희 체제는 '국민총화,' '총력안보,' '총화단결' 등 다양한 구호를 사용했지만 그중 국민총화를 가장 많이 사용했고, 이 구호가 이 시기에 가장 강조된 국가주의 담론을 가장 적절히 표현하기 때문에 이 시기를 국민총화기로 지칭하겠다.

표 3. 국민총화기의 정책 목표

연도	제목	정책의 목표
1972	연두회견	총력안보의 해/국가보위를 위한 총력안보체제 확립
1973	연두회견	유신 과업 수행, 유신 이념 구현, 유신 질서 정착
1974	연두회견	유신 이념의 생활화/국민총화체제의 공고화, 국력배양, 국가안전보장 태세의 공고화, 국민생활의 안정
1975	연두회견	총력안보 태세 강화, 경제안정, 총화단결
1976	연두회견	총력안보의 생활화, 국가안보 제1주의, 경제안정과 성장, 국민총화 체제 강화
1977	연두회견	총력안보 태세 공고화, 지속적 경제의 고도성장, 국민총화
1978	연두회견	총화단결, 안정과 성장, 총력안보
1979	연두회견	자주국방 태세 확립, 완전 자립경제 달성, 사회개발 정책 확충, 정신문화 계발

표 4. 시기별 민족주의 담론과 구호

	국가재건	조국근대화	국민총화
경제 발전	경제 건설 자립경제	자립경제 수출제일주의, 수출입국	자립경제, 국력 배양, 고도성장과 안정, 중화학공업화
반공	멸(승)공 통일 선건설 후통일	자주국방 선평화 후통일	총력안보, 국민총화 선평화 후통일
군사주의		자주국방	총력안보, 국민총화
국가주의	국민도 확립		국민총화, 총력안보, 한국적 민주주의
민주주의	민족적 민주주의	민족적 민주주의	

북한공산집단과 대결하는 우리가 경제를 건설하고 국방을 튼튼히 하는 데 있어서 가장 중요한 것이 **국민의 단결과 총화**인데, 이에 가장 저해되는 요인은 바로 부정, 부조리, 기강문란이라고 생각한다. (국무회의 지시, 1976년 11월 12일; 매일경제신문사 1977, 211)

지금까지 살펴본 대로 박정희 체제의 민족주의 담론은 반공, 경제 발전, 민주주의, 군사주의, 국가주의라는 이데올로기를 담고 있다. 박정희 체제는 국가재건기에는 반공, 경제 발전, 민주주의 이데올로기를, 조국근대화 초기에는 경제 발전을, 후기에는 경제 발전과 함께 군사주의와 국가주의를, 국민총화기에는 반공, 군사주의, 경제 발전, 국가주의를 강조했다.

박정희 체제의 민족주의를 구성하는 담론과 구호의 변화를 정리하면 **표 4**와 같다.

3. 박정희 체제 민족주의 담론의 변화 요인

박정희 체제의 민족주의 담론을 구성하는 이데올로기들은 시기별로 변화했다. 그런 변화의 이유를 살펴보기 위해서 여기서는 박정희 체제의 민족주의 담론에 영향을 준 주요한 외적 요인으로 미국의 세계 전략에 따른 동아시아 정책과 한반도 정책, 북한의 대남 정책을, 내적 요인으로는 한국 경제의 구조와 대항 세력의 저항을 설정했다. 박정희 체제는 이런 대내외적 요인에 대응하는 과정에서 상이한 민족주의 담론을 생산하고 실천했다.

1) 국가재건기

국가재건기 박정희 체제의 민족주의 담론의 특징은 박정희 체제가 그동안 한국 민족주의 담론의 핵심이던 통일을 반공이나 경제 발전에 견줘 부차적인 지위로 격하시켰다는 점이다. 여기서는 박정희 체제가 왜 이전 체제들이 강조하던 반공을 새삼스럽게 다시 강조하고 경제 발전을 민족주의 담론의 핵심으로 격상시켰는가 하는 문제에 초점을 맞춰 그 원인을 살펴보겠다.

(1) 반공

반공은 세계적인 냉전 체제의 산물로, 남한 정부 수립 이후부터 지배 세력이
강조했고 한국전쟁 때문에 일반 국민들에게도 확고히 뿌리내린 이데올로기
였다. 이런 측면에서 보면 한국전쟁에 참전한 군부가 주축이 된 박정희 체제
가 반공을 국시로 내건 것은 당연해 보인다. 그러나 이런 사고는 박정희 체
제가 쿠데타 직후 반공을 새삼 국시로 내세운 이유를 설명하지 못한다. 박
정희 체제의 반공 담론은 다양한 요인에 맞선 전략적 대응이었기 때문이다.

　우선 박정희 체제의 반공 이데올로기는 민주당 체제 아래서 등장한 혁신
세력과 학생들의 중립화 통일론과 남북교류론에 맞선 대응이었다. 당시의
중립화 통일론과 남북교류론은 냉전 체제 아래서 미국이 남한에 기대하던
동아시아 반공 기지로서의 역할을 부정하는 것이었을 뿐 아니라 미국의 영
향력에서 벗어나려는 의도를 지닌 것이었다. 더욱이 이런 통일 논의는 당시
반공 이데올로기에 종속돼 있던 국민들을 불안하게 했다. 따라서 혁신 세력
을 북한 공산당의 지령을 받는 반국가 단체로 간주해 검거하고 투옥한 박
정희 체제의 행위는 미국의 이익에 부합됐을 뿐 아니라 반공 이데올로기에
종속된 국민들에게 안도감을 줬다. 결국 박정희 체제는 반공에 대한 자신의
확고한 의지를 과시함으로써 미국의 지지를 획득하고 국민들의 반공 의식
을 만족시킬 수 있었다.

　둘째, 반공 이데올로기는 경제적 우위를 바탕으로 적극적인 통일 공세를
취한 북한에 맞선 대응이었다. 북한은 한국전쟁 이후 경제 재건에 매진한 결
과, 이미 1950년대 후반에 경제적으로 남한을 능가했다. 북한은 4·19가 일
어나자 이런 경제적 우위를 기반으로 적극적인 평화 통일 공세를 펼쳤다.
1960년 8월 북한은 처음으로 연방제 통일 방안을 공식 제시했는데, 여기서
"파국에 빠진 남조선의 민족경제를 바로잡으며 도탄에 빠진 인민들의 생활
을 개선시키기 위해" 남북 간의 경제 교류와 문화 교류를 실시하자고 주장

했다(이한 1989). 따라서 이런 북한의 적극적 공세를 차단하기 위해 박정희 체제는 반공을 국시로 내걸고 반공 이외의 다른 논의는 모두 반민족적인 것으로 치부했다.

(2) 경제 발전

국가재건기 박정희 체제가 가장 강조한 민족주의 담론인 경제 발전(발전주의)은 우선 당시의 열악한 경제 상황을 반영한 이데올로기였다. 1950년대 말에 시작된 경제 상황의 악화는 경제 개혁의 임무를 부여했지만 민주당 체제는 '경제제일주의'라는 구호에도 불구하고 과제를 수행하지 못한 채 군사 쿠데타를 맞이했다. 이런 상황에서 박정희 체제는 경제 재건이 정치적 정통성을 확보할 최선의 길이라는 점을 인식하고 국가 재건과 경제 발전을 구호로 내걸었고, 나아가 민족적 과제라고 주장했다. 또한 경제 발전이라는 민족적 과제를 추진하는 자신들을 민족주의 세력으로 자리매김하려 했다.

둘째, 박정희 체제는 자신이 강조한 민족주의 담론인 반공을 강화하기 위해서도 경제 발전을 추진하지 않을 수 없었다. 경제의 상대적 우위를 기반으로 한 북한은 1960년 8·15해방 경축대회에서 완전 통일을 위한 과도적 대책으로 '남북조선 련방제'의 실시를 제안했는데, 박정희 체제는 이런 북한의 통일 공세에 대응하려면 침체된 경제를 부흥시켜야 한다고 생각했다.

셋째, 박정희 체제가 경제 발전을 가장 강조한 또 다른 이유는 미국의 변화된 대한 정책 때문이었다. 1961년에 출범한 케네디 행정부는 '발전의 시대Decade of Development'라는 구호를 내걸고 공산주의에 대한 우월성을 군사력이 아니라 제3세계의 경제 부흥을 통해 입증하려 했다. 미국이 제3세계에 자금(경제 원조), 기술(장기 경제개발계획, 지역 개발 등), 사상(민주주의의 우월성에 대한 선전과 교육)을 투입해 전통 사회를 근대 사회로 급속히 이행하도록 체계적으로 유도해야 한다고 생각한 것이다. 케네디 행정부는 공산군

의 직접적인 침략보다 경제 실정에 따른 불만과 정치적 불안정이 공산주의
의 토양이 된다는 인식 아래 대한 정책의 핵심을 '경제 발전을 통한 정치적
안정'으로 설정했고, 경제 정책의 구체적 목표도 경제성장율 향상, 실업 문제
축소, 농업 소득 증대, 국제수지 개선으로 정했다.[15] 이런 조건은 경제 발전
을 통해 정통성을 획득하려는 박정희 체제의 의도에 일치했고, 박정희 체제
는 미국의 조언에 따라 경제개발계획을 추진했다.

결국 국가재건기 박정희 체제의 경제 발전(발전주의)은 당시 국민들의 '가
난 해방'이라는 열망에 대응하고, 경제의 상대적 우위에 기반한 북한의 통일
논의를 근원적으로 차단하고, 경제적 자립을 요구하던 미국의 대한 정책에
대응하는 이데올로기였다.

(3) 민주주의

민주주의는 국가재건기 박정희 체제가 내세운 또 하나의 민족주의 담론으
로, 박정희 체제의 정통성에 밀접히 관련된 이데올로기였다. 우선 박정희 체
제는 민주주의를 요구하던 4·19의 결과 등장한 민주당 체제를 군사 쿠데
타로 전복시킴으로서 국내외적으로 정통성 문제에 부딪치게 됐고, 이런 약
점을 만회하기 위해 혁명공약에서 '민간으로의 정권 이양'을 내세우게 됐다.
미국은 5·16 직후 박정희 체제를 신뢰하지 않았으며 자유민주주의를 내세
운 자신들이 군사 쿠데타 정권을 지지하는 인상을 주는 것을 원하지 않았기
때문에, 박정희 체제에 민정 이양을 공식화하라고 요구했다. 박정희 체제는
1963년 3월 16일 군정 4년 연장안을 철회했고(Macdonald 1992, 290~292), 제
5대 대통령 선거를 실시했다.[16] 따라서 민주주의 정체로 복귀하라는 미국의
요구에 대응하기 위해 박정희 체제는 민주주의 이데올로기를 담고 있는 민
정 이양이라는 구호를 계속 강조했다.

비록 박정희 체제가 군사 쿠데타 이후 자신의 새로운 체제를 행정민주주

의와 교도민주주의로 규정했을지라도, 국민들과 대항 세력은 민정 이양 공약의 번복을 둘러싸고 박정희 체제의 민주주의에 대한 의지를 의심했다. 더욱이 제5대 대통령 선거 유세 기간 중 야당은 박정희 체제를 의심스런 사상을 가진 집단으로 공격했다. 그러자 박정희 체제는 야당이 말하는 민주주의는 민족적 이념을 망각한 허식의 자유민주주의에 지나지 않은 반면, 자신들은 강력한 민족적 이념을 바탕으로 한 자유민주주의를 의미하는 '민족적 민주주의'라고 주장했다. 박정희 체제가 서구의 자유민주주의와 다른 자신의 체제를 민족주의 담론을 이용해 정당화하려는 시도였다. 결국 국가재건기 박정희 체제의 (민족적) 민주주의는 민정 이양을 요구하는 미국과 자유민주주의를 주장하는 대항 세력에 대응하는 이데올로기였다.

2) 조국근대화기

조국근대화기는 경제 발전과 반공을 강조하던 전기와 경제 발전, 군사주의, 국가주의, 평화 통일을 강조하던 후기로 나눌 수 있다. 전기에 박정희 체제는 국가재건기의 연장선상에서 경제 발전과 반공 이데올로기를 민족주의 담론으로 지속적으로 강조한 반면, 후기에는 경제 발전과 함께 국가주의와 군사주의 또는 평화 통일을 민족주의 담론으로 편입시켰다. 여기서는 박정희 체제가 왜 조국근대화 전기에는 반공과 경제 발전을 지속적으로 강조했고, 후기에는 국가주의, 군사주의 이데올로기, 평화 통일을 새롭게 민족주의

---

15 케네디 행정부는 한국에서 군사 쿠데타가 일어나자 곧 '대통령 직속 한국문제 특별반(Presidential Task Force on Korea)'을 구성해 새로운 대한 정책을 검토, 입안했다.
16 미국 국무성의 보고서는 "민간 정부 복귀는 미국의 외고적 개입의 직접적 결과"라고 주장한다(Department of State 1970).

담론으로 편입시켰는지를 중심으로 살펴보자.

(1) 경제 발전과 반공

조국근대화 전기에 박정희 체제가 강조한 경제 발전과 반공은 국가재건기의 연장인 동시에 박정희 체제의 안정과 연장을 강화하는 이데올로기였다. 이런 점은 특히 박정희 체제가 추진하던 한-일 국교 정상화와 국군의 베트남 파병을 정당화하는 데 동원된 점에서 잘 드러난다. 박정희 체제가 전력을 다해 추진한 한-일 국교 정상화를 둘러싸고 대학생과 지식인들을 중심으로 조직화된 대항 세력은 1964년 봄에 한-일 회담 반대 투쟁을 거세게 펼쳤다. 대항 세력은 한-일 회담 전면 중지, 매판성 악덕 재벌의 처형과 몰수, 일본인 상사 즉각 추방, 5월 군사정부의 심판 등을 요구했고, 대학생들은 박정희 체제의 상징인 '민족적 민주주의'의 장례식을 치르고 '한-일 회담=친일주의=반민족주의'라는 논리로 박정희 체제를 비판했다. 이 투쟁은 1965년 '대일 굴욕외교반대 범국민투쟁위원회'로 발전하지만, 위수령과 대학의 휴업령으로 막을 내리게 됐다. 한편 한-일 국교 정상화 반대 운동이 고조되던 시점에서 강행된 국군의 베트남 파병은 이 쟁점에 가려 처음에는 대중적인 반대 운동을 불러일으키지 못했지만 국군의 연이은 파견과 베트남 정정의 악화에 따라 야당을 중심으로 한 대항 세력의 비판을 받게 됐다.

박정희 체제는 한-일 국교 정상화가 공산주의에 대항하는 자유 진영의 결속을 가져오고 낙후된 경제의 근대화에 도움이 되는 시대적 요청이라면서 민족주의적인 정책이라고 주장했다. 베트남 파병에 대해서도 초기에는 한국전쟁 때 외국이 준 도움에 보답해야 한다는 보은 의식과 반공을 내세워 정당화하더니, 점차 파병이 가져오는 경제적 이득을 강조하면서 연이은 파병을 정당화했다. 국가재건기 때부터 강조하던 반공과 경제 발전 담론을 통해 이 두 정책에 정당성을 부여한 것이었다. 체제 자체의 정치적, 경제적 위기를 타개하기 위해 추진한 한-일 국교 정상화와 베트남 파병을 기존의 반공과 경제 발전 이데올로기를 이용해 정당화한 셈이었다.

이런 국내적 요인 이외에도 한-일 국교 정상화와 국군의 베트남 파병은 미국의 지원이 큰 역할을 했다. 미국은 경제 발전을 위한 자본과 기술의 도입을 위해 국가재건기부터 박정희 체제(와 일본 정부)에 한-일 국교 정상화를 강력히 요구했고, 베트남 전쟁의 확전 이후에는 한국군의 베트남 파병을 요구했다. 미국의 이런 대한 정책은 박정희 체제가 대항 세력의 저항에도 불구하고 한-일 국교 정상화와 국군의 베트남 파병을 적극 추진하게 만들었다. 이 시기 박정희 체제가 반공과 경제 발전을 강조하는 데 미국의 대한 정책이 큰 역할을 했다.

결국 조국근대화 초기에 박정희 체제의 반공과 경제 발전은 한-일 국교 정상화와 베트남 파병을 반대하던 대항 세력의 저항에 대응하는 담론이자 미국의 대한 정책에 대응하는 이데올로기였다.

(2) 군사주의와 국가주의

군사주의와 국가주의의 편입이 특징인 조국근대화 후기 민족주의 담론의 변화는 직접적으로는 1960년대 중반 이후부터 시작된 북한의 호전적 대남 정책 때문이었다. 북한은 1966년 10월 노동당 제4차 중앙위 제14차 회의를 계기로 좀더 적극적인 대남 공세를 취했다.[17] 이 회의에서 북한은 경제 발전의 지연에도 불구하고 국방력을 본격적으로 강화하는 '국방·경제 병진 노

---

[17] 이 시기 북한의 적대적 정책이 강화된 이유는 내부적으로 북한 권력 집단 내부의 강경파가 권력을 차지한 데서 찾을 수 있지만, 박정희 체제의 강력한 반공 정책도 중요한 요소였다. 이 밖에도 1964~1965년 시기의 한-일 국교 정상화를 둘러싼 남한의 불안정한 정치 상황, 1965년 체결된 한-일 협정에 대한 북한의 위기의식, 남한의 경제 성장에 대한 북한 정권의 불안감, 박정희 체제의 베트남 파병 등도 영향을 미쳤다(이삼성 1996, 54~56).

선'을 제시하고, 1967년부터 남한을 상대로 하는 간첩과 무장 공비 침투를 강화했다.[18] 북한의 무장 침투는 1966년 말부터 증가하기 시작해 1967년에 더 강화됐는데, 대표적 사건이 1967년 6월 운수봉 지구와 7월 정읍 내장산 지역 무장 게릴라 파견이었다. 또한 1968년 1월 21일 북한 무장 게릴라의 청와대 기습과 1월 23일 미 해군 정보 수집 보조함 푸에블로호 나포로 무장 침투는 절정으로 치달았다(Department of State 1970).[19]

북한의 무력 공세는 이후에도 계속됐다. 11월 5일 120여 명의 게릴라 부대의 울진과 삼척 침투, 1969년 4월 미 정찰기 EC-121기 격추, 12월 11일 KAL기 납북 등의 사건이 있었다. 더욱이 1968년 8월 24일 통일혁명당 사건, 1969년 2월 13일의 위장 간첩 이수근 사건, 5월 14일 김규남 의원 등 60여 명의 간첩단 사건 등은 국민들에게 북한의 위협을 좀더 실질적인 것으로 느끼게 했다. 박정희 체제는 1968년부터 '북한의 침략' 또는 '북한 공산 괴뢰 집단들의 도발 행위'를 대대적으로 규탄하고 '국방력 강화,' '치안 태세 확립,' '자주국방' 등 군사주의 이데올로기를 강조하기 시작했다.

다음으로 미국의 대한 정책 역시 박정희 체제가 군사주의를 강조하는 중요한 계기가 됐다. 우선 1968년 1월 북한 무장 게릴라의 청와대 피습과 푸에블로호 나포 사건을 처리하는 미국의 태도 역시 박정희 체제가 군사주의를 강조하는 데 영향을 미쳤다. 미국은 청와대 피습에 맞선 한국의 무력 대응을 반대했을 뿐 아니라 이틀 뒤 푸에블로호가 북한에 나포되자 비밀 협상을 통해 선원들을 석방시키는 일에만 신경을 쓰고 청와대 피습 사건에는 관심을 두지 않았다.

미국의 이런 태도에 대해 박정희 체제는 몹시 분노했고, 미국의 대한 정책을 신뢰하지 않게 됐다(Report 1978, 92~93). 2월 5일에 존슨이 박정희에게 "한국에 대한 군사 지원 증강 계획"의 개요를 보내고, "북한의 적대적 행위에 의해 일어난 한국의 중대한 위협"(Department of State 1970)을 논의하기 위해 2

월 12일에 벤스 특사를 한국에 보냈지만, 이런 미국의 행동은 박정희 체제
가 군사주의 이데올로기를 강화하게 만드는 중요한 요인이 됐다.

게다가 1967년 7월 23일 닉슨의 괌 독트린에서 시작된 미국의 세계 전략
의 변화는 조국근대화 후기 박정희 체제의 민족주의 담론에서 군사주의의
중요성을 강화시켰다. 닉슨은 1969년 7월 25일에 베트남전쟁에 깊이 개입
한 존슨 행정부의 정책을 비판하고, 아시아 국가들은 미국 의존도를 줄여 안
보 문제를 독자적으로 해결하기를 바라며, 미국이 또다시 베트남전 같은 사
태에 말려들지 않게 협조해야 한다는 내용의 닉슨 독트린을 발표했다. 이런
미국의 정책 변화는 동아시아에서 베트남의 미 지상군 철수, 대중국 관계 개
선과 국교 수립, 오키나와의 일본 반환, 주한미군의 부분 철수를 가져왔다.

박정희 체제는 반공의 전선인 한국이 '자유 진영'에서 차지하는 위치를 계
속 강조하면서 데탕트 분위기를 비판했다. 박정희는 "긴장 완화의 본질은
아직까지도 열강의 또 하나의 새로운 문제 해결 방식에 지나지 않으며, 이
지역에서는 불행하게도 긴장 완화가 아직 정착되지 못하고 있다"고 지적했
다. 긴장완화론이 종종 중소 국가를 희생시키는 대국의 논리라고 지적하면
서 국민들에게 '자주국방'의 필요성을 역설한 것이었다. 한국에서는 미군이
물러가면 큰 위기가 닥쳐올 것이라는 불안한 분위기가 조성됐기 때문에 박
정희 체제가 북한의 무력 침투 강화를 계기로 강조하기 시작하던 군사주의
의 정당성을 강화하는 좋은 구실을 마련해줬다.

동시에 북한의 호전적 대남 정책과 미국의 대한 정책의 변화는 박정희 체

---

18 이것은 1966~1971년간 북한의 전체 예산 중 군사비 비율이 연 30퍼센트 이상을 상회했다는 사실에서 잘 드러
난다(북한총람 1983).

19 표 5. 1960년대 후반 간첩 현황(동화연감 1971, 247)

1966년	1967년	1968년
50명	543명	1247명

제가 조국근대화 후기에 국가주의를 강조한 이유였지만, 대항 세력의 저항
이라는 국내적 요인에서 또 다른 이유를 찾을 수 있다. 1967년 6월 8일 국
회의원 선거에서 공화당이 저지른 부정 때문에 시작된 정국의 긴장은 베트
남 파병에 따라 반공 분위기가 고양되면서 1968년에 들어 소강 상태에 접
어들었지만, 1969년 초 공화당의 공개적인 삼선 개헌 추진은 대항 세력의
저항을 다시 가열시켰다. 야당은 삼선 개헌을 민주주의의 조종이며 국체의
변혁이라고 비난하면서 재야 세력과 함께 '삼선개헌반대 범국민투쟁위'를
결성하고 투쟁을 펼쳤다. 대학생들 역시 6월의 '헌정수호성토대회'를 계기
로 개헌 반대 투쟁을 벌였고, 2학기에도 '삼선개헌반대투쟁위원회'를 중심
으로 가두 투쟁 등 강력한 반대 운동을 벌였다. 그런데 1969년 초부터 본격
화된 삼선 개헌 반대 운동은 1968년부터 계속된 북한 무장 게릴라의 침투
와 남한 내 간첩 사건 때문에 조성된 반공 분위기 탓에 야당보다는 주로 대
학생을 중심으로 진행됐다.

　　박정희 체제는 삼선 개헌이 곧 장기 집권이나 독재를 의미하지는 않을 뿐
아니라 "국가안보의 장기적 대책을 다루고, 또 사회의 안정을 확보하여, 경
제의 안정과 지속적 성장을 추구하는 국가발전의 과업을 위해"(대통령 비서실
1973d, 557) 필요하다고 주장했다. 이렇게 박정희 체제는 '국가발전'과 '국가
안보' 같은 국가주의 이데올로기를 동원해 삼선 개헌을 정당화했다.

　　결국 조국근대화 후기 박정희 체제는 북한의 군사주의적 대남 정책, 닉슨
독트린에 따른 주한미군 철수, 삼선 개헌 반대 투쟁에 나선 대항 세력의 저
항 등 대내외적 요인에 대응하는 과정에서 국가주의와 군사주의를 새롭게
민족주의 담론에 편입시켰다.

(3) 평화 통일

조국근대화 후기에 민족주의 담론에서 주목해야 할 점은 그동안 장기적 과

제로 민족주의 담론에서 배제되던 통일 담론이 박정희 체제에 의해 새롭게 복원됐다는 점이다. 박정희 체제는 1969년 3월 1일 국토통일원을 개원하고, 1970년 8월 15일 '평화통일의 기반조성을 위한 접근방법에 관한 구상'을 발표한 뒤, 1971년 남북적십자회담을 개최해 통일에 대한 국민들의 기대를 고양시켰다.

이런 통일 담론은 북한의 대남 정책의 변화와 박정희 체제의 정치적 안정이라는 요인에 따라 등장했다. 먼저 북한은 1969년 1월 인민군 노동당위원회 총회에서 그동안의 대남 정책을 실패로 평가하면서 강경파 군 지도부를 숙청하고 무력해방 노선의 포기를 선언한 뒤, 대안으로 '평화공세 노선'을 내세웠다. 북한은 1970년 4월 12일에 허담이 발표한 '평화통일 8개 조항'에서 '남북조선 련방제'를 다시 제안했다. 비록 북한은 여기서 "박 정권의 타도는 타협할 수 없는 문제"라고 선언했지만, 1971년 8월에 남한의 공화당과 협상할 용의가 있다고 밝히고 8월 14일 남한의 이산가족 재결합을 위한 만남을 갖자는 제의를 수락하며 남북적십자회담을 개시했다. 더욱이 1972년 이후락 중앙정보부장의 평양 방문에 대응해 박성철 제2부수상을 서울에 보내어 7·4남북공동성명에 합의했다.

1960년대 말부터 시작된 경제적 위기와 이완된 사회 분위기, 삼선 개헌에 따른 대항 세력의 저항에 대응하기 위해 국민들의 관심을 새로운 방향으로 전환시킬 필요가 있던 박정희 체제도 그동안 등한시한 통일 문제에 관심을 보였고, 이 기회를 통해 정치적 위기를 돌파하려 했다.

결국 조국근대화 후기 박정희 체제가 통일 담론을 새롭게 주장한 이유는 기존의 공세적 대남 정책의 실패에서 기인한 북한의 평화적 대남 정책과 이 기회를 통해 정치적 위기를 돌파하려 한 박정희 체제의 정치적 목표 때문이었다.

조국근대화 후기부터 경제 발전과 함께 군사주의와 국가주의를 강조하던 박정희 체제는 국민총화기에 들어서면서 국가주의를 가장 강조했다. 여기 서는 박정희 체제가 민족주의 담론에서 다른 이데올로기들보다 국가주의를 가장 강조한 이유를 살펴보자.

첫째, 박정희 체제는 삼선 개헌 이후에도 체제 연장을 위해 유신 체제를 선포했는데, 이런 반민주적 조치 때문에 국민들의 저항을 사전에 봉쇄하기 위해 국가주의 이데올로기를 강조하지 않을 수 없었다. 유신 체제가 수립된 뒤 정치 공간이 폐쇄된 상황에서도 대항 세력은 공개적이고 비공개적으로 저항을 계속했고, 이런 상황은 긴급조치 선포와 대항 세력의 대대적인 구속 을 가져왔다. 박정희 체제는 대항 세력의 저항을 반민족적인 행위로 낙인찍 기 위해 국민총화, 총력안보, 한국적 민주주의 같은 국가주의적 구호를 유 포하면서 자신의 행위를 정당화했다.

둘째, 한국 내 민주주의의 후퇴와 인권 상황의 악화는 미국 내 대한 여론 의 악화와 한-미 관계의 악화를 가져왔다. 1974년 미국 의회는 박정희 체제 의 인권 침해를 근거로 한국에 대한 자금 지원을 구체적으로 제한하는 법을 제정하려 했고, 박정희 체제는 이런 시도를 막기 위해 미 의회에서 불법 로비 를 벌였다(Report 1978, 111~112). 이런 행위에 기인한 코리아게이트를 통해 미 의회에서 박정희 체제의 많은 불법 활동들이 폭로됐고, 한국인들은 미국인 들의 불법적 요구는 제쳐놓고 무조건 한국만 비난하는 미국의 태도에 울분 을 느꼈다.

더욱이 카터 행정부의 인권 외교와 주한미군 철수 주장은 미국에 대한 한 국의 신뢰에 큰 타격을 줬다. 카터는 1976년 6월 대통령 선거 유세 때 "한국 과 일본 두 나라와 협의를 거친 뒤에 결정될 시간대의 단계적 기조 위에 모

		국가재건	조국근대화		국민총화
			전기	후기	
민족주의 담론		경제 발전 반공 민주주의	경제 발전 반공	경제 발전, 군사 주의, 평화 통일, 국가주의	국가주의, 군사 주의, 경제 발전, 반공
대외적 요인	미국의 대한 정책	케네디 행정부의 경제 자립, 안정된 반공 체제와 민정 이양 요구	존슨 행정부의 한–일 국교 정상화와 베트남 파병 요구	북한 무력 침략에 대한 미온적 대응, 닉슨 독트린과 주한미군 철수	남북회담의 파기 적화 노선의 지속 고려연방제
	북한의 대남 정책	북한의 경제적 우위와 경제·문화 교류 제의	4대 군사노선 채택 남조선혁명론에 따른 남한 내 혁명 조직의 지원	대남 무장 침투의 강화/ 7·4공동 성명 합의	남북회담의 파기 적화 노선의 지속 고려연방제
대내적 요인	대항 세력의 저항	혁신 세력의 중립화 통일론과 남북교류 론/ 민정 이양 요구	한–일 국교 정상화와 국군의 베트남 파병 반대 운동	부정 선거 규탄과 삼선 개헌 반대 운동	유신 체제 반대 운동

든 지상군을 철수할 것"을 주장했으며, 그 뒤에는 "철군과 동시에 한국 정부에 당신들의 국내적 억압이 우리 국민들에게 불쾌감을 주며 한국에서 우리가 하는 개입에 대한 지원을 붕괴시킨다는 사실을 인식시켜야만 한다"고 주장했다(Report 1978, 113). 의회의 반대로 미군 철수 계획은 실현되지 못했지만, 이런 미국의 행동은 박정희 체제뿐 아니라 한국 국민들에게는 큰 충격이었다.

박정희 체제는 이해관계에 따르는 강대국의 정치를 비난하면서 국민들에게 국가와 민족을 위해 국민총화와 총력안보에 힘쓸 것을 요구했다. 미국의 반한反韓 분위기는 박정희 체제가 국민총화기에 국가주의를 지속적으로 강조하는 좋은 구실이 됐다.

셋째, 국민총화기 초기 박정희 체제는 통일을 달성하기 위해 국민들도 통일된 의견을 가져야 한다고 주장하면서 유신 체제를 선포하고 국가주의를 강조했지만, 남북 대화가 결렬된 뒤에는 북한의 침략을 강조하면서 국가주의를 계속 강조했다. 박정희 체제는 1973년 땅굴 발견, 1974년 대통령 저격 사건, 1975년 판문점 도끼 만행 사건 등 한반도 내의 냉전 격화, 1975년 인도차이나 반도의 공산화, 1976년 이후 카터 행정부의 미군 철수 주장 등의 상황이 가져온 국민들의 불안감을 이용해 국가주의의 민족주의적 정당성을 계속 주장했다.

결국 국민총화기에 박정희 체제가 민족주의 담론에서 국가주의를 가장 강조한 이유는 인권과 주한미군 철수를 주장한 미국의 대한 정책 변화, 남북 대화의 중단과 무력 침투 노력을 계속하는 북한의 대남 정책 변화, '민주주의의 회복'을 주장한 대항 세력의 저항 때문이었다.

4. 결론

지금까지 살펴본 박정희 체제 민족주의 담론의 변화와 그 원인에 대한 연구를 통해 다음 같은 결론을 도출할 수 있다.

첫째, 박정희 체제는 군사 쿠데타 직후부터 자신들의 지배 이데올로기를 민족주의 담론으로 선택해 한국 민족주의의 내용을 새롭게 틀 지웠다. 박정희 체제는 한국 민족주의에서 가장 핵심적인 담론이던 통일을 장기적 과제로 전환시킴으로써 사실상 통일을 민족주의 담론에서 배제했으며, 대신 경제 발전을 새롭게 편입시켰다. 그 뒤 조국근대화 전기 박정희 체제는 민족주의 담론에서 경제 발전을 가장 강조했으며, 조국근대화 후기에는 군사주의, 국가주의, 평화 통일의 담론을 새롭게 편입시키고 민주주의는 완전히 배제했다. 이후 국민총화기에는 평화 통일의 담론을 배제하는 대신에 반공, 경제 발전, 군사주의, 국가주의를 강조했는데, 그중 국가주의를 가장 강조했다.

둘째, 박정희 체제 민족주의 담론의 변화는 자신의 정치적 목표, 즉 체제의 정당화, 안정, 공고화를 달성하기 위한 박정희 체제의 국내외적 변화에 기인한 것이었다. 이런 민족주의 담론의 변화에 가장 큰 영향을 미친 요인을 일반화한다면 대외적 요인은 미국의 대한 정책과 북한의 대남 정책이고, 대내적 요인은 한국 경제의 구조와 대항 세력의 저항이었다. 즉 박정희 체제는 대내외적 환경 변화에 대응하면서 자신의 정치적 목표를 추구하기 위해 지배 담론을 생산하고 실천했으며, 이것을 좀더 적극적으로 국민들에게 전파하기 위해 이 지배 담론을 민족주의로 선전했다.

셋째, 이 글은 한 시기의 민족주의를 파악하려면 당시 존재하던 정치 세력들이 어떤 이데올로기를 왜 자신의 민족주의 담론으로 포섭했는지를 살펴봐야 한다는 전제 아래에서 박정희 시대의 민족주의에 접근했다. 비록 박정희 체제의 민족주의 담론의 변화와 그 원인만을 추적했지만, 이런 담론 분석을 통한 민족주의 연구는 민족주의를 담론의 정치 및 권력과의 연관 속에서 이해할 수 있게 도울 수 있다는 점에서 민족주의 연구의 새로운 시도로 볼 수 있다.

참고 문헌

/

강만길. 1987. 〈한국 민족주의론의 이해〉. 이영희·강만길 편, 《한국의 민족주의 운동과 민중》. 두레.

공보부. 1965. 《한일회담의 어제와 오늘》.

김동춘. 1994. 〈1960, 70년대 민주화운동세력의 대항이데올로기〉. 역사문제연구소, 《한국정치의 지배이데올로기와 대항
　　　　이데올로기》. 역사비평사.

김운태. 1987. 〈한국민족주의 회고와 전망〉. 《민족지성》 8월.

대통령 공보비서관실. 1965. 《박정희대통령연설문집 1》.

대통령 비서실. 1968~1979. 《박정희대통령연설문집 2~16》.

＿＿＿＿＿＿. 1973b. 《박정희대통령연설문집 1 — 군정편》.

＿＿＿＿＿＿. 1973c. 《박정희대통령연설문집 2 — 제5내편》.

＿＿＿＿＿＿. 1973d. 《박정희대통령연설문집 3 — 제6내편》.

＿＿＿＿＿＿. 1976b. 《박정희대통령연설문집 5(상) — 제8내편》.

＿＿＿＿＿＿. 1979b. 《박정희대통령연설문집 5(하) — 제8내편》.

매일경제신문사. 1977. 《박정희대통령의 지도이념과 행동철학》. 매일경제신문사.

문승익. 1980. 〈국가목적과 정치이념〉. 《한국정치학회보》 제14집.

박명림. 1996. 〈근대화 프로젝트와 한국 민족주의〉. 역사문제연구소, 《한국의 '근대'와 '근대성'의 비판》. 역사비평사.

박원탁. 1978. 《역사의 점화 — 박정희대통령의 정치와 철학》. 태양문화사.

박정희. 1962(1969). 《우리민족의 나갈 길》. 동아출판사(지문각).

＿＿＿. 1963(1969, 1997). 《국가와 혁명과 나》. 항문사(지문각, 지구촌).

박호성. 1997. 《남북한 민족주의 비교연구》. 당대.

서중석. 1995. 〈박정권의 대일 자세와 파행적 한일관계〉. 《역사비평》 28호.

손호철. 1995. 《해방50년의 한국정치》. 새길.

신광영. 1991. 〈경제와 노동 이데올로기〉. 한국산업사회연구회 편, 《한국사회와 지배이데올로기》. 한울.

이한. 1989. 《북한의 통일 정책 변천사》. 온누리.

이삼성. 1996. 《"평화통일"을 위한 남북대결》. 소화.

이우영. 1991. 〈박정희 통치이념의 지식사회학적 연구〉. 연세대학교 사회학과 대학원 박사 학위 논문.

임현진·송호근. 1994. 〈박정희 체제의 지배이데올로기〉. 역사문제연구소, 《한국정치의 지배이데올로기와 대항이데올로
　　　　기》. 역사비평사.

정재경. 1979. 《한민족의 중흥사상 — 박정희 대통령의 정치철학》. 신라출판사.

진덕규. 1992. 〈현대 한국정치 변동과 민족주의의 변용에 대한 연구서설〉. 《한국문화연구원 논총》 제50집.

한국군사혁명사편찬위원회. 1963. 《한국군사혁명사》 제1편 상, 하. 동아.

Department of State. 1970. "The department of State during the administration of president Lyndon G. Johnson, Nov.
　　　　1963–Jan. 1969. vol 1. Administrative history."

Eccleshall, Robert. et al(eds). 1994. *Political ideologies*. London: Routledge.

Foucault, Michel. 1991. 홍성민 옮김, 《권력과 지식 — 미셸 푸코와의 대담》. 나남.

＿＿＿＿＿＿. 1992. 이정우 옮김, 《지식의 고고학》. 민음사.

Hobsbawm, E. J. 1992. *Nations and Nationalism Since 1780: Programme, Myth, Reality*. 2nd ed. Cambridge: Cambridge
　　　　Univ. Press.

Krieger, Joel. 1993. *Oxford companion to politics of the world*. Oxford: Oxford Univ. Press.

Macdonald, Donald S., 1992. *U. S.-Korean relations from liberation to self-reliance*. Boulder: Westview Press.

Macdonell, Diane. 1992. 임상훈 옮김, 《담론이란 무엇인가》. 한울.

Report of the Subcommittee on International Organizations of the Committee on International Relations U.S. House of Representatives. 1978. *Investigation of Korean-American Relations*. Washington: U.S. Government Printing Office.

논문 출처

/

1장

〈5·16과 군정기 박정희 정권의 담론〉, 《역사비평》 55호, 역사비평사, 2001.

2장

〈5·16 군사정부의 사회개혁 정책〉, 《사회과학연구》 34집 2호, 전북대학교 사회과학연구소, 2010.

3장

〈유신체제의 등장과 김대중 납치 사건〉, 이병천·이광일 외 지음, 《20세기 한국의 야만 2》, 일빛출판사, 2001.

4장

〈유신 체제의 구조와 작동 기제〉, 안병욱 외 지음, 《유신과 반유신》, 민주화운동기념사업회, 2005.

5장

〈긴급조치 9호의 지배구조와 이데올로기〉, 민주화운동기념사업회 한국민주주의연구소 엮음, 《한국민주화운동사》 2, 돌베개, 2009.

6장

〈유신체제와 부마항쟁〉, 민주주의사회연구소 지음, 《부마항쟁의 진실을 찾아서》, 선인, 2016.

7장

〈박정희 정권의 '호국 영웅 만들기'와 전통문화유산정책〉, 《역사비평》 99호, 역사비평사, 2012.

8장

〈박정희 체제의 민족주의〉, 《한국정치학회보》 제32집 제4호, 한국정치학회, 1998.